U0630411

云南陆军将校讲学会讲演稿汇编

《明体达用》注译

汇编原文　唐继尧

点校注译　蔡正发

云南出版集团

云南美术出版社

图书在版编目（CIP）数据

明体达用注译 / 唐继尧汇编原文；蔡正发点校注译
. -- 昆明：云南美术出版社，2018.5
ISBN 978-7-5489-3212-3

Ⅰ.①明… Ⅱ.①唐…②蔡… Ⅲ.①军人伦理学
Ⅳ.①E0-059

中国版本图书馆CIP数据核字（2018）第099697号

出 版 人：李 维 刘大伟
责任编辑：赵 婧 方 帆
责任校对：王可心
装帧设计：赵建丽 沈正红

云南陆军将校讲学会讲演稿汇编

《明体达用》注译

汇编原文 唐继尧
点校注译 蔡正发

出版发行：云南出版集团
　　　　　云南美术出版社（昆明市环城西路609号）
制　　版：昆明凡影图文艺术有限公司
印　　刷：昆明滇印彩印有限责任公司
开　　本：889mm×1194mm 1/32
印　　张：11.5
字　　数：260千
版　　次：2018年6月第1版
印　　次：2018年6月第1次印刷
ISBN 978-7-5489-3212-3
定　　价：58.00元

目　录

序 言

梁永实

云南陆军讲武堂创办 105 周年之际，在昆明市社科联、昆明市社科院和昆明市陆军讲武堂研究会的努力下，由云南民族大学蔡正发教授用四年心血注译的《明体达用》注译本终于如期面世。蔡教授是功德之人，为我们今天能够看到这样一本学说经典做了一件大好事。

云南学界向来有"一文一武"之称，即文有西南联大，武是云南陆军讲武堂。西南联大是以国家名义开办的综合大学，有一批当时声誉顶尖的大师不言自说。而云南陆军讲武堂是在偏僻之隅并且由地方出资创办的，在当时的军校中能够赢得相当的声誉，至今名声犹存，与创办者以及一批俊杰才干的用心和鼎力支持分不开，这实属难得。

由清末武备学堂创办而来的云南陆军讲武堂，正是处于新旧年代交替和社会大变革的时期。云南陆军讲武堂的创办人大多为同盟会成员，一批革命党人和进步人士成为军校中的骨干，后来成为中华人民共和国元帅的朱德、叶剑英把讲武堂称为"将帅摇篮"和"革命熔炉"确不虚言，是名副其实的。

《明体达用》以讲用的面貌出现，与其说是改造当时讲武堂学生中存在的一些不良习气的教诲之言，不如说是学界名人与讲武堂教官和学生的心灵对话，今天看来，其教育意义犹在。正是通过这样一批传承国学教育的大家们的教授，才为陆军讲武堂的创办增添了特色，为讲武堂人才辈出延续了名望。《明体达用》

作为教育军校军官的教材，在近现代中国军事教育史上也是少有的经典范本，它把军事思想和军事政治教育很好地结合，成为培养军人革命精神和革命理想最好的教材。

这是继 1914 年线装本后的整整一百年，再度出版《明体达用》注译本。因年代久远，能够找到的最早的《明体达用》线装本内容多已残缺不全，此注译本是蔡教授费尽周折，从三本仅存的《明体达用》中相互补齐的。注译者对文中的某些史实和经典出处做了大量的资料收集和整理，并对少量错字、漏字等，做了校正。对有些注释和题解，做了少量史实和提法方面的修正。愿我们的这些努力，能使这本书成为读者们追寻研究的版本。限于编辑水平，书中难免存在错漏之处，欢迎读者批评指正。

昆明市社科联主席
梁永实
昆明市社科院院长

2014 年 9 月 12 日

前　言

2010年1月21日，文友陈秀峰先生光临舍下，以一张刻有《明体达用》的光碟相赠，并命在下看看价值如何。送别秀峰先生后，打开光碟，一本发黄的线装书封面呈现于电脑屏幕：有字三行，依次为成书时间"甲寅首夏"，书名"明体达用"，题签"唐继尧题"。当即浏览数页，一下子有如获至宝之感。

原来，1914年春天，由唐继尧发起，在云南陆军讲武堂创办了一期陆军将校讲学会。之所以创设这一讲学会，唐继尧在《云南陆军将校讲学会弁言》中说是因为社会上道德堕落而影响了军人的品性。使军人赌博酗酒，狎妓行乐；自暴自弃，志昏气惰；散漫成性，闻令不行。为了改变这种现状，讲学会会员集中听取演讲三天，演讲"分学科为三：曰《道德要旨》；曰《名将事略》；曰《法治大意》。"并明确指出三个学科各自的讲演目的：讲道德是为了陶冶军人的性情，讲名将是为了提高军人的品德，讲法制是为了规范军人的身心。"而《法治大意》的主讲人王灿先生则说：其讲演之目的"在砥砺士气，灌输民主思想。"两人的说法虽然不同，内在则完全一致。又据庚恩旸《再造共和唐会泽大事记》第九章载：唐继尧"设将校讲习会，凡旅团营长官，皆令入会。"除教以上述三科外，"又印刷理学各书，分授各将校自习。并于每星期召集各将校亲授以《王学旨要》暨孙吴兵法及军事各学。且集合军官时，辄训以中国内忧外患，祸至无日，闻者无不奋发。"讲学结束后，当年4月唐继尧将讲稿汇集刻印成书，并题署了书名《明体达用》。惜乎！《明体达用》未收其讲稿。

时隔96年，这本当年刻印成书而如今已经残破的《明体达用》

线装书一页页呈现在我的电脑屏幕上。在下何其幸也！仿佛早生了六十年，得以在当年的云南陆军讲武堂聆听几位大家的讲演。因为高兴，竟一口气将这本四万二千多字的书在电脑上全部浏览一过。阅读虽然十分粗浅，但有两点认识却非常深刻。

第一，这期讲学会仅仅花了短短三天时间，却获得了极大的成功。至少可以用三个高来评价：

（一）讲演者的水平高。由云龙、周锺岳、秦光玉、王灿、王延直（可能因时间关系，没有来得及讲演，只留下了讲义）五位讲演者都有留学日本的经历，当时在学术方面卓有建树，已在海内知名，前两位还是前清举人出身，其中周锺岳先生乃光绪癸卯年（公元 1903 年）云南乡试第一名，后来一字千金的南京"总统府"三字便出自其手笔。五位都堪称才高八斗，学富五车，横通中外，纵通古今的大学问家。

（二）听讲者的素质高。当时的听讲者绝大多数都成为第二年年底护国起义的中高级将领。其中有一大批后来成为国、共两党的高级将领乃至元帅，如何国钧、赵又新、顾品珍、黄毓成、杨杰、禄国藩、朱培德、范石生、杨希闵、杨蓁、马聪、杨如轩、朱德等。

（三）讲演内容质量高。现阅读《明体达用》中的三部分即《道德要旨》《名将事略》《法制大意》（附《政法杂记》），能感到字数虽然不多，但详略得当，巨细有致，要言不烦，无一句多余。均能使闻者终身受益。例如周锺岳、秦光玉两位先生讲授《名将事略》，周锺岳先生较详细地讲述了马援、郭子仪、岳飞、王守仁的事迹。而秦光玉先生则共列举了中国古代 29 位名将和当代日本一位名将，作为讲学、仁爱、严明、勤俭、廉让、协和等八个方面的学习典型。两位先生一共介绍了 34 位名将，字数最少的沈义伦连姓名在内仅28个字，但为将校者只要真能以之为楷模，也足以垂名千古了。

第二，这期讲学会的讲演稿汇编即《明体达用》至今仍然没有失去其对世人的教育作用。"明体达用"是宋代大儒胡瑗提出并付诸实施的教育主张和方法。张光祖《言行龟鉴·卷一》载："（胡瑗）教学者必以明体达用为本。"什么叫明体达用呢？胡瑗的衣钵弟子刘彝说："君臣父子，仁义礼乐，历世不可变者，其体也。""举而措之，天下能润泽其民，归于皇极者，其用也。"明末清初大儒李颙在《答顾宁人先生》中说："明道存心以为体，经世宰物以为用，则体为真体，用为实用。"用今天的话说，"明体"就是对真理的学习认知，"达用"就是对所认知真理的实际应用。讲演者之一秦光玉先生说："汉宋大儒之治经，期于明体达用而已。"仍可作为今人治学之龟鉴。

（一）《道德要旨》一讲的内容与我们今天所倡导的继承和弘扬中华民族的优秀传统道德的内容完全一致。讲演者强调仁、义、礼、智、信、恕、勇、敬八德不仅是中国而且是全人类共同的道德标准，同时简述了中国道德升降的历史，分析了当时道德堕落的原因，并针对这些原因提出了以正本、慎独、立志、明分为拯救道德堕落的方法。可以毫不夸张地说，这些方法从孔子、孟子直到如今，都可算不二法门。所以完全值得今人认真学习并践而行之。

（二）《名将事略》虽然介绍的是古代著名将领的高德懿行，但军人的优秀德行同样没有超出仁、义、礼、智、信、恕、勇、敬八德的范畴。毫无疑义，所介绍的名将之德完全可以作为今人学习的榜样。

（三）《法制大意》（含《政法杂记》）所介绍关于国家与

法律的常识，今天也没有过时。聆听本讲，何谓国家？何谓国体？何谓政体？何谓政治？何谓民主？何谓专制？何谓自由？何谓守法等问题，顷刻释疑。

鉴于以上两点认识，本人认为《明体达用》实在有不可忽视的传承价值。但秀峰先生所赠碟片只是该书多有缺损的照片，怎么传承呢？不得不再求他设法弄个完本来。2月初，秀峰先生送来一本《明体达用》复印件和张一鸣先生给我的一封短信，短信表示支持我"点校"此书。说："此书云南省图书馆、省档案馆、云南讲武堂文管所均无藏本。"此复印本"系根据云南民族大学教授王志符、省政府研究室副研究员张一鸣提供的两份家藏本（均藏缺不全）组合而成。"由此短信还知道《法制大意》的讲演者王灿先生即王志符先生之父。本人正好与王志符先生同在一校供职，立即拜访王先生，从王先生处得知张先生所说王先生的"家藏本"实际是云南省图书馆藏本的复制本，确实"藏缺不全"，只有《名将事略》和《法制大意》两讲。由云龙《道德要旨》一讲与唐继尧所撰《弁言》完全缺失，缺少篇幅几乎占全书的三分之一。还知道《名将事略》的讲演者之一秦光玉先生系张一鸣先生之外祖父。王先生说："云南陆军讲武堂举办过陆军将校讲学会这样重大的事情，为第二年的护国起义打下了思想基础，做了培养人才的准备。但在纪念云南讲武堂创办百年庆典的时候，居然连提都没有提一下。实在是不能原谅疏失。"

张先生用两份藏缺不全的家藏本组合而成的复印本仍有不少字词模糊缺损，无法补全。怎么办？既然云南省图书馆只有残本，"省档案馆、云南讲武堂文管所均无藏本"。那么云南大学的图书馆、档案馆会不会有呢？我立即带着此复印本到云大先后找到两位馆长请帮查找，结果令人失望：没有！云大档案馆借此机会将此复印本复印了一份收藏。对省档案馆我还抱有一线希望。心想：就在云南刻的书，那么大的云南省档案馆怎么会不收藏呢？于是请云大档案馆王晓珠馆长帮忙去查查看。三日之后，王馆长答复说："省档案馆确实没有，他们也用您这本复印了一份收藏。"

事已至此，我深知现在整理这部书是何等重要了！如果不及时抢救，必将失传！无论多么困难，我也要立即着手整理。整理成什么样算什么样吧！总比失传了好。于是我争分夺秒根据复印件先输入电脑建立文档，字词模糊缺损又实在猜不出的部分则用"□□"替代。

2010 年 7 月 1 日，我与《辛亥革命与护国起义在滇遗迹的保护现状及对策研究》课题组一行到云南陆军讲武堂调研，意外地在展厅玻璃展橱中见到一册《明体达用》，高兴得几乎叫出来！立即从书包中将复印件拿出来，求讲解员将展橱中的展件借给我对照着补一补用"□□"替代部分。讲解员十分为难地说："我从来没有摸过。不办特别手续，谁也拿不出来。"失望中终于看到了希望。以后我先后五次造访云南讲武堂文管所求助，真是精诚所至，金石为开。7 月 30 日下午，所长徐承谦先生终于提供了一份复印件让我在他的办公室内校对了一个多小时，在校对中发现他们的本子也有字迹模糊或缺损者，甚至缺少了整整一页，他立即令工作人员用我手中的本子将该页复印一张补全。经过半年的努力，《明体达用》真正唯一的完本在我手中了，整理工作才算有了完全可靠的依据。于是下定决心将此书认真仔细整理出来呈献给读者。既算是对王志符、张一鸣先生和为整理这本书在我与张一鸣先生之间奔走联系的陈秀峰先生的答谢，又算是我告慰前贤、传诸来者之心愿的自我了却吧。

云南陆军将校讲学会弁言

唐继尧 ⁽¹⁾

岁在甲寅春，⁽²⁾余与军界诸同人发起将校讲学会。⁽³⁾分学科为三：曰《道德要旨》；⁽⁴⁾曰《名将事略》；⁽⁵⁾曰《法治大意》。⁽⁶⁾越三日，⁽⁷⁾讲学期满。余不可无片言以为诸君勖慨。⁽⁸⁾

自世道衰微，人竞功利，廉耻丧亡，纪纲败坏，⁽⁹⁾反正后愈益加甚。⁽¹⁰⁾流弊所趋，贤者不免。凡我军人，尤遭诟病。⁽¹¹⁾约举其弊，厥有数端：⁽¹²⁾军人品性，道德为要。爱乡爱国，端本于斯。⁽¹³⁾迺呼卢喝雉，酗酒嫟妓，⁽¹⁴⁾纵乐穷欲，肆意横行，无尚德心。⁽¹⁵⁾其弊一也。武穆精忠，⁽¹⁶⁾南塘兵法，⁽¹⁷⁾历史具在，最宜则傚。⁽¹⁸⁾迺放纵卑劣，暴弃自甘。⁽¹⁹⁾志昏气惰，取法不良。无向上心。其弊二也。绝对服从，军人天职。万夫一心，如臂使指。⁽²⁰⁾迺骄慢性成，弁髦军纪，⁽²¹⁾命令不行，外侮何御？无奉法心。其弊三也。凡兹三者，军人最忌。有一于此，败亡随之。故讲道德即所以陶淑其性情，⁽²²⁾讲名将即所以高尚其品德⁽²³⁾讲法制即所以范围其身心也。⁽²⁴⁾顾知之诚易，行之则难。⁽²⁵⁾如谓讲习既久，知之即能行之。非特闻者不敢信，⁽²⁶⁾即言者亦不敢自信。譬诸芸田，⁽²⁷⁾虽已播其嘉种，而灌溉培养，全视力作。盖知之匪艰，⁽²⁸⁾行之维艰。知之不行，是谓自欺，自欺者无成。行之不力，是谓自弃，自弃者无恒。无成无恒，将何以完全人格而捍卫国家哉？王阳明谓："知而不行，犹之乎无知。"⁽²⁹⁾余虽不敢谓诸君之不能身体而力行，⁽³⁰⁾余终不敢遽谓诸君之果能身体而力行也。⁽³¹⁾致知力行之旨，⁽³²⁾窃愿与诸君交儆而互策之。⁽³³⁾

民国三年甲寅暮春会泽唐继尧识于陆军偕行社[34]

【注释】

（1）唐继尧（1883—1927），又名荣昌，字蓂赓，别号大陆主人，会泽金钟人。参与策动重九起义，领导云南护国起义。督滇14年，先后创办了西南第一所航空学校，云南第一所蚕桑学校，创办东陆大学（今云南大学前身），扩建了陆军讲武堂；完成个旧—石屏铁路工程和昆明—禄丰公路工程；建立了云南历史上第一个汽车站；创办了昆明卷烟厂。为云南的经济、教育、交通、航空等事业做出过重大贡献。唐继尧文武兼备，诗书画均有造诣。遗著有《会泽首义文牍》《会泽督黔文牍》《会泽靖国文牍》《东大陆主人言志录》《唐会泽遗墨》等。

（2）甲寅：1914年。

（3）将校讲学会：1914年春，由唐继尧于云南陆军讲武堂发起组织的讲学会。据"法制大意"的主讲人王铁珊先生说：其讲演之目的"在砥砺士气，灌输民主思想，一旦有事，方可协力为国。厥后护国军各中上级将领如顾品珍、黄毓成、杨杰、邓泰中、朱德、马聪、禄国藩等皆参加学习。"证明该将校讲学会级别高，办学收效明显。庾恩旸《再造共和唐会泽大事记》云："又设将校讲习会。凡旅团营长官，皆令入会。教以《道德要旨》《法治概要》《名将事略》……并于每星期召集各将校亲授以《王学旨要》暨孙吴兵法及军事各学。"

（4）道德要旨：由云龙主讲。内容见本书。

（5）名将事略：周锺岳、秦光玉主讲。内容见本书。

（6）法治大意：王铁珊、王延直主讲。内容见本书。

（7）越三日：过了三天。

（8）勖：勉励，努力。慨：精神愤激，气势慷慨。

（9）廉：不贪不污并进而纯正高洁。《贾子·道术》："辞利刻歉谓之廉。"耻：《说文》："耻，辱也。"对自己不当的言行举止产生羞愧之心。《管子·牧民》："国有四维，一维绝则倾，二维绝则危，三维绝则覆，四维绝则灭……何谓四维。一曰礼，二曰义，三曰廉，四曰耻。礼不愈节，义不自进，廉不蔽恶，耻不从枉。"纪纲：本义是网罟的纲绳。引申为纲领，再引申为法律，制度。崔瑗《座右铭》："世誉不足慕，唯仁为纪纲。"韩愈《杂说》之二："善计天下者，不视天下之安危，察其纪纲之理乱而已矣。"

（10）反正：指辛亥革命。

（11）诟（gòu）病：指出过失而加品评。例证：《礼记·儒行》："常以儒相诟病。"司马光《训俭示康》："古人以俭为美德，今人乃以俭相诟病，嘻，异哉！"

（12）厥：其。

（13）端本于斯。端：开端，本源。本：根本，指最要紧的部分。斯：此，这里，指培养道德品性。端本于斯：根本在于培养军人的道德品性。

（14）逎：同乃。呼卢喝雉：赌博。语出陆游《风顺舟行甚疾戏书》："呼卢喝雉连暮夜，击兔伐狐穷岁年。"呼、喝：喊叫；卢、雉：古时赌具上的两种颜色。借指赌博。嬲：同昵，狎昵。

（15）穷欲：一切欲望无不满足。肆意：放纵自己的一切意愿。尚德：崇尚道德，以有德为高尚。

（16）武穆精忠：武穆指岳飞。其精忠事详见《名将事略·岳武穆事略》。

（17）南塘兵法：戚继光兵法，因戚继光号南塘，故其兵法称为南塘兵法。戚继光兵法著作《纪效新书》《练兵实纪》很著名，《明史·戚继光传》称"谈兵者遵用焉。"

（18）则：以……为标准、楷模、榜样。傚：傚，同效，效法。

（19）暴弃：糟蹋，抛弃。陈龙正《复塞庵阁老书》："若云胸怀荡荡，无复夔夔，去暴弃几何？"孙中山《讨袁宣言》："吾人既主讨贼，而一蹶不振，非只暴弃，其于谋国亦至不忠。"

（20）如臂使指：像手臂指挥手指一样运作自如。

（21）弁髦军纪：弁为古代一种黑布制作的帽子，髦为古代童子的垂发。古代贵族子弟行加冠之礼时，先以弁将垂发（髦）束好，加冠后即去弁而不再使用，故将弁比作无用的东西或仅仅是为了达到某种目的而临时用一下的东西。弁髦法令：将法令当成弁髦之物（束发的弁）。

（22）陶淑：陶冶使之美善。

（23）高尚：使……高尚。

（24）范围：规范约束。

（25）顾：只是。

（26）非特：不只是。

（27）譬：比如。诸：之于的合音合意字。芸田：芸通耘，耘田即耕耘农田。

（28）匪：通非，不。

（29）王阳明：事见《名将事略·王文成事略》。"知而不行，犹之乎无知"：懂得道理而不落实在行动上，就基本与无知一样。引文见王阳明《知行录·传习录上》原文为"知而不行，只是未知。"

（30）身体：亲身体验。力行：努力落实在行动上。

（31）遽谓：（不加考查就）立刻认为……窃：谦辞，意思是自己私下。

（32）致知：获取知识，求得知识。语出处：《礼记·大学》："欲诚其意者，先致其知；致知在格物。"旨：意图，目的。

（33）窃：自我谦称。交儆而互策：儆：警策，警醒。策：鞭策，鼓励。交儆而互策即既互相警醒督教，又互相勉励鞭策。

（34）暮春：晚春，农历三月。识：记，记录。陆军偕行社：成立于民国初年，云南陆军颁布《云南陆军偕行社简章》。"陆军偕行社"取"与子偕行"的意思，即在军事机关建设之外而随之设立的一个"智库"。它是在昆明承华圃设立的一个"以联络本省及外省陆军官佐，互通情报，交换智识、审察外国军事情形，图维本国兵学进步为宗旨"的常设机构。它的设立标志着滇军已经建立起一定规模的军事研究和情报交换、分析的专门机构。该社职能主要有：一、"本社应设军事研究所一处，凡社内社外有关乎军事之疑问皆可送至本社共同研究，但关于秘密军事不能质问。"二、"本社兼办翻译，凡外国新出之书报、图籍经本社职员多数认为有用者，由编纂科遴举，干事克日译成。"三、"本社办杂志一种，月出一册，以备购读。"（参阅杨慧中《滇军战力揭秘之七》2009 年 10 月 30 日《云南政协报》网站文章）

【译文】

甲寅（1914）年春天，我和军界的各位同人发起并成功举办了将校讲学会。这次讲学共分三个学科：一、《道德要旨》；二、《名将事略》；三、《法治大意》。过了三天，讲学结束。我不能不讲几句对各位劝勉鼓励的话以使各位愤激慷慨。

由于社会上道德衰减堕落，人们抢功争利，纯正高洁明辱知羞的品德丧失消亡了，法律规矩败坏，辛亥革命后愈加严重。这种弊病成为潮流所向，优秀的人也不免犯病。我们这些军人，尤其受到社会的指责批评。简略地列举这种弊病，它有以下几方面：军人的品性，道德最重要。热爱家乡热爱祖国，道德是开端根本。可是（有些军人）却赌博上瘾，酗酒沉醉，狎妓寻欢，放肆行乐，穷极欲望，恣意乱来，没有崇尚道德的情感。这是弊病之一。岳武穆（飞）白精忠报国榜样，戚继光的《南塘兵法》原则，历史事实明摆着，最应该学习效法。可是（有些军人）却放纵自己，卑微下作，甘愿自暴自弃。意志昏聩，心气惰落，效法低下丑恶者，没有向上的进取心。这是弊病之二。绝对服从命令，是上天交给军人的职责，万众一心，（命令指向哪里，全军就奔向哪里，）就像臂膀使唤手指一样。可是（有些军人）却骄傲散漫成性，将军队纪律当成束发的弁髦一样用后就置之不理，命令不能通行，外国的欺侮怎么抵御？没有遵守法令的思想。这是弊病之三。总上这三方面的弊病，军人最必须忌讳。即使在军队里只存在其中一方面的弊病，失败灭亡就随着这一弊病到来。所以讲道德就是为了陶冶军人的性情而使军人的性情美善，讲名将的事迹就是为了使军人的品德高尚，讲法制就是为了规范约束军人的身心。只不过懂得道理确实容易，但要把道理落实在行动中就难了。如果说研究学习的时间已经久了，懂得道理就能把道理落实在行动中了。不只是听到这话的人不会相信，即使是说这话的人自己也不会相信。比如在田里耕作，虽然已经播下了那些良种，但是怎样灌溉它培养它，就全看努力经营管理了。总之，懂得道理不难，要把懂得的道理拿来实施才真难。如果懂得了道理，但却不把道理落实在行动中，这叫作自己欺骗自己，自己欺骗自己的人没有成就。把道理落实在行动中如果不得力，这叫作自己抛弃自己，自己抛弃自己的人没有恒心。军人没有成就没有恒心，那靠什么来使人格完备去捍卫国家呢？王阳明说："懂得道理而不落实在行动上，就和无知差不多。"我即使不敢说各位对所懂得的道理都不能亲身体验，努力实行，但我绝对不敢（不加考查）立刻就说各位对所懂得的道理都真能亲身体验，努力实行。获取知识的目的，在于努力实施，我愿意和各位互相警醒督教，互相勉励鞭策。

民国三年（1914 年）甲寅三月，会泽唐继尧在陆军偕行社记。

道德要旨

姚安由云龙夔举演述

【演述者简介】由云龙（1877—1961年），字程孙，号夔举，晚号定庵，云南姚安人。光绪丁酉（1897年）科举人，京师大学堂毕业，曾留学日本。1908年创办《云南日报》。曾任唐继尧秘书长、滇西军政协理大理等五府一厅自治总理、永昌知府、云南教育司司长、政务厅厅长、省议会议长、代理省长等职。由云龙倡导实业，参与创办昆明耀龙电力公司和昆明自来水公司。1927年后潜心著述。历七年编成《姚安县志》，著有《越缦堂读书记》《定庵诗话》《定庵题跋》《石鼓文汇考》等。由云龙爱好楹联，有《楹联录存》《定庵楹联》存世。1950年由云龙被选为云南省人民代表、省政协副主席、云南省文史馆主任委员。由云龙善书法，初学颜柳，篆摹石鼓文，隶临《石门颂》《华山碑》。间绘墨梅、山水。

【原文】

（甲）道德共同之标准

人与兽同为动物，同一祖先，同有知觉行动。唯人之智识道德特为发达，所以超乎他动物，独为灵长类之首。[1]是故保持人格，防微世变，俾世界之争斗扰攘，[2]有时而休止者，皆此道德心维系之力也。若其无之，则自一家以内推之，于族于乡于国于社会，无日不在扰乱之中而永无安宁之日矣。虽然今日之道德亦尚未发达充足，故法律、警察、军备，数者不可或缺。则道德之重要可知。

人类既具此道德心，古昔圣贤乃就其性之所固有者，命以各种名称俾人人咸知所趋向，无论世运如何变迁，社会如何进化，而此诸德者乃亘万古而不可磨灭，通中西而莫或歧异。所谓此心同，此理同吾人生此之世，幸得古人先觉，诚不可不于此诸道德——深体而力行之者。[3]

其道德维何？

一曰仁：中国论仁之说甚多，大要有二义：一指爱之理；一指人之全德。如《论语》言"爱人"；[4]孟子称"人皆有不忍人之心"[5]。在泰西则英儒休物尔以仁爱为德之首，皆指爱之理。[6]如孔子言："一日克己复礼，天下归仁焉。"[7]朱子言："仁、义、礼、智，而仁无不包。"[8]西、日乌亦以仁爱为包含诸德？皆以仁为人之全德[9]。特西人之言仁，专以爱为主。[10]非如吾国阐发之涵宏广大耳。今世残忍刻薄之日甚，民生困苦，尤必以仁为道德之前提，乃能救济世乱而增进人类之幸福也。

二曰义：义者，宜也，裁制事物使合宜也。[11]孔孟尝合仁而言之。[12]希腊则四德之中有义无仁。[13]而正直公平之学说倡导者甚多，皆与义近。义利之辨，尤须明晰。若只知言利而不以义裁制之，则谬矣！[14]

三曰礼：礼有二义：一指德性；一指仪节。即朱子所释为"礼者，天理之节文，人事之仪则是也"。[15]孔孟多指德性言之。[16]《礼记》所举，其用尤宏。又有合礼与让而言之者。《论语》曰：

"能以礼让为国乎！何有？"(17)《北史》苏绰曰："教民以礼义，使之敬让。"(18)西人于礼，每就人之风习、形状、交际之式论之，与儒道略异。然柏拉图谓："德者，由行为之协于理法而成。"(19)可谓要言不烦也。

四曰智：朱子曰："仁是个温和慈爱底道理；义是个断制裁割底道理；礼是个恭敬撙节底道理；智是个分别是非底道理。"(20)凡此四者，具于人心，乃是性之本体。此与希腊梭格拉底(21)之重智主义、王阳明之致良知皆相契合。(22)而西儒尤以智为诸德之冠，(23)与中国之言仁同。要皆视为道德上之应并重者也。

五曰信：信者无伪之谓。孔子曰："人而无信，不知其可。"(24)又曰："民无信不立。"(25)信本为一德，或与忠并言，或与诚合言。其义一也。美国格勒革里曰："诚信者，虽谓为宇宙万物之基础可也。"(26)西人常以信实为交际之德。而实业上尤以信用为主，甚有谓但观其信用如何即可知其实业之如何者。若夫行军用兵，虽不厌诈。(27)然系对于敌人，权宜而言。若统率兵卒，必以诚信相孚。(28)斯能收臂指之效也。(29)

六曰恕：恕之德，古人多与忠并举。亦有单言恕者。子贡问："有一言可终身行之者乎？"子曰："其恕乎！己所不欲，勿施于人。"(30)盖恕者，多从人心之感情而发，当其初发出，不外一推量之念，即西人之所谓同情也。特同情只就情言，至进为恕，则已成德，而非徒情感。忧人之忧，乐人之乐。即同情进于恕德之例。又泰西宗教家有格言曰："凡不愿他人施于汝之事，汝亦勿以此施之他人。"(31)东西名言，若合符节矣。(32)

七曰勇：勇之德，中国之三达德，(33)希腊之四德中，(34)皆早言之。《论语》曰："勇者不惧。"(35)《中庸》曰："知耻近乎勇。"[36]阿里斯多德曰："有勇者，于当畏之事则畏之，至其他则无所畏也。"[37]若有道理之命令，或为荣誉而出于德之目的，则于适宜之境，乃有强力抵抗之事。彼无论何事，皆不知畏者，非妄人即狂人已。此与孟子所斥血气之勇而非天下之大勇，[38]意旨正同。所谓大勇者，能柔能刚，能弱能强，猝然临之而不惊，无故加之而不怒，非徒以嗜呜叱咤临驾一切为能者也。[39]

八曰敬：敬有自动他动二义。他动者，如敬天敬宾客敬亲敬长之类；其自动者，乃就自身之敬慎言之。如云："敬胜怠则吉"[40]"修己以敬"之类。[41]朱子曰："敬不是万虑休置之谓，只要随事专一，谨畏不放逸耳。非专是闭目静坐，耳无闻，目无见，不接事物，然后为敬。整齐收敛，这身心不敢放纵，便是敬。"[42]西人亦谓："无恭敬之德，则道德上甚贱之。"[43]大抵西人之言敬，多主对于他人发生而言。

以上所举诸德，虽或未尽，然必要之大纲，已毕备于此数者。虽世变万千，而此诸德固历古今，亘东西而不可易者。窃愿与诸君子共勉之。

（乙）道德升降之略史

欲知今日道德之真象，必先观历来道德升降之陈迹，乃足以资借镜焉。[44]中国之言道德者备于唐、虞、三代。[45]《尧典》曰："克明峻德，以亲九族。"[46]由修身之道，推及齐家。[47]及契作司徒，敬敷五教，[48]则又由齐家之道推及社会国家。[49]此道德发明之秩序也。其间，道德明备，称为圣贤者甚夥。于人君，有尧、舜、禹、汤、文、武[50]，于人臣，有稷、契、皋陶、伊尹、傅说、吕望、周公旦等，[51]其最著者也。其人之言行见于《尚书》、司马迁《史记》及古书所记述者不少，而化民成俗，蔚为盛世，称极轨焉。〔52〕后世援古证今，侈为美谈。或不无过甚之辞。要其盛德大业，则非后人所及而无可疑矣。然古昔圣贤，或为君主，或为大臣，德修于身而施之于事，总其指归，不外以中矫偏，易莠为良。〔53〕至周之末，王道衰而礼乐坏，〔54〕人心世道日即凌夷。〔55〕于是至圣孔子出，以师儒立教，谈道之士，靡然从之，乃以集道德之大成。〔56〕而其时之民德若何，亦可以微窥矣。

春秋至秦

三代盛时，民风朴厚，有夏忠殷质之称。周家矫之以文，极一时之盛。〔57〕

至春秋，贵族专制，战争渐多，各学宗派亦渐发达。仲尼之徒称仁道义。而管子重视四维，〔58〕与儒术近民，有先王遗风。至末期，乃趋于浮靡，习于优柔。〔59〕

战国时，列国君主大率以尚武精神、外交手段奖励其下。自由思想极其发达。〔60〕商业勃兴，兼并大起。虽不如春秋之朴茂，然任侠尚气，活泼有为，颇能矫昔时委靡之习。〔61〕所惜诈伪僄佼，〔62〕动多破坏秩序。以致秦人矫枉过正，专以塞民智，挫民气为主，而卑屈浮动之习以起，〔63〕三代之遗，〔64〕至此剥落殆尽。为可嗟也。

汉至五代

汉承秦法，颇挫士气，儒、老并行，卑屈之习，不减昔时。〔65〕光武、明、章，奖励名节，儒学盛行，得收孔教之良果。其时民间尚气节，崇廉耻，风俗之美，迈古轶今。〔66〕三国纷争，魏武提倡恶风，民德已即污下。〔67〕六朝之士类多浮薄侈靡，词章与清谈益盛，民风混浊柔靡，无足道者。〔68〕

有唐开国之初，比隆三代。实则词章之外，无所事事。〔69〕卑屈柔靡，良有以也。

五季混浊空前，外则战败于外族，内之民不聊生。民德之污，至斯为极。⁽⁷⁰⁾

宋至清

宋兴，王权微弱，外族频侵，而道学发达最盛。人尚节义，家习诗书。惜流于文弱而不之觉。宜其亡于外族也。⁽⁷¹⁾

元以武力雄霸欧亚，不为久远之图。徒摭朱学末流而精神不存，寡廉鲜耻。⁽⁷²⁾曾不百年而被逐于明。

朱太祖以专制力挫抑民气，故明初道德无可称述。迨王学大兴，思想高尚，讲德行，尚名节。道德之美，几比东汉。⁽⁷³⁾

清初，诸主以黯刻阴险威其群下，士皆以考据词章自遁；其黠者乃以朱学文其奸。⁽⁷⁴⁾

科举之毒，至今未艾。旧道德渐已澌灭，而新道德未得真相。光复之后，张皇收拾，混浊犹甚。⁽⁷⁵⁾矫世厉俗，⁽⁷⁶⁾正吾辈今日之责矣。

综观历代道德，其盛隆之时，大都因于在上之奖励；而其衰落之际，又莫不由于其摧残。而东汉末年，有明晚代，讲求声应，倡之自下，尤足砥障狂澜，有足多者。⁽⁷⁷⁾今者，共和成立，思想自由，言论自由。其善者，则民受其福。否则，亦被其祸。端赖有志之士，共结团体，立定宗旨，以相研求，敦励实行，勿同波靡。⁽⁷⁸⁾斯则日夜祷伺者也。⁽⁷⁹⁾至于泰西道德，历史普通分为上世、中世、近世三时期。⁽⁸⁰⁾上世，即希腊思想名贤辈出，⁽⁸¹⁾为道德极盛时代；中世，基督教兴，人权之思想起，为道德上一大革新；⁽⁸²⁾近世，学说推论日精，遂由哲学宗教之道德而进以科学的（按：此处省略道德二字），由国家社会而进为世界的（按：此处省略道德二字）。斯又道德之进步。吾人不能不以世界的科学的眼光以为取材者也。

（丙）近今道德堕落之原因及其救济方法

中国数千年间道德污隆升降，既可略睹，而其间操纵主持之者，厥惟帝王专制之力。[83] 顾亭林先生之论世风也，[84] 谓东汉最美，炎宋次之。而归功于光武明章，艺祖真仁。[85] 此其言虽或未尽然，要不得谓非深中肯綮者矣。[86] 若在上者既无倡励之道，在下者复无讲劝之方，则道德遂愈趋愈下。

晚清之季，卒至一蹶莫振。光复至今，不闻有振兴之象，反又加甚焉。[87] 其所以致此之原因甚复杂，不可得而悉数。常推论其大者，得三端。

（一）由于平等自由之误解也。夫平等自由之说何自昉乎？溯欧洲中世纪初，叠受贵族僧侣之专制，民生涂炭。基督教兴，倡为人类平等之说而人权之思想起。然彼固谓有权利必有义务，二者如车之两轮，鸟之两翼，缺一不可。权利义务平均，平等之真谛乃见。自由者，缘于民主国人民之限制治权而起，惟治权虽有限制，而人民之自治乃益加严。故曰："自治之民乃真自由。"为欧美人之常语。法国宗教大家葛罗云所标教义以克己励行为尊，挽近多取其说。[88] 英名儒穆勒·约翰曰："一人之言行于一己之外有涉于余人者，斯不可不屈于社会。是故自由克己必并行，乃能有益。否则扰乱立生矣。"[89]

今吾国人不深究其原理，徒撷拾其皮毛之说以自便其私，于是裂冠毁冕，坏法乱纪之事悍然为之而不顾，[90] 曰："今世固共和平等也！""吾以行吾自由也！"呜呼！乌头、牛扁之属，[91] 人用之为良剂，我服之成毒药。吾民今日之道德乃真败坏至极也。善夫时贤张謇之言曰：[92] "军队无共和，学校无共和。此今日世界各共和国之通例。军队共和，则将不能以令；学校共和，则师不能以教。将不能令，则军败；师不能教，则学校败。其为国患，莫此之尤。"[93]聆斯言，可以憬然矣！[94]

（二）由于革命成功，骄恣之渐积也。中国以数千年专制之国，不数月而推翻帝制，改建共和，成为亘古今横东西而莫有之盛事。此固我将士之谋勇兼资各志士奔走鼓吹之力，虽然世界潮流之盪激，人民心理之趋向，亦有以促其成功。大局既定，宜如何兢兢业业，上下一心，共谋全部之建设，斯有幸福之可言。乃恬嬉歌舞，相习成风，一若一经破坏，而此后之长治久安即可亘万禩而不移也者。[95]一若划除专制，遂一跃而为伟大之共和国民也者。用度则必尽其奢靡，生计则日即于困穷，而勤俭耐劳谦畏小心之良德且波靡渐灭而不以为怪矣。[97]

（三）由于革命后内乱之迭兴也。凡内乱频仍之国，必无优美纯洁之民。其乱之小者害犹小，乱之大者，害弥深。大约秩序混扰之后，其民惯生数种恶性：一曰侥幸性。时当澄平，循资叙格，有一定程序。若夫变乱之后，稍有才智者莫不思挟其险鸷之心术，攫机会以自快一时也。二曰残忍性。草薙禽狝之既久，司空见惯而曾不足以动其心也。[98]三曰倾轧性。彼此相阋，各欲得而甘心，而盃酒戈矛顷刻倚伏也。[99]故夫内乱者，最不祥物也。[100]以法国之大革命其影响乃至使数十年以后之国民失其常度。滇省自光复后，幸能维持秩序，不至如他省之浮动。然外界之感染，不能不严为防范也。

所举三因，为近今感受之最不良者，必待法度修明，教育普及，而始谋所以救济之，诚恐道德之堕落危害中于国家而谋之已晚。夫自古移风易俗之事，其目的虽在多数人，其主动恒在少数人。苟缺于彼而有以补于此，则虽敝而犹未至其极也。东汉节义之盛，晚明风节之美，不尽由于君主之功，盖讲学尚焉已。顾亭林曰："观哀、平之可以变为东京，五代之可以变为宋，则知天下无不可变之风俗。"⁽¹⁰¹⁾讲学之效力，顾不大欤？然则其将如古儒师寻章摘句搜义摭词耶？今无其时，抑殊不必也。吾人诚能取古人微言大义，撷其精华，切究而实行之，不犹愈于空谈理窟，无补身心者耶？窃尝谓及今日道德堕落之时，而言救济之方，取精用宏，厥惟四事：

一曰正本。

王阳明子之论拔本塞源也，⁽¹⁰²⁾曰："圣人之学日远日晦，而功利之习愈趋愈下。"⁽¹⁰³⁾至于今，功利之言沦浃于人心髓，而习以成性已，几千年矣。记诵之广，适以长其傲也；智识之多，适以行其恶已。其称名借号，未尝不曰"吾欲以共成天下之务。"而其诚心实意之所在，以为不如是不足以济其私而满其欲也。夫功利主义在今日强国且有借为学说而利用之者，虽然功利之说其外形虽同，而公私之念，其结果乃大异。盖吾人当发心伊始，或刺激于时局之事变，或感领乎时贤之名言，其一片热心无不为绝对纯洁的。乃寖假而或有分之者，⁽¹⁰⁴⁾或有夺之者。其初犹姑假焉，迨至久假不归，亦乌知其非有矣？夫自始固真诚也，而后乃不免于虚饰。然则非其性恶也，而学有未至也。亦于所谓拔本塞源者，未尝一下刻苦工夫耳。⁽¹⁰⁵⁾

二曰慎独。

慎独之义，吾侪自束发受《大学》《中庸》，谁不饫闻！⁽¹⁰⁶⁾顾实践者万不得一。固由志之未立，亦所以讲求者有未莹也⁽¹⁰⁷⁾。王阳明曰："谨独即是致良知。"然则王子良知之教亦慎独尽之矣。以良知为本体，以慎独为致之之功，此在泰东之姚江，⁽¹⁰⁸⁾泰西之康德，⁽¹⁰⁹⁾前后百余年间，桴鼓相应，若合符节。⁽¹¹⁰⁾吾人而欲求为人以立于天地之间也，则亦谁能助我，谁能规我？舍息息慎独之外，更何恃哉？⁽¹¹¹⁾

三曰立志

孟子曰："志，气之帅也。"（112）以志帅气，大有主张之言。譬如大帅能军，则万无士多将嚣之病。程子曰："学者为气所胜，习所夺，只可责志。"（113）提醒一志字，便觉此志之属吾身，不能轻易为积习所夺。男儿英雄要仗此志成无穷事业，一坠积染，即为没世无称之人。盖志为一身之主，四肢百体皆其奴仆，奴仆怠惰，必告主人，主人一震奋，家政立矣。湘乡曾氏曰："往者不可追，请从今始！一息尚存，永矢弗谖。"（114）立志之谓也！

四曰明分

"礼"以定上下，（115）《春秋》以道名分。（116）社会之秩序所以维持于不敝者，能各守其分，各尽其分，而不相凌躐耳。（117）程子曰："责上责下，而中自恕也，岂可任职分？"（118）正以职分既属诸我，我即应无负此职分。有何劳功之可言？不但上不必怨，下不必责也，非分尤不得妄干。语曰："知足者不辱。"（119）《中庸》云："君子素其位而行，不愿乎其外？"（120）无论他人之名位若何高于己，权利若何优于己，吾自守吾分之所当然，一以求其在我者而已矣。

凡此四事，均为救济今日道德之良法。天下之义理无穷，岂四者所能赅括？（121）然果能自此四端着手用功，则其他道德之障碍已迎刃而解，其于我固有之纯良，思过半矣。

（丁）私德与公德相互之关系

今世之抉破道德藩篱，放纵自恣者，辄侈然语于人曰：（122）"吾以顾公德云尔，私德非所计也！子夏不尝云乎：'大德不踰闲，小德出入可也。'"（123）斯语也，匪唯以自饰，且以之为他人作解而益以自蔽焉。夫安知子夏所言不免流弊（吴氏曰："此章之言不能无弊，学者详之。"饶氏云："以此观人则可，以此律己则疏矣。子夏却混同说出，所以有弊。"，⁽¹²⁴⁾即就原文释义亦当云：⁽¹²⁵⁾苟其人于纲常名教之地——循规蹈矩，则其人动止语默之小节，自无不动中绳墨，⁽¹²⁶⁾于寻常防闲之际，出入之可也。不当作苟能先立乎其大者，则小节虽未尽合理亦无所害解也。夫公德之与私德岂当有所轻重轩轻于其间，⁽¹²⁷⁾又岂可界划一线，焉以区之为异物也哉？人之一身苟有一部分之不仁，⁽¹²⁸⁾则全体为之不适。一身且然，况国体乎？杂一音，不能以成雅乐；淆一色不能以成美锦。故一私人而无其私有之德性，则群此百千万倍之私人而必不能成公有之德性。其理至易晓也。我对于我而不信，而欲其信于待人，一私人对于一私人之交涉而不忠，而欲其忠于团体，势必不能。此又至易明者也。若是乎今之日言公德，而公德之效弗睹者，亦曰国民之私德有大缺点云尔。是故欲铸国民必以培养个人之私德为第一义，欲从事于铸国民者，必以自培养其个人之私德为第一义。

重私德者，中国固有之特色也。吾国人以私德为立身处世之唯一命脉，自古昔而已然。故正心诚意为治平之本，⁽¹²⁹⁾作君作师，开政教之源。三代盛时，⁽¹³⁰⁾帝王臣工，明德以新民者。尚已书云：⁽¹³¹⁾"细行不矜，终累大德。"⁽¹³²⁾又云："毕公懋德，克勤小物。"⁽¹³³⁾即其代表也。春秋以降，渐辟权谋杂霸之风。⁽¹³⁴⁾然两汉经师，类多修己治民，⁽¹³⁵⁾而落落数大政治家兼军事家，⁽¹³⁶⁾如诸葛孔明、范仲淹、岳忠武、王阳明、曾国藩辈，⁽¹³⁷⁾皆能正己率物，⁽¹³⁸⁾敦品励行，为世推重。否则虽功如管、晏，⁽¹³⁹⁾辨如苏、张，⁽¹⁴⁰⁾权略如曹阿瞒、张江陵辈，⁽¹⁴¹⁾世且羞称道之。况其下焉者乎！⁽¹⁴²⁾以是求忠臣必于孝子之门，非是则无取焉。⁽¹⁴³⁾吾国之所优长者，良在于此。迨自民国成立，⁽¹⁴⁴⁾邪说诬人，横流四溢，借《诗》《书》以文奸言，⁽¹⁴⁵⁾袭欧、美而丧本真。于是一切伤风败俗利已害人之事不惜公然为之。天命不足畏，人言不足恤。⁽¹⁴⁶⁾一惟己身之暴肆，恣睢是图。⁽¹⁴⁷⁾是将举我国人数千年立国之中坚，固有之粹美，一旦破坏而弃捐之。私德之不修，公益于何有？亡国亡种之祸，将自此基之。是则大可忧者耳。

公德者，私德之所推也。群者，一之所积也。所以为群之德，自其一之德而已。君子观人于微，往往就其人言行之所流露断定其修身之事业。郭林宗奖拔士人，⁽¹⁴⁸⁾皆如所鉴；晋郤縠说《礼》敦《书》，卒为良将；⁽¹⁴⁹⁾汉昭烈谓诸葛孔明曰：⁽¹⁵⁰⁾"马谡言过其实，不可大用。"⁽¹⁵¹⁾曾文正谓江忠源当以节烈终，卒如所言。⁽¹⁵²⁾如此之类，未易悉数。皆私德敦重之明效也。反是则不然。吴起、温峤之流，殆不足比数。⁽¹⁵³⁾汉武崇奖跅弛之士，而士节渐隳。⁽¹⁵⁴⁾曹操下教求不仁不孝而有治国用兵之术者。⁽¹⁵⁵⁾其流风所播，遂使典午以降，⁽¹⁵⁶⁾廉耻乖丧，五胡内侵。⁽¹⁵⁷⁾此其消息殆如铜山西崩，洛钟东应。⁽¹⁵⁸⁾感召之机，铢黍不爽。⁽¹⁵⁹⁾

故就泛义言之，⁽¹⁶⁰⁾则德一而已，无所谓公私。就析义言之，则容有私德醇美而公德或未尽完者，断未有私德浊下而公德可以袭取者。孟子曰："古之人所以大过人者，无他焉，善推其所为而已矣。"⁽¹⁶¹⁾知公德为私德之所推，⁽¹⁶²⁾而于德育加之意焉，斯可也。

结论：然则公德私德固交互有益，而不宜偏废者也。一群之中，必富于公共之思想乃能相与有成。而同群之分子，益以臻于完善。通德之门，仁厚之里，⁽¹⁶³⁾自古乐道。盖社会教育，其感受于冥冥中者多也。至若以匹夫而增人民之利益，一人而长邦国之福祚者，若郭泰，若弦高，若卜式，若那士翰回，若戎邦治，⁽¹⁶⁴⁾其人类多忠信笃敬，私德完美，而对于社会公益之事，则视之若利害切于肌肤焉。此其群之所以演进。而近数十年，中国与欧美国度进退之相悬，靡不由此。⁽¹⁶⁵⁾夫责善者，朋友之道也。同人既从事研究，诚能由是发大愿力，矢大决心，自修私德以蕲公德之无缺。⁽¹⁶⁶⁾则有造于吾民国之前途也，岂有涯哉？⁽¹⁶⁷⁾

【注释】

（1）灵长类：灵长目动物，哺乳纲之一目，动物界最高等的类群，意思是："众生之灵，众生之长。"世界上现有360余种灵长类，涉及社会进化的各个阶段。其中人类是灵长类进化最高阶段的代表，猴类是最初级灵长类的代表。

（2）俾（bì）：给，促成。扰攘（rǎo rǎng）：亦作"扰穰"。混乱，骚乱。《汉书·律历志上》："战国扰攘，秦兼天下。"王充《论衡·答佞》"（张）仪（苏）秦，排难之人也，处扰穰之世，行揣摩之术。"

（3）深体而力行：此处写作"深体而力行"虽然亦能讲通，但成语皆作身体力行，如唐继尧在本书《云南陆军将校讲学会弁言》中就两次写作"身体而力行"。可能是由讲演者笔误。

（4）引文见《论语·颜渊》："樊迟问仁。子曰：'爱人'。"

（5）引文见《孟子·公孙丑上》："孟子曰：'人皆有不忍人之心。先王有不忍人之心，斯有不忍人之政矣。以不忍人之心，行不忍人之政，治天下可运之掌上。所以谓人皆有不忍人之心者，今人乍见孺子将入于井，皆有怵惕恻隐之心。'"

（6）泰西：犹言极西。早期泛指西方国家，一般指欧美各国。如清人昭梿《啸亭杂录·善天文算法》："自明中叶泰西人入中国，而算法、天文精於中土。"休物尔：今译为休谟（1711—1776年），18世纪英国哲学家，历史学家，经济学家。被视为苏格兰启蒙运动以及西方哲学史最重要的人物之一。12 岁进爱丁堡大学。21 岁开始撰写《人性论》。主要著作有《英格兰史》《人类理解论》《人性论》《道德和政治论说文集》《道德原理探究》《宗教的自然史》《自然宗教对话录》《自恺撒入侵至 1688 年革命的英国史》等。《道德原理探究》中写道："虽然原来没有救济贫困的义务，我们的仁爱心仍会导使我们达到这种义务；当我们不尽那种义务时，我们就感到那是不道德的，这是因为这件事证明了我们缺乏自然的仁爱情绪。""仁爱为德之首，皆指爱之理"应是对休谟这段论述的归纳。

（7）引文见《论语·颜渊》："颜渊问仁。子曰：'克己复礼为仁。一日克己复礼，天下归仁焉。为仁由己，而由人乎哉？'"

（8）朱子：朱熹。引文见朱熹《仁说》："故人之为心，其德亦有四，曰仁、义、礼、智，而仁无不包。"

（9）西、日乌：西方、日本、任何国家。乌：疑问代词，用同"何"。亦：疑当为"不"，"不"与"亦"因形近误耳。如《诗经·东山》"亦可怀也"就有人误为"不可怀也"。（见作家出版社《诗经读议》第 157 页。

（10）特：只，只是。西人：西方国家的人，泛指欧美各国人。

（11）参阅《礼记·中庸》："人者，仁也，亲亲为大。义者，宜也，尊贤为大。"又《说文》段注："义之本训谓礼容各得其宜。"在这里"宜"与《新华词典》上的解释比较接近："正确合宜的道理或举动"。韩愈《原道》说："博爱之谓仁，行而宜之谓义。""宜"，适宜、合理的意思。

（12）尝：通常，经常。义合仁而言之的例子很多。如《孟子·梁惠王上》："王何必曰利？亦有仁义而已矣。"又如《公孙丑下》："齐人无以仁义与王言者，岂以仁义为不美也？其心曰'是何足与言仁义也'云尔。"

（13）四德：希腊学者将智慧、勇气、自律、正义称为"四德"。

（14）利与义的关系，孔子论述颇多。如《论语·里仁》："君子喻于义，小人喻于利。"《述而》："不义而富且贵，于我如浮云。"《宪问》："见利思义，见危授命，""义然后取，人不厌其取。"《季氏》："见得思义。"《子张》："士见危致命，见得思义，祭思敬，丧思哀，其可已矣。"

（15）引文见朱熹《论语集注·学而》："礼之用，和为贵。"释语："礼者，天理之节文，人事之仪则也。和者，从容不迫之意。"

（16）如：《论语·八佾》："人而不仁，如礼何？"《颜渊》"克己复礼为仁。""非礼勿视，非礼勿听，非礼勿言，非礼勿动。"《梁惠王下》："尊尊亲亲，礼之常也。"《公孙丑上》："辞让之心，礼之端也。"

（17）引文见《论语·里仁》。

（18）引文见《北史·苏绰传》："教之以孝悌，使民慈爱；教之以仁顺，使民和睦。"苏绰，字令绰，武功人。官至北周著作佐郎。

（19）柏拉图（约前427—前347年）：古希腊伟大哲学家，也是西方最伟大的哲学家和思想家之一，他和他的老师苏格拉底、学生亚里士多德并称为古希腊三大哲学家。引文见《理想国》："法律是一切人类智慧聪明的结晶，包括一切社会思想和道德。"

（20）引文见《朱子语类》卷二十："故合而言之：则四者（指仁、义、礼、知）皆心之德，而仁为之主；分而言之：则仁是爱之理，义是宜之理，礼是恭敬、辞逊之理，知是分别是非之理也。"撙：抑制，节制，遵守。撙节即遵守礼节。《礼记·曲礼上》："是以君子恭敬撙节、退让以明礼。"孙希旦《集解》："有所抑而不敢肆谓之撙，有所制而不敢过谓之节。"

（21）梭格拉底：今皆译为苏格拉底（公元前469—公元前399年），古希腊著名哲学家。大约于公元前399年，因"不敬国家所奉的神，并且宣传其他的新神，败坏青年"的罪名被判死罪。在收监期间，他的朋友买通了狱卒，劝他逃走，但他决心服从国家的法律，拒不逃走而在狱中服毒受死，终年70岁。苏格拉底的学说具有神秘主义色彩，他认为万物的生存和毁灭，都是神特意安排的，因此研究自然是对神的亵渎，所以他本人集中精力研究论理道德问题。苏格拉底倡导"知德合一"学说。重智主义：苏格拉底认为正确的行为来自正确的思想，美德基于知识，源于知识，没有知识便不能为善，也不会有真正的幸福。他认为，从怀疑自己的知识开始的自我认识是认识美德的来源。在政治上，苏格拉底主张各行各业乃至国家政权都应该由经过训练，有知识有才干的人来管理。

（22）王阳明：王守仁（1472—1529年），浙江余姚人，字伯安，号阳明子，世称阳明先生，故又称王阳明。我国明代最著名的思想家、哲学家、文学家和军事家。陆王心学之集大成者，不但精通儒、佛、道三家学说，而且能够率军征战，是中国历史上罕见的全能大儒。

（23）西儒尤以智为诸德之冠：如苏格拉底的重智主义即为代表。

（24）引文见《论语·为政》。

（25）引文见《论语·颜渊》。

（26）格勒革里：可以肯定该格勒革里原文为 Gregory，中文有葛蕾葛瑞、格莱葛瑞、格里高利、葛列格里、葛烈格里、格雷戈里、葛雷哥利、格利高里、格列高利、葛瑞戈里、格雷格、贵句利、额我略、卡高利等无数译名，但究竟哪一位 Gregory 说过这句话，实在无法查考。

（27）厌：满足。诈：欺骗。兵不厌诈指作战时用假象迷惑欺骗敌人的行为多多益善，永不满足。语出《韩非子·难一》："臣闻之，繁礼君子，不厌忠信；战阵之间，不厌诈伪。"

（28）孚：令人信服。《左传·庄公十年》："小信未孚，神弗福也。"

（29）臂指之效：以手臂使唤手指的效果。

（30）引文见《论语·卫灵公》。

（31）语出何人，未详。

（32）符节：古代派遣使者或调兵时用做凭证的东西。用竹、木、玉、铜等作为载体，刻上文字，分成两半，一半存于朝廷，一半给外任官员或出征将帅。"若合符节"就像符节一样两者完全吻合。语出《孟子·离娄下》："（舜和文王）得志行乎中国，若合符节。先圣后圣，其揆一也。"又：陆九渊《与曾宅之书》："古圣贤之言，大抵若合符节。"

（33）三达德：引文见《礼记·中庸》。三达德即指"智""仁""勇"三大品行。《中庸》第二十章写道："天下之达道五，所以行之者三。曰：君臣也，父子也，夫妇也，昆弟也，朋友之交也。五者，天下之达道也。知、仁、勇三者，天下之达德也，所以行之者一也。"

（34）同（13）。

（35）引文见《论语·子罕》："知者不惑，仁者不忧，勇者不惧。"

（36）引文见《中庸》第二十章："子曰：'好学近乎知，力行近乎仁，知耻近乎勇。'"

（37）阿里斯多德：今一般译为亚里士多德（前384—前322

年），古希腊斯吉塔拉人，世界古代史上最伟大的哲学家、科学家和教育家之一。是柏拉图的学生，亚历山大的老师。有《形而上学》《伦理学》《政治学》和《分析前篇和后篇》等重要著作。这些著作对后来的哲学和科学的发展产生过巨大的影响。马克思曾称亚里士多德是古希腊哲学家中最博学的人物，恩格斯称他是古代的黑格尔。

（38）参阅《孟子·梁惠王下》："王请无好小勇。夫抚剑疾视曰，'彼恶敢当我哉'！此匹夫之勇，敌一人者也。王请大之！诗云：'王赫斯怒，爰整其旅，以遏徂莒，以笃周祜，以对于天下。'此文王之勇也。文王一怒而安天下之民。书曰：'天降下民，作之君，作之师。惟曰其助上帝，宠之四方。有罪无罪，唯我在，天下曷敢有越厥志？'一人衡行于天下，武王耻之。此武王之勇也。而武王亦一怒而安天下之民。今王亦一怒而安天下之民，民唯恐王之不好勇也。"又《孟子·公孙丑上》："吾尝闻大勇于夫子矣：自反而不缩，虽褐宽博，吾不惴焉；自反而缩，虽千万人，吾往矣。"

（39）喑呜：心怀怒气。叱咤：发怒时的叫喊声，指厉声怒喝。语出欧阳修《樊侯庙灾记》："不然，则喑呜叱咤，使风驰霆击，则侯之威灵暴矣哉！"

（40）参阅《大戴礼记》："敬胜怠者吉，怠胜敬者灭，义胜欲者从，欲胜义者凶。凡事不强则枉，不敬则不正。枉者废灭，敬者万世。"

（41）引文见《论语·宪问》：子路问君子。子曰："修己以敬。"曰："如斯而已乎？"曰："修己以安人。"曰："如斯而已乎？"曰："修己以安百姓。修己以安百姓，尧舜其犹病诸！"

（42）引文见《朱子语类》卷十二，原文为："敬非是块然兀坐，耳无所闻，目无所见，心无所思，而后谓之敬。只是有所畏谨，不敢放纵。如此则身心收敛，如有所畏。常常如此，气象自别。存得此心，乃可以为学。敬不是万事休置之谓，只是随事专一，谨畏，不放逸耳。"

（43）出处未详。

（44）借镜：同借鉴。

（45）唐、虞：唐尧、虞舜。三代：夏、商、周三代。

（46）《尧典》：《尚书》篇目之一，该篇记载了唐尧的功德、言行，是研究上古帝王唐尧的重要资料。克：能够。俊德：郑玄云："'俊德'，贤才兼人者。"九族：《孔疏》：上至高祖，下及玄孙，是为九族。即高祖、曾祖、祖、父、自己、子、孙、曾孙、玄孙。一说是父族四、母族三、妻族二。一般采用前说。

（47）参阅《礼记·大学》："物格而后知至，知至而后意诚，意诚而后心正，心正而后身修，身修而后家齐。"

（48）契：商朝的祖先，传说是舜的臣子，助禹治水有功而封于商。司徒：古代的官职名，始于4000多年前的唐、虞之置，负有管理民众、土地、教育等职责。敷：宣告，陈述。五教：五常之教。指父义、母慈、兄友、弟恭、子孝凡五种伦理道德的教育。

（49）见《礼记·大学》："家齐而后国治，国治而后天下平。"

（50）尧：名放勋，史称唐尧。传说中我国原始社会末期的部落联盟长，在唐县伏城一带建第一个都城，以后因水患逐渐西迁山西，定都平阳。唐尧在帝位70年，90岁禅让于舜，118岁时去世。舜：亦称为大舜，名重华，为尧的女婿，因建国于虞，故称为虞舜或有虞氏。性至孝，尧用之，使摄位30年，后受禅为天子，都于蒲阪（今山西省永济市）。在位48年，舜每五年巡天下一次，其余时间让各地君长到京城朝见。舜在南巡中崩于苍梧之野，传位于禹。禹：名文命，号禹，后世尊称大禹，是黄帝轩辕氏的玄孙。传说是夏后氏部落的首领，中国奴隶制的创始人。汤（？—前1588年）：商朝的创建者（前1617—前1588年在位），在位30年，其中17年为商国诸侯，13年为商朝国王。今人多称商汤，又称武汤、天乙、成汤、成唐，甲骨文称唐、大乙，又称高祖乙，商族部落首领。商汤以武力灭夏，打破国王永定的陈规，从此中国历代王朝皆如此更迭，因而史称"商汤革命"。文：周文王，姓姬名昌，生卒年不详。商纣时为西伯，建国于岐山之下，积善行仁，政化大行，因崇侯虎向纣王进谗言，而被囚于羑里，后得释归。益行仁政，天下诸侯多归从，子武王有天下后，追尊为文王。武：周武王，姓姬名发，文王之子，生卒年不详。周王朝的建立者，因商纣王暴虐无道，乃率领诸侯会师盟津，共同讨伐商，公元前1046年1月20日大战于牧野，打败商纣王而建立西周，都镐京。建立诸侯国，在位19年，谥曰武。

（51）稷：古代周族的始祖，其母姜原为帝喾元妃。姜原出野，见巨人足迹，践之而有孕。生一子，以为不祥，弃之隘巷，马牛从他旁边过都不踩它；置之林中，适会山林多人，迁之；而弃渠中冰上，飞鸟以其翼覆而护之。姜原以为神，遂收养长之。初欲弃之，故名弃。弃幼时好种麻、菽；成人后，好耕农，相地之宜，善种谷物稼穑，民皆效法。尧闻之，举为农师，天下得其利，有功。舜曰："弃，黎民始饥，尔后稷播百谷。"封于邰，号曰后稷。皋陶（gāo yáo）：亦作"皋陶""皋繇"或"皋繇"，传说为虞舜时的司法官，后常为狱官或狱神的代称。伊尹：生卒年不详。商初大臣。名伊，一说名挚。今洛阳人。生于伊洛流域古有莘国的空桑涧（今洛阳市嵩县莘乐沟），奴隶出身。因为其母亲在伊水居住，以伊为氏。尹为官名，甲骨卜辞中称他为伊，金文则称为伊小臣。傅说（yuè，约前1335—前1246年）：殷商王武丁的至高权臣大冢相（即上三公第一位），据正史典籍和近年考古发现及傅氏早期家谱等文献记载，是为傅氏家族的始祖。吕公望：吕望（姜子牙），商周之际军事谋略家。当是立国于吕（今河南南阳）的姜姓部族一支的后裔，故为姜姓吕氏，名望，字子牙，或单呼牙。任周初"太师"之职，被尊为"师尚父"，因有"吕尚"之称。又以齐国始祖而称"太公望"，俗称姜太公。于周文王时进入周族方国统治集团，成为主掌军政的核心人物。周公旦：周文王之子，周武王之弟，名旦，生卒年不详，爵位为公，西周政治家。因采邑在周，称为周公，因谥号为文，又称为周文公。武王死后，其子成王年幼，由周公摄政当国。其兄弟管叔、蔡叔、霍叔等人勾结商纣之子武庚和徐、奄等东方夷族反叛，史称三监之乱。周公奉命出师，三年后平叛，并将国家势力扩展至东海。

（52）极轨：最高的法式、楷模。清陈廷焯《白雨斋词话》卷一："飞卿《菩萨蛮》十四章，全是变化《楚骚》，古今之极轨也。徒赏其芊丽，误矣！"

（53）中：无过无不及，准确适度，恰到好处。矫：矫正，纠正。偏：偏颇，或左或右。莠：狗尾草，泛指禾苗中的野草。后用以比喻不成才，没出息之人。

（54）参阅《史记·儒林列传》："嗟乎！夫周室衰而《关雎》作，幽厉微而礼乐坏。诸侯恣行，政由强国。"

（55）凌夷：衰落，衰败。《后汉书·安帝纪》："今之三公，有古之名而无其实。选举诛赏，一由尚书，尚书之任重于三公。凌夷已来，其渐久矣。"《旧唐书·刘蒉传》："今威柄凌夷，藩臣跋扈。"

（56）集道德之大成：参阅《孟子·万章下》："孔子之谓集大成。集大成也者，金声而玉振之也。"

（57）《论语·为政》："殷因于夏礼，所损益，可知也；周因于殷礼，所损益，可知也；其或继周者，虽百世可知也。"马融注："所因，谓三纲五常。所损益，谓文质三统。"朱熹按："文质，谓：夏尚忠，商尚质，周尚文。"忠与质意思相近，指纯正的本质。文当指外在体现。《表记》云："虞、夏之质，殷、周之文，至矣！虞、夏之文，不胜其质；殷、周之质，不胜其文。"《论语·雍也》："质胜文则野，文胜质则史。文质彬彬，然后君子。"毫无疑义，最好是文质得宜。《汉书·董仲舒传》："今汉继大乱之后，若宜少损周之文致，用夏之忠者。"

（58）四维：管仲把礼、义、廉、耻四种道德看作治国的四大基本条件，故名四维。维，原指系物的大绳。《管子》非常重视礼义伦理在治国安民中的作用，在开篇《牧民》中开宗明义，提出了著名的"四维"说。其曰："礼义廉耻，国之四维，四维不张，国乃灭亡。"

（59）浮靡：浮华奢侈。优柔：宽舒、温和。语出《大戴礼》："优之柔之。"

（60）参阅梁启超《论私德》："自由思想大发达，儒、墨、道、法、纵横诸派互角，纵横家最握实权。"

（61）委靡：也作萎靡，用以形容人的精神或社会风气衰颓。

（62）僄（piào）佼：班固《西都赋》："虽轻迅与僄佼，犹愕眙而不能阶。"张铣注："轻迅僄佼：谓捷疾也。"又作僄狡《文选注》引《方言》："僄，轻也，芳妙切。"引郑玄《礼记注》："狡，疾也，古饱切。"按：此处僄佼略同今语轻佻狡猾。

（63）参阅梁启超《论私德》："秦中央集权，专制力甚强，以塞民智、挫民气为主……卑屈浮动。"

（64）三代之遗：夏、商、周三代遗留下的风尚。

（65）参阅梁启超《论私德》："高祖承用秦法……儒老并行；文、景间家给人足；武、昭以后稍困。卑屈甚于秦时。"

（66）参阅梁启超《论私德》："光武、明、章，奖厉名节。儒学最盛时代，收孔教之良果。尚气节，崇廉耻，风俗称最美。"

（67）参阅梁启超《论私德》："魏武提倡恶风，吴、蜀亦奖厉权术。"

（68）参阅梁启超《论私德》："奖厉浮薄侈靡之风。""佛老并用，词章与清谈极盛。"

（69）参阅梁启超《论私德》："儒者于词章外无所事，佛学稍发。"

（70）参阅梁启超《论私德》："战败于外族。""民不聊生。""道德最下。"

（71）参阅梁启超《论私德》："主权微弱，外族频侵。战败于外族。道学发达最盛，朱、陆为其中心点。尚节义而稍文弱。"

（72）参阅梁启超《论私德》："专制力甚强。""摭朱学末流，而精神不存。""卑屈，寡廉耻。"

（73）参阅梁启超《论私德》："太祖残忍刻薄，挫抑民气。""王学大兴，思想高尚。""发扬尚名节，几比东汉。"

（74）豁（huō）刻：深邃刻薄。黠（xiá）：狡猾。参阅梁启超《论私德》："专制力甚强。雍正、乾隆以豁刻阴险威群下。""士以考据、词章自遁，不是知学，其黠者，以腐败矫伪之朱学文其奸。"

（75）参阅梁启超《论私德》："旧学澌灭，新学未成，青黄不接，谬想重迭。""混浊达于极点，诸恶俱备。"

（76）矫世厉俗：矫正世风，改变恶俗。

（77）砥障狂澜：阻挡遏止道德堕落的巨大潮流。多：赞扬。

（78）波靡：随着波浪起伏倾倒。

（79）祷伺：祈祷，期望。

（80）上世、中世、近世三时期：大致相当于欧洲史上上古史、中古史、近代史的三个分期，上古史自有人类以来至公元5、6世纪；中古史由公元5、6世纪至公元1500年；近代史由1500年的地理大发现至19世纪末，形成世界资本主义经济体系。

（81）这时期的希腊思想名贤有哲学家德谟克利特、苏格拉底、柏拉图、亚里士多德、伊壁鸠鲁、斯多葛等；史学家希罗多德、修昔底德等；科学家欧几里德、阿基米德等；悲剧诗人埃斯库罗斯、索福克勒斯、欧里庇得斯等。

（82）人权、自由、民主等思想起源于基督教宗教改革和以后形成的新教教义，起源于新教教徒对《圣经》的新的理解和诠释。《圣经·约翰福音》第三章第十六节："神爱世人，甚至将他的独生子赐给他们，叫一切信他的，不至灭亡，反得永生。"认为思想自由和言论自由是每个人的权利，人人生而平等，上帝像父亲一样爱着世人。"人人都从上帝那里被赋予了一些不可转让的权利，其中包括生命自由和追求幸福的权利。"因而有了"天赋人权""主权在民""政府为民"的主张。

（83）厥：同其，第三人称代词。

（84）顾亭林：即顾炎武（1613—1682年），本名继坤，改名绛，字忠清。明亡后，改名炎武，字宁人，号亭林，自署蒋山佣，学者尊称为亭林先生。南直隶苏州府昆山（今属江苏）人，明末清初著名的思想家、史学家、语言学家。与黄宗羲、王夫之并称为明末清初三大儒。为明末诸生，青年时代发奋研究经世致用之学，并参加昆山抗清义军，失败，幸而得脱。漫游南北，屡谒明陵，卒于曲沃。康熙间被举鸿博，坚拒不就。著作繁多，以毕生心力所著《日知录》，另有《音学五书》《亭林诗文集》等。

（85）参阅梁启超《论私德》："顾亭林之论世风，谓东汉最美，炎宋次之，而归功于光武、明、章，艺祖、真、仁。"《日知录》卷十三云："汉自孝武表章六经之后，师儒虽盛，而大义未明，故新莽居摄，颂德献符者遍天下。光武有鉴于此，乃尊崇节义，敦厉名实。所举用者莫非经明行修之士，而风俗为之一变。至其末造，朝政昏浊，国事日非，而党锢之流，独行之辈，依仁蹈义，舍命不渝。'风雨如晦，鸡鸣不已。'三代以下，风俗之美，无尚於东京者。"又云："宋史言'士大夫忠义之气，至于五季，变化殆尽。艺祖首褒韩通，次表卫融，以示意向。真、仁之世，田锡、王禹偁、范仲淹、欧阳修诸贤，以直言谠论倡于朝。于是中外荐绅知以名节为高，廉耻相尚，尽去五季之陋。故靖康之变，士投袂起而勤王，临难不屈，所在有之。及宋之亡，忠节相望。'"且从而论之曰："观哀、平之可以变而为东京，五代之可以变而为宋，则知天下无不可变之风俗。"

（86）参阅梁启超《论私德》："此其言虽于民德污隆之总因，或有所未尽乎？然不得不谓为重要关系之一端矣。"

（87）参阅梁启超《论私德》："私德之堕落，至今日之中国而极！"

（88）挽：当为晚，晚近：最近。葛罗云：又译喀尔文、克尔文等，今多译为约翰·加尔文（1509—1564年），法国著名宗教改革家、神学家、基督新教的重要派别加尔文派的创始人。"克己厉行为尊"的观点见于加尔文《基督徒生活手册》，他认为只要能够克己，就不再骄矜、倨傲、虚荣、淫荡、嬉戏、享乐、荒唐。可以全力以赴为神服务。

（89）穆勒·约翰：也译作约翰·斯图亚特·穆勒（1806—1873年）。今多译为约翰·斯图尔特·密尔，英国著名哲学家、逻辑学家、经济学家、自由主义法学家。主要著作有《逻辑方法》[即严复所译《穆勒名学》（1843）]、《政治经济学原理》（1848）、《妇女屈从》（1869）、《代议制政府》（1861）等。引文见《论自由》，该书出版于 1859 年，其时，资本主义制度早已在英国确立，资产阶级在经济上基本上实现了自由，理论界已经为经济自由作了充分的论证。密尔这部著作的要旨在于论证个人的思想、言论和行动的自由，即"公民自由或称社会自由"。1903 年严复将该书翻译为《群己权界论》介绍给中国读者。这一译名精辟地概括了本书的主要论题，即个人自由与他人的自由以及社会利益的界限划分，就是论述个人自由及社会、国家方面对个人自由的干涉限度。

（90）裂冠毁冕：撕毁冠冕，改变头饰、发型、服式。比喻毁灭文化习俗，背离民族传统。例一：《宋史·胡铨传》："陛下一屈膝……天下士大夫皆当裂冠毁冕，变为胡服。"例二：章炳麟《革命道德说》："且反古复始，人心所同，裂冠毁冕之既久，而得此数公者追论姬汉之旧章，寻绎东夏之成事，乃适见犬羊殊族，非我亲昵。"捍：当为悍。

（91）乌头：毛茛科植物，母根叫乌头，为镇静剂，治风痹，风湿神经痛。侧根（子根）入药，叫附子。有回阳、逐冷、祛风湿的作用。牛扁：多年生草本植物，直立根，以根入药。可祛风止痛，止咳平喘，化痰。用于慢性支气管炎，腰腿痛，关节肿痛；外用治疥癣，淋巴结核等。

（92）张謇（jiǎn）（1853—1926 年），字季直，号啬庵，江苏南通人。世代耕读传家。1885 年，赴江宁府参加乡试，高中第二名。1894 年，考中状元。中日甲午战争后，张謇提出"实业救国"和"教育救国"的口号，在南通先后创办了大生纺织公司、垦牧公司、通州师范学院、南通博物苑等工业、教育、文化、科普实业。在军山设立气象台。直接开启并促进了南通地区的近代化，为全国树立了楷模。在中国近代史上产生了深远的影响。

（93）引文见《张季子九录·教育录》卷四《师范学校运动会演说》，原文为："军队无放任，学校无放任，此今日世界各国之通例。军队放任，则将不能以令；学校放任，则师不能以教。将不能令则军败，师不能教则学校败。其为国患，莫此之尤。"

（94）憬（jǐng）：醒悟。憬然：醒悟的样子。

（95）禊：当为禊，同祀。

（96）划：同铲。

（97）波靡渐灭：随波而靡，消失干净。

（98）草薙（tì）禽狝（xiǎn）：薙也作剃，除草；狝本作狝，杀。草剃禽狝：如同斩除野草，捕杀禽兽一般肆意屠戮而毫无顾惜。韩愈《送郑尚书序》："至纷不可治，乃草剃而禽狝之，尽根株痛断乃止。"

（99）阋（xì）：争吵。盂：同杯。

（100）参阅梁启超《论私德》："内乱者，最不祥物也。凡内乱频仍之国，必无优美纯洁之民。当内乱时，其民必生六种恶性：一曰侥幸性。才智之徒，不务利群，而惟思用险鸷之心术，攫机会以自快一时也。二曰残忍性。草剃禽狝之既久，司空见惯，而曾不足以动其心也。三曰倾轧性。彼此相阋，各欲得而甘心。杯酒戈矛，顷刻倚伏也。此三者，桀黠之民所含有性也。四曰狡伪性。朝避猛虎；夕避长蛇。非营三窟，不能自全也。五曰凉薄性。一身不自保，何况恋妻子？于至亲者尚不暇爱，而遑能爱人？故仁质斩丧渐灭以至于尽也。六曰苟且性。知我如此，不如无生。暮不保朝，假日偷乐；人人自危，无复远计。驯至与野蛮人之不知将来者，无以异也！此三者，柔良之民所含有性也。"

（101）顾亭林：参阅注（79），引文见顾亭林《日知录》卷十三。

（102）拔本塞源：本，根，根本；源，水源。拔本塞源即拔起树根，塞住水源。比喻要从根本和源头上防患除害。语出《左传·昭公九年》："伯父若裂冠毁冕，拔本塞原，专弃谋主，虽戎狄其何有余一人？"

（103）引文见王阳明《答顾东桥书》。

（104）寖：同浸。

（105）参阅梁启超《论私德》："一曰正本。吾尝诵子王子之《拔本塞原论》矣，曰：'圣人之学，日远日晦；而功利之习，愈趋愈下。'……盖至于今，功利之毒，沦浃于人之心髓，而习以成性也，几千年矣。记诵之广，适以长其敖也；智识之多，适以行其恶也；闻见之博，适以肆其辩也；辞章之富，适以饰其伪也。其称名借号，未尝不曰：'吾欲以共成天下之务。'而其诚心实意之所在，以为不如是，则无以济其私而满其欲也。……夫其自始固真诚也，而后乃不免于虚伪。然则非性恶也，而学有未至也。亦于所谓拔本塞源者，未尝一下刻苦工夫焉耳。"

（106）慎独：指人们独自活动无人监督的时候，凭着高度自觉，按照一定的道德规范行动，而不做任何有违道德信念、做人原则之事。参阅梁启超《论私德》："二曰慎独……慎独之义，吾侪自束发受《大学》《中庸》，谁不饫闻？顾受用者万不得一，固由志之未立，亦所以讲求者有未莹也。吾又闻诸子王子曰：'谨独即是致良知。'……然则王子良知之教，亦慎独尽之矣。《大学》《中庸》是《礼记》中的两篇。"《大学》是孔子讲授"初学入德之门"的要籍，经孔子的学生曾参整理成书。《中庸》是"孔门传授心法之书"，由孔子的孙子子思整理而成。朱熹把这两书与《论语》《孟子》编在一起，合称"四书"，是研究儒学最重要的文献。饫（yù）：饱，厌，满。

（107）莹：本是光洁如玉之石头，引申为光洁，透明的意思。此处为清楚明白意思。

（108）姚江：指王阳明。王阳明为浙江余姚人。

（109）伊曼努尔·康德（1724—1804 年）：德国哲学家、天文学家、星云说的创立者之一、德国古典哲学的创始人，德国古典美学的奠基人。有《关于自然神学和道德的原则的明确性研究》《把负数概念引进于哲学中的尝试》《上帝存在的论证的唯一可能的根源》《视灵者的幻梦》《论感觉界和理智界的形式和原则》《纯粹理性批判》《实践理性批判》《判断力批判》《在理性范围内的宗教》等著作。

（110）桴鼓：桴鼓相应。桴：鼓槌。用鼓槌击鼓，鼓就响起来。比喻相互应和，配合紧密。《汉书·李寻传》："顺之以善政，则和气可立致，犹桴鼓之相应也。"唐继尧等《讨袁世凯檄文》"（唐继）尧……请负弩以先驱，冀鼓桴之相应。"符节：发兵符和使者所持节的统称。符，发兵之符；节，使者所持。两者完全吻合。

（111）息息：一呼一吸为一息，用做计时单位。息息犹言时时刻刻。叶燮《原诗·内篇下》："夫自《三百篇》而下，三千余年之作者，其间节节相生……衰旺相循而生物而成物，息息不停，无可或间也。"恃（shì）：依赖，依仗。

（112）引文见《孟子·公孙丑》："夫志，气之帅也；气，体之充也。"

（113）程子：指程颐。程颐（1033—1107 年），字正叔，人称伊川先生，北宋洛阳人。与其胞兄程颢不但学术思想相同，而且教育思想基本一致，共创"洛学"，为宋代理学奠定了基础。这段引文见朱熹《近思录》卷二，前有"明道先生以记诵博识为玩物丧志。"等语。当是程颢语，作者误记为程颐语。程颢（1032—1085年）字伯淳，人称明道先生，原籍河南洛阳，生于湖北黄陂县。与程颐并称为"二程"。

（114）湘乡曾氏：曾国藩，湖南湘乡人。谖（xuān）：忘记。引文见曾氏《家训》："立志箴：往者不可追，请从今始。荷道以躬，兴之以言！一息尚存，永矢弗谖。"

（115）礼：人们根据自己的身份和社会、政治地位，遵守不同的行为规范，这就是礼。《礼记·曲礼上》："礼者所以定亲疏，决嫌疑，别同异，明是非也。"《礼记·中庸》："亲亲之杀，尊贤之等，礼所生也。"董仲舒《春秋繁露·奉本》："礼者……序尊卑贵贱大小之位，而差内外、远近、新旧之级者也。"

（116）《春秋》：儒家五经之一，孔子据《鲁春秋》修订的史书。

（117）凌躐（língliè）：也写作凌躐，超越，超出寻常顺序。宋濂《送张编修赴南阳教授序》："毋骤语以高远，恐其凌躐而不逊也。"何焯《义门读书记·论语下》："为学一凌躐便易怨天，一轻浮便易尤人。"

（118）引文见朱熹《近思录》卷五："明道先生曰：责上责下，而中自恕己，岂可任职分？"据此，"也"当为"己"。

（119）见《老子》第四十五章，原文："知足不辱，知止不殆，可以长久。"

（120）这句话的意思是：君子只求就现在所处的地位，来做他应该做的事，不希望去做本分以外的事。

（121）赅（gāi）括：赅，完备。赅括：全部包括。

（122）抉（jué）：挑开，撬开，冲破。辙：当为辄（zhé）：

总是，就。侈（chǐ）然：骄纵自大，夸夸其谈的样子。

（123）子夏：孔子门人。引文见《论语·子张篇》，大德指大节，小德指小节。闲：木栏，引申指界限。全句意思是："大节上不能超越界限，小节上有些出入是可以的。"

（124）吴氏、饶氏之言均见朱熹《论语集注》。吴氏疑指朱熹门人吴英，吴英，字茂实，邵武人。有《论语问答略》。饶氏疑指北宋经师饶子仪，饶子仪，字元礼，临川（今属江西）人。师从胡瑗、孙复受经。著有《编年史要》《论语解》等。参阅《潜庵学案》："子夏笃实，次于曾子，而有小德出入之论，所以不及。"《木钟学案》："弊在出入可也。"

（125）原文：指子夏所说的"大德不踰闲，小德出入可也。"两句原话。

（126）中绳墨：行为符合规范。

（127）轩轾（xuānzhì）：车前高后低为"轩"，车前低后高为"轾"，用以比喻高低轻重。

（128）苟：只要有。不仁：活动不灵，丧失感觉。

（129）参阅《大学》："意诚而后心正，心正而后身修，身修而后家齐，家齐而后国治，国治而后天下平。自天子以至于庶人壹是，皆以修身为本。"

（130）三代：指大禹、商汤、周文王、武王主政时代。

（131）尚已书：当为《尚书》已。《尚书》为上古史料汇编，儒家最重要的经典之一。臣工：官员。新民：亲民更确切。

（132）引文见《尚书·周书·旅獒》，原文为："不衿细行，终累大德。"

（133）毕公：周文王第十五子，名高。周武王灭商朝以后，封他于毕地（在今陕西咸阳市东北，一说在今西安市西南），故称毕公。成王临终时，托他与召公一起辅助周康王继位。《尚书·毕命》：原文为："惟公懋德，克勤小物。"

（134）权谋杂霸：用权谋掺杂霸道治理国家。

（135）从下文所列举的人物推测，"两汉"似应为"两汉以来"。

（136）落落：略同磊落。光明鲜亮，辉煌灿烂的样子。《三国志·蜀志·彭羕传》："若明府能招致此人，必有忠说落落之誉。"杨炯《和刘长史答十九兄》："风标自落落，文质且彬彬。"

（137）诸葛孔明：诸葛亮（181—234年），字孔明，号卧龙（也作伏龙），琅琊阳都（今山东临沂市沂南县）人，三国时期杰出的政治家、军事家、战略家、发明家。在世时被封为武乡侯，谥曰忠武侯。范仲淹（989—1052年）：字希文，苏州吴县（今属江苏）人。北宋著名的政治家、思想家、军事家和文学家。为政清廉，体恤民情，刚直不阿，力主改革，屡遭诬谤，数度被贬。去世后谥文正，封楚国公、魏国公。有《范文正公集》传世。岳忠武：岳飞（1103—1142年）字鹏举，北宋相州汤阴县永和乡孝悌里（今河南省安阳市汤阴县菜园镇程岗村）人。历史上著名战略家、军事家、民族英雄、抗金名将。岳飞在军事方面的才能则被誉为宋、辽、金、西夏时期最为杰出的军事统帅、联结河朔之谋的缔造者。同时又是两宋以来最年轻的建节封侯者。南宋中兴四将（岳飞、韩世忠、张俊、刘光世）之首。王阳明（1472—1529年）：名守仁，字伯安，世称阳明先生，余姚人，明代著名哲学家、政治家、教育家和军事家。精通儒、道、佛三教，且具有非凡的军事才能和精深的文学艺术造诣。官至南京兵部尚书，封新建伯，谥文成。清代名士王士禛称赞他"立德、立功、立言，皆居绝顶"，为"明第一流人物"。曾国藩（1811—1872年）：初名子城，字伯涵，号涤生，谥文正，湖南湘乡府人。晚清重臣，湘军的创立者和统帅。清朝军事家、理学家、政治家、书法家、文学家，晚清散文"湘乡派"创立人。官至两江总督、直隶总督、武英殿大学士，封一等毅勇侯。

（138）正己率物：自己立身正而做他人的表率。

（139）管、晏：管仲与晏婴。管仲（约前 723 或前 716—前 645 年）：姬姓，管氏，名夷吾，谥曰"敬仲"，史称管子。春秋时期齐国著名的政治家、军事家。为齐国上卿（即丞相），被称为"春秋第一相"，辅佐齐桓公成为春秋时期的第一霸主。其言论见《国语·齐语》。晏婴（前 578—前 500 年）：字仲，谥平，多称平仲，又称晏子，夷维人（今山东高密）。春秋后期政治家、思想家、外交家。对内，晏子坚持"意莫高于爱民，行莫厚于乐民"的执政理念，深得百姓爱戴。对外，晏子主张与邻国和平相处，不事挞伐。

（140）辡：当为辩。苏、张：苏秦与张仪。苏秦（约前 334—前 284 年）：战国时东周洛阳乘轩里人，字季子。战国时著名的纵横家，与张仪同出自鬼谷子门下。被赵封为武安君，与赵奉阳君共谋，发动韩、赵、燕、魏、齐诸国合纵合纵攻秦，迫使秦国不敢称帝。《汉书·艺文志》著录有《苏子》三十一篇，今佚。帛书《战国策》残卷中，存有其游说辞及书信十六篇。张仪（？—前 310 年）：战国时魏人，历史上著名的纵横家。张仪于魏惠王时入秦。秦惠文君以为客卿。惠文君十年（前 328 年）张仪为秦相。为秦分化削弱六国建立了卓越功绩。

（141）曹阿瞒：曹操（155—220 年），字孟德，东汉末年的政治家、军事家、文学家及诗人。一名吉利，小名阿瞒，沛国谯郡（今安徽省亳州市）人。汉初相国曹参之后。汉末为相，挟天子以令诸侯，后与孙权、刘备三分天下而成鼎足之势。身后其子曹丕称帝，追封之为武帝。张江陵：张居正（1525—1582年），字叔大，号太岳，湖北江陵人。嘉靖进士，隆庆元年（1567年）入阁。穆宗死，代为首辅。万历初年，神宗年幼，国政大事都由他主持，前后当国十年，为人善谋，独揽朝政，是明代最有权威的一个首辅，也是中国封建社会后期不可多得的政治家。当政期间，面对吏治败坏、财政危机、赋役不均、军心涣散的局面，他用其权力，雷厉风行地整顿吏治、整饬边防、节缩开支、打击豪强，使之成为明朝中兴宰相。

（142）焉：相当于"于此"。

（143）参阅《后汉书·韦彪传》："夫国以简贤为务，贤以孝行为首。孔子曰：'事亲孝故忠可移于君。'是以求忠臣必于孝子之门。"

（144）迺：同乃。

（145）文：文饰，美化。

（146）语出《宋史·王安石列传》："天变不足畏，祖宗不足法，人言不足恤。"意思是：天象的变化不必畏惧，祖宗的规矩不一定效法，人们的议论也不需要担心。

（147）恣睢：（zìsuī）放纵，放任。任意做坏事。

（148）郭林宗：郭泰（128—169年），字林宗，东汉太原介休（今属山西）人。东汉著名学者、思想家及教育家，人称"有道先生"。与春秋时晋国介子推以及宋朝宰相文彦博合称介休三贤。曾周游列国，与李膺等交游，名重洛阳，能以德行导人，闭门教授，弟子千人。在东汉末桓、灵二帝时期，郭泰是士人的著名代表和太学生的主要首领之一。他还以不愿就官府的征召而名著于世。官府召辟，皆不就。

（149）郤縠：也写作郄縠，郄毂，春秋时期晋国将领。晋文公在被庐阅兵，寻找元帅人选，大夫赵衰说："郤縠可。臣亟闻其言矣，说礼乐而敦《诗》《书》（宣传《礼》《乐》，研究《诗》《书》）。《诗》《书》，义之府也。礼乐，德之则也。德义，利之本也。《夏书》曰：'赋纳以言，明试以功，车服以庸。'君其试之。"晋文公于是委任郤縠率领中军。事见《左传·僖公二十七年》。

（150）汉昭烈：三国蜀主刘备。

（151）《三国志·蜀书·马良传》："谡以荆州从事随先主入蜀，除绵竹成都令、越嶲太守。才器过人，好论军计，丞相诸葛亮深加器异。先主临薨谓亮曰：'马谡言过其实，不可大用，君其察之！'亮犹谓不然，以谡为参军，每引见谈论，自昼达夜。建兴三年，亮征南中，谡定攻心之计，亮深然之。建兴六年，亮出军向祁山，时有宿将魏延、吴懿等，论者皆言以为宜令为先锋，而亮违众拔谡，统大众在前，与魏将张郃战于街亭，为郃所破，士卒离散。亮进无所据，退军还汉中。"

（152）江忠源：1837年（清道光十七年）举人。1844年，江忠源进京赶考，经郭嵩焘介绍，拜见曾国藩。初次见面，深谈多时。曾国藩知江忠源先后为湘乡邓铁松和新化邹柳溪料理后事，扶柩归乡。江忠源告别后，曾国藩对郭嵩焘说："此人义侠之士……扶两友之柩，行数千里，亦极难矣！"将"立名天下，也会悲壮节烈而死。"1854年，江忠源带兵坚守庐州（当时为安徽省会），被太平军包围，缺粮食、缺弹药，诸军相去四十里，望而不救。曾国藩也只派出区区一千人马，还没有到达城下，城就被攻破了。江忠源有病在身，一路奋战，身受七创，最后溺水而亡，时年42岁。

（153）吴起（约前440—前381年）：卫国左氏（今山东省定陶，一说曹县）人。吴起喜好用兵，一心想成就大名。周威烈王十四年（前412年），齐国进攻鲁国，鲁国国君想用吴起为将，但因其妻为齐国人而不信任。吴起由于渴望成就功名，决然杀其妻。鲁君于是任命吴起为将，率军抵抗齐军，大获全胜。吴起著有《吴子》一书传世。温峤（288—329年）：字泰真，一作太真，太原祁县（今山西祁县）人，东晋政治家。先后任上党太守、司空右司马、左长史、江州刺史、散骑常侍等职，获封始安郡公。卒赠侍中大将军，谥曰忠武。

（154）跅弛（tuòchí）：行为放荡不羁，向上跳。隳（huī）：毁坏，崩毁。

（155）曹操曾三次发布唯才是举令。建安十五年春下令曰："若必廉士而后可用，则齐桓其何以霸世？"建安十九年十二月令曰："夫有行之士未必能进取，进取之士未必能有行也。陈平岂笃行，苏秦岂守信邪？而陈平定汉业，苏秦济弱燕。"建安二十二年秋八月令曰："吴起贪将，杀妻自信，散金求官，母死不归，然在魏，秦人不敢东向，在楚则三晋不敢南谋。……或不仁不孝而有治国用兵之术：其各举所知，勿有所遗。"

（156）典午："司马"的隐语。《三国志·蜀志·谯周传》："周语次，因书版示立'典午忽兮，月酉没兮。'典午者，谓司马也；月酉者，谓八月也。至八月而文王（司马昭）果崩。"晋帝姓司马氏，因以"典午"指代晋朝。

（157）五胡内侵：西晋末，除羌族外，另有鲜卑、匈奴、羯、氐均曾攻入雁门。

（158）消息：征兆，感应，感召。铜山西崩，洛钟东应：汉武帝时皇宫未央宫前殿钟无故自鸣，三天三夜不停止。汉武帝召问王朔，王朔说可能有兵争。武帝不信，又问东方朔。东方朔说铜为山之子，山为铜之"铜山西崩，洛钟东应"比喻同类事物互相感应或重人事件相互影响。

（159）铢（zhū）黍不爽：铢为古代重量单位，二十四铢等于旧制一两；黍，小米类粮食，借做长度单位，如魏学洢《核舟记》："舟首尾长约八分有奇，高可二黍许。"铢、黍皆用以喻极轻微细小。爽：差错。铢黍不爽略今语丝毫不差。

（160）汛：当为汜，同泛。泛义，与下文"析义"相对，即广义，浑言或笼统而言。

（161）引文见《孟子·梁惠王上》，意思是说："古代的贤明君主之所以远远超过一般人，没有别的原因，只是善于将他们的行为推广于去罢了。"

（162）推：扩展，延伸。

（163）旦：居住之地。

（164）郭泰：见注（148）。弦高是郑国的一位行商，经常来往于各国之间做生意。公元前627年，他在经商途中遇到秦国军队去偷袭他的祖国郑国，便一面派人急速回国报告敌情，一面伪装成郑国国君的特使，以12头牛作为礼物，犒劳秦军。秦军以为郑国已经知道偷袭之事，只好班师返回。郑国避免了灭亡之祸。当郑国君主要奖赏弦高时，他却婉言谢绝说："作为商人，忠于国家是理所当然的，如果受奖，岂不是把我当作外人了吗？"卜式，西汉洛阳（今属河南）人。以牧羊致富。武帝时，匈奴屡犯边，他上书朝廷，愿以家财之半捐公助边。帝欲授以官职，辞而不受。又以二十万钱救济家乡贫民。朝廷闻其慷慨爱施，赏以重金，召拜为中郎，布告天下。他以赏金悉助府库；身为郎，仍布衣为皇家牧羊于山中。武帝封其为缑氏令，以试其治羊之法，有政绩，赐爵关内侯。元鼎中，官至御史大夫。后因反对盐铁官营，又兼不习文章，贬为太子太傅，以寿终。那士翰回：今多译为乔纳斯·汉韦（1712—1786年），英国波都毛士（今译为朴次茅斯）人。在俄罗斯经商兴盛后回英国从事公益事业，捐巨资修建伦敦大道、培训水兵，后任英国海军供粮监督之职，自定"不受一物之规"，成为廉洁的典范。乔纳斯·汉韦去世后，其遗产悉数捐给孤儿院。

戎邦治：英国一位利用工余时间从事义务教育儿童而卓有成效的人物。1910年商务印书馆出版的《自助论》收有《戎邦治轶事》一文。如今一般读者已经很难见到此书，特摘录戎邦治事如下："戎邦治者，彼（当为波）都毛士（朴次茅斯）之屦人也。贫家子女，嬉游于街衢，不受教育而长恶习，为废人。""（戎）邦治独悲之，教以学业。每日勉工事，仅以糊口，而不取修金。教育贫儿，熏而善良者五百余人。""如戎邦治者，可谓真实之仁人。可建纪功碑于不列颠海岸矣。"

（165）靡：无，没有。

（166）蕲：通祈。求，达到。

（167）涯：边际，止境。

【译文】

一、人类道德的共同标准

人类与兽类都属于动物，有共同的祖先，都有感受知觉的能力及行为动作。只不过因为人类的智慧知识道德特别发达而超过了一切动物，独自成为灵长目类动物中进化得最高的动物，所以保持人的品格，防范世界的微小变化，为世界的争斗、骚乱有时得以休止创造条件，这一切都是依靠人类这种共同道德心的力量维系。如果人类没有这种共同道德，那么从一个家庭以内推广开去，到家族，到乡里，到国家，直到全社会，就没有哪一天不处于纷扰动乱当中而永远没有和睦安宁的时日了！因为今天的道德还没有发达到完善程度，所以法律、警察、军备等几项（规范人们行为的工具）不能有一时一刻缺失。这道德的特别重要性就可见一斑了。

人类既然具有这一共同的道德心，古代的圣贤们这才根据人性所固有的道德而给它们分别取了各种名称，使人人都知道它们各自所侧重的内涵。无论世界如何变迁，社会如何进化，这些道德都历经万古而不可磨灭，贯通中西而没有差异。这正是人们所常说的此心相同，此理相同啊！我们这些人生活在今天的世界，幸运地获得了古人先发现的道德，实在不能不对这些道德一一亲身体验并努力落实在行动上。

人类的道德有哪些？

第一个称为仁。我国关于仁的论述非常多。最主要的有两大要义：一个是指爱的道理；另一个是指人的全部道德。如：《论语·颜渊》中孔子说仁就是"爱人"；孟子说"人都有不忍伤害别人的心。"在西方，英国学者休谟认为仁爱在全部道德中排列在首位。这些论述都是指爱的道理。如孔子说："一旦努力约束了自己，使自己的行为符合礼的规范要求，天下自然就复归到仁的境界了。"朱子说："仁、义、礼、智，各德自有侧重，但仁却无所不包。"西方诸国和日本，哪个国家不认为仁爱包含了道德的所有内涵？都把仁当作人的全部道德。只不过西方国家讲仁，专把爱作为主要内容，不像我们国家对"仁"的内涵的阐释那么丰富博大罢了。如今世界残忍刻薄的现象越来越严重，民生越来越困难痛苦，尤其必须将仁作为道德的前提，才能阻止世界的祸乱并增进人类的幸福。

第二个称为义。义就是适宜合宜的意思，裁定是非合宜，处理事件合理就叫作义。孔子、孟子经常将义与仁结合在一起阐述。

古希腊的智慧、勇气、自律、正义四德中有义无仁。但倡导正直公平学说的人非常多，正直公平等内涵都和义的内涵相近。义与利的区别，尤其必须弄清楚，如果只知道讲利却不知道用义加以约束限制，那就错了。

第三个称为礼。礼包含两项内容：一是指德性；二是指仪节。就是朱子所解释的"礼就是天理的节制规律和人事的仪节准则"。孔子、孟子多针对人的德性来阐述礼的内涵和功能。《礼记》所列举礼的内涵和功能，它的作用尤其宏大。有人还将礼与让合在一起来阐述。《论语·里仁》说："能用礼让来治理国家！有什么难的呢？"《北史》中记载苏绰说过："用礼义来教育人民，使人民懂得恭敬礼让。"西方国家的人对于礼仪，常常根据人们的风俗习惯、形貌状态、交际方式等来论述。与我国传统儒家礼仪稍有差异。但柏拉图还是说过："德是由行为被理法约束相助形成的。"这可以算是要言不烦的解释了。

第四个称为智。朱子说："仁是个讲温和慈爱的道理；义是个讲判定裁制的道理；礼是个讲恭敬节制的道理；智是个讲明辨是非的道理。"仁、义、礼、智四德，都在人的心中，都属于人性的本体。这和古希腊苏格拉底的重智主义，和王阳明的致良知学说都相符合。但西方学者特别把智列在各种道德的首位，与我们中国人讲的"仁"相同。重要的是都当成道德上必须并重的对象。

第五个称为信。信指的是没有虚假的言行。孔子说："一个人如果没有诚信，我不知道他可以做什么。"孔子又说："人民如果不信任执政者，国家就不能存在。"信本是道德之一，有时与忠并列而言，有时与诚并列而言，它的含义则没有改变。美国人格勒革里说过："诚信这一道德，即使称它为宇宙万物的基础也是可以的。"西方国家的人常常把讲求信用诚实作为交际的道德要求。而且在实业方面尤其以信用为主，甚至有认为只要看他讲信用的情况怎么样就可以知道他的实业情况是怎么样的人。至于行军用兵打仗，虽说兵不厌诈（作战时用假象迷惑欺骗敌人的行为永不满足），但这只是对敌人采取权宜手段而说的。如果统率自己的军队，那就必须靠诚信来使部下信服自己。这才能收到像手臂指挥手指那样自如的效果。

第六个称为恕。恕这一道德，古人常常将它与忠并列。也有单说"恕"的时候。子贡问孔子："有一个字可以作为准则终身奉行吗？"孔子说："（如果有的话，）那大概是'恕'吧！自己不想做的事或不想要的东西，就不要强加给别人或奉送给别人。"大致地说，"恕"德大多从人心的感情生发出来，当它刚刚生发的时候，不外乎是一种推己及人的念头，也就是西方人所说的"同情"罢了，只不过同情仅仅指感情而言。至于将同情提升到恕，那就已经成为一种道德了。如果不仅仅在情感上为别人的忧愁而忧愁，为别人的快乐而快乐，这就是将同情提升为恕德的事实了。又有西方宗教家说过这样的格言："凡是不愿意别人施加给你的事，你也不要将这样的事施加给别人。"中国与西方关于"恕"德的名言，真像符节一样相合而毫无差异。

第七个称为勇。勇这一道德，是中国与"智""仁"并列的"三达德"之一。希腊的四德中也都早论述过。《论语·子罕》中说："勇敢的人无所畏惧。"《中庸》说："懂得耻辱就与勇敢接近了。"亚里士多德说："具有勇气的人，在面对该畏惧的事时才畏惧，至于其他事，就无所畏惧了。"如果是有道理的命令，或者为了捍卫荣誉而发自道德的缘由，那么在适当的境地，就会有竭尽全力，强烈抗争的事情发生。那种无论什么事都不懂得畏惧的人，不是谬妄荒诞的人就是癫狂发疯的人。这和孟子所指斥仅凭一时感情冲动生发的勇气算不得天下的大勇，其内涵正好相同。孟子所指的大勇（的人），是能柔能刚，能弱能强，突然面对强敌却不张皇失措，碰到没有缘故的侵扰却不愠怒；不只是会用厉声叫喊怒吼呵斥来临驾一切显现能力的那种人。

第八个称为敬：敬包含有自恭自敬和尊敬他人两层意思。尊敬他人这层意思，如敬天、敬宾客、敬亲、敬长等；自恭自敬这层意思，那是针对自身的恭敬谨慎来说的。譬如《大戴礼记》中说："恭敬胜过惰怠就吉祥。"《论语·宪问》说："加强自身修养使自身恭敬"等。朱子说："恭敬不是指的将各种思虑搁置放弃，只不过要求对事专一，谨慎敬畏而不放任自流罢了。不只是闭目静坐，耳朵不听，眼睛不看，不交人，不管事，这样做了就算敬。而整齐收敛，这身体思想不敢放纵，这才是敬。"西方国家的人也说："没有恭敬道德的人，那么在道德方面就十分轻蔑他。"大致西方国家的人讲恭敬，多数主要是指对他人产生恭敬思想行为来说的。

以上所列举的八种道德，即使还有未曾列举完全的，但必要的大纲，已经完全集中在这八德中了。哪怕世界千变万化，但这八种道德已经顽强地从古代传承至今，从中国贯通到西方而不可改变。我私下希望和各位君子用这八种道德来互相勉励吧。

二、道德提升降低的简史

要想了解如今道德的真相，必须先考察历来道德提升降低所留下的旧迹，这样才能对研究如今道德的真相提供足够的借鉴。中国关于道德的论述在唐尧、虞舜和夏、商、周三代就完备了。《尚书·尧典》说："能够彰显崇高的道德来使九族亲善和睦。"由修养自身的方术推广开去，直到整顿好家。一直到契当习徒的时候，才恭敬地开展了父义、母慈、兄友、弟恭、子孝等五种伦理道德的教育。这就又由整顿好家的方术推广开去，直到治理好社会国家。这就是道德产生与光大的顺序。在道德产生光大的过程中，为使道德彰显完备做出贡献而称为圣贤的人很多。在人君当中，有唐尧、虞舜、夏禹、商汤、周文王、周武王等人；在人臣当中，有后稷、契、皋陶、伊尹、傅说、吕公望、周公旦等人。这些是最著名的人物。这些人的言行在《尚书》和司马迁的《史记》以及其他古书中所记述的不少，有的已经被用来教化人民而成为人民的习作，他们的美德汇聚而推进社会兴旺发达，堪称是最高的楷模了。后世的人们引用古例来论证今事，夸张而成为美谈。有时不免会有过誉的言辞。但主要是他们的崇高道德和辉煌业绩，不是后人所能赶上的，这一点确实无可怀疑。古代的圣贤们，有的当君主，有的做大臣，他们加强自身的道德修养并按照道德规范行事。概括他们的意图，不外乎用中直矫正偏斜，用良俊替换奸恶。于是产生了大圣人孔子，他靠为人师表传播儒家学说创立教派，天下谈论道的人们像草木顺风倒一样追随他，于是成为集道德之大成的人物。当时的人民道德怎么样，也可以窥见一斑了。

春秋到秦朝

夏、商、周三代兴盛时期，人民的风俗朴质淳厚，有"夏崇尚忠，殷崇尚质"的称颂。周朝用华美来矫饰纯正的本质，使崇尚文饰的风气达到极点。

到春秋时期，贵族专制，战争逐渐增多，各家学说宗派也逐渐发达起来。孔子学说重在对"仁""义"的肯定和宣颂，而管子将礼、义、廉、耻四种道德当作治国的四大纲维加以重视，和儒家主张相近，人民有先王存遗的风尚一致。到春秋末期，就逐渐走向浮华奢侈，形成宽舒、温和的风气。

到战国时期，各国君主大都用尚武精神和外交手段来奖励臣民。于是自由思想发达到极致。商业兴旺隆盛，诸侯兼并大起。虽然不如春秋时期那样盛行质朴，但任用侠士，崇尚气节，充满活力，有所作为，很能矫正过去衰颓的风气。令人遗憾的是欺诈、作伪、轻佻、狡猾等行为太多而破坏了正常秩序，最后导致秦国人矫枉过正，专门将堵塞民智、打压民气作为主要手段，于是又形成了卑躬屈节、轻浮放荡的风习。夏、商、周三代遗传下的好风尚到这时剥失散落得几乎一干二净，实在太可叹了！

汉朝到五代

汉朝继承了秦朝的法律，沉重地打压士气，儒家、道家学说并行，卑躬屈节的风习一点也不比秦朝减少。东汉光武帝、明帝、章帝，奖励名声好气节高的人，儒家学说盛行，收到了用孔子学说教育人民的良好效果。当时民间也推崇气节，尊尚廉耻，风俗善美，超越古今。

三国纷争，曹操提倡恶劣风气，人民的道德于是卑污低下。六朝的士人群体大多数轻浮、刻薄、奢侈、萎靡，（无聊的）诗文和（不干国事民生的）清谈更加盛行，民风混浊萎颓，没有什么值得称道。

唐朝建国初期，兴隆强盛的程度可以和夏、商、周三代相并列。实际上，文人们除了吟诗作文以外，无所事事，卑躬屈节，软弱萎靡，实在是很有些原因的。

后梁、后唐、后晋、后汉、后周五代，社会的混浊程度，前所未有：外部，被异族打败；内部，人民没有生存的基本条件。人民道德的卑污低下程度，这时期用"堕落"更准确到了极端。

宋朝到清朝

宋朝建立兴起，皇权衰微削弱，外族不断入侵，但道学却发展到最兴盛的程度。人人崇尚气节正义，家家诵习诗书。遗憾的是国家沦落到文弱中却没有知觉。所以它被外族消灭也就理所当然了。

元朝凭借武力在欧亚两洲称雄为霸，但没有做久远的打算。仅仅拾取了朱熹理学的形式却丢掉了它的精神，缺少廉耻。还不到一百年，就被明朝推翻了。

明太祖朱元璋依靠专制力量摧残压制民气，所以明朝初年的道德没有什么值得称道讲述的。等到王阳明的学说隆盛兴起，思想高尚，讲求美德懿行，崇尚名誉节操。道德高尚，差不多可以和东汉相比。

清朝初期，几个皇帝都用深邃刻毒阴险来威慑臣民。读书人都研究考据辞章的学问来遁世自保，那些狡猾的读书人就用朱熹理学来矫饰他们的奸心。

科举制度的流毒祸害，到如今依旧没有绝止。旧道德逐渐扫除消亡，但新道德却没有显露真相。辛亥革命之后，忙忙碌碌应付现实，混乱情况更加严重。改变社会，整顿风俗。这正是我们这些人今天的职责。

综合考察历史上各个朝代的道德情况，结果如下：道德受到推崇普遍高尚的时代，大都是由于统治者奖掖鼓励的结果；而道德衰微低落的时候，又无不是由于受到统治者摧残所导致的。东汉末年、明朝晚期，讲求同声共鸣（同样的观点互相支持），从下发起倡导，尤其足以抵挡道德下降的巨大潮流，有值得赞扬的优秀典型。如今，共和制度建立，思想自由，言论自由。好的方面是人民享受了民主自由的幸福；不大好的方面是人民也遭受了它所带来的灾祸。正要依靠有共同志向的人们，一起结成团体，确立奋斗目标，来互相研究探索，踏踏实实地施行，不要随着社会的波浪起伏倾倒。这就是我日夜祈祷所期望达到的目的。

至于西方国家的道德，历史上普遍分为上古、中古、近古三个时期。上古时期就是希腊思想名贤辈出的时期，是一个道德极高的时期；中古时期，基督教兴起，人权思想产生，是道德上发生一大革新的时期；近古时期，科学推论越来越精密，于是由哲学宗教的道德进而发展成为科学的道德，由国家社会的道德进而发展成为世界的道德。这又是道德的进步了。我们这些人就不能不用观察世界的科学眼光来搜寻道德修养的实例了。

三、近年来道德堕落的原因及拯救道德堕落的方法

中国几千年来，道德卑污，隆盛提升下降的情况，已经可以大致看出来了。而在道德变化过程中起着操纵主导作用的是帝王专制的力量。顾亭林先生在谈到社会风气时，曾经认为东汉的社会风气最好，宋代其次。（之所以能够这样，）应该归功于汉光武帝、汉明帝、汉章帝，宋太祖、宋真宗、宋仁宗的奖掖提倡。这些话虽然有的未必完全正确，但主要的不能说是不深刻中肯的了。如果身处高位的人对道德既没有提倡奖掖的措施，身处下层的人对道德又没有言行劝勉的方法，那么道德就会越演变越堕落了。

晚清末年，道德最终到了一蹶不振的地步。辛亥革命以后，不仅没有听说有道德振兴的表现，道德堕落反而更加严重。道德所以堕落到如此地步的原因非常复杂，不可能一一列举出来。我曾经探求过其中最重要的原因，找到以下三个。

（一）由于对平等自由的误解。平等自由的学说是从哪里产生的呢？追溯欧洲中世纪开始，人民遭受贵族僧侣的种种专制压迫，人民深陷水深火热的痛苦中。基督教兴起，提倡人人平等的理论进而产生了天赋人权的思想。但他们本认为享受权利必须承担义务，权利和义务就像车的两个轮子，鸟的两只翅膀一样，缺

一不可。享受的权利和承担的义务相当，平等的意义才能体现。自由是由民主国家的人民限制统治者的权力产生的，只是统治者的权力纵然有所限制，但人民的自律（自我约束）才更加严格。所以说："自律的人民才真正享有自由。"这是欧美人的常语。法国宗教大家约翰·加尔文所宣讲的教义是"以克制私欲，努力事神为尊"，最近大多采纳了他的学说。英国著名学者约翰·斯图尔特·密尔说："一个人的言行对自己以外如果涉及其他人的时候，就不能不服从社会。所以享受自由与克制私欲必须并行，才能对自己和社会有益处。否则扰乱社会的事就会立刻发生。"

今天我们中国人不深入探究平等自由的原理，仅仅捡取它的皮毛之说来为谋取个人私利辩护，于是抛弃祖宗，破坏法统，扰乱纲纪等事就蛮横乱干而无所顾忌地说："如今社会本来是共和平等的！""我享受我的自由嘛！"唉！乌头、牛扁一类药物，人家服用它是良药，我们服用它就成了毒药。我国人民今天的道德真的败坏到极点了。当代贤人张謇的话说得多么好啊！他说："军队不能共和，学校不能共和。这是如今世界各共和国通行的规矩。军队如果实行共和，那么将领就不能发布命令；学校如果实行共和，那么教师就不能施行教育。如果将领不能发布命令，那么军队必乱；如果教师不能施行教育，那么学校就没有用了。这如果成为国家的灾祸，就没有比这个更大的灾祸了。"看原文："聆斯言，可以憬然点！"

（二）由于辛亥革命获得成功，骄傲放纵的心态行为逐渐发展积聚。中国由一个几千年封建专制的国家，经过不到几个月的时间就推翻了封建帝制，改而建立起共和制度，成为纵贯古今横通中外而未曾有过的盛大事件。这本来是我们革命军将士的谋略英勇再加上各革命志士奔走呼号的力量相助而取得的成果。还有世界民主潮流的冲击激励，人民心理的追求向往，也起了推动革命成功的作用。大局已定，应该考虑如何兢兢业业，上下同心，一起谋划国家的全部建设，这才可以说得上拥有幸福。可是却安于嬉戏逸乐，欣赏歌舞，相互影响，形成风气。首先，如果社会一旦遭受破坏，那么今后的长治久安即使历经万年也不可能有了。其次，如果铲除封建专制，一下子跃入伟大的共和国国民的行列，用度就一定要尽量奢侈靡费，人民的生计却一天比一天困穷，那么勤俭耐劳、谦逊敬畏、谨慎小心的优良品德就将随波靡逝，荡然消灭而不被认为奇怪了。

（三）由于革命后内乱的不断兴起。凡是内乱频繁发生的国家，一定没有优秀纯洁的民众。内乱小的为害还小些；内乱大的，为害就大了。大致是因为秩序骚动混乱以后，混乱的人民习惯而产生出以下几种恶性：第一个叫作侥幸性。社会清净太平的时候，按照资历，讲究级别，有一定的程序。至于变动混乱以后，稍微有点才能智慧的人没有谁不想带着阴险凶狠的心术，抓住机会来享受一下自己暂时的痛快。第二个叫作残忍性。如同铲除野草，猎杀禽兽一样肆意杀人的时间已经长久，司空见惯而简直不能有怜悯的情感了。第三个叫作倾轧性。互相争吵，各自都想得到自己所想得到的才甘心，因而杯酒饮宴可能在顷刻间变成戈矛相拼。所以内乱是最不吉祥的事。像法国那样成功的大革命，尚且导致几十年以后的法国人民还失掉了他们做人的正常规矩。云南省自从辛亥革命以来，幸好能维持秩序，不至于像别的省那样混乱。但外界的影响，却不能不严加防范。

以上所列举道德堕落的三个原因，是近来我所感受到的最不良的原因。一定要等到法律健全，制度开明，教育普及，才开始寻求拯救办法的话，我实在担心在道德堕落的危害中才对国家谋求拯救办法大概为时已晚。自古变易风气更改习俗这类事，改变的目虽然是为了多数人，但改变的主动者永远是少数人。如果在那里有缺损但在这里有补益，那么就算毁败也不会达到极点。东汉崇尚气节正义的风气隆盛，明朝末年风气节操的美善，并不都是君主的倡导之功，基本上是讲学的人崇尚道德形成的。顾亭林说："考察一下汉哀帝、汉平帝时期的道德堕落可以变为东汉的道德隆盛，五代时期的丑陋风习可以变为宋朝的美好风习，就可以知道天下没有不可改变的风俗。"讲学的功效力量，难道不大吗？既然这样，那么是不是要像古代那些儒学导师一样寻章摘句搜义取词呢？如今没有处在那样的时代，实在很不必要那样做。我们只要真的能够汲取古人的微言大义，取其精华，深入钻研并落实在行动中，不是仍然比空谈深邃的道理而对身心毫无补益作用更好么？我私下曾经谈到过"及今日道德隳落之时"，讲到拯救道德堕落的方法，取它们的精髓，用它们最重要的内容。就是做好以下四桩事：

第一是正本。

王阳明先生在论述"拔本塞源"的重要性时说："圣人的学说离我们越来越远，越来越晦暗，但追逐功利的风气却越来越卑下。"到如今，追逐功利的说教已经浸透了人们的心脏骨髓，而且习惯形成人性已经几千年了。记诵得多，恰好增长他们的傲气；知道得多，恰好帮助他们干坏事。他们假借圣贤的名号，未尝不说："我想依靠他们一起成就天下的事业。"但他们诚心实意的目的，却是认为不这样做就不能获取个人的私利，不能满足自己的私欲。功利主义在今天可以使国家强盛而且有借用为强国理论加以利用的情形。不过功利的说法外表虽然一样，但公与私的目的却不相同，实施的结果也大不一样。大致我们这些人在开始做一事用一物的时候，有时是被时局的事变所刺激，有时是被同时的贤人的名言所感动引导，自己的一片热心没有不是绝对纯洁的。而后逐渐产生代理借用行为，产生分权享受行为，甚至产生抢夺窃据行为。当初还是代理借用，等到代理借用长久而且不归还了，又怎么知道不是他所拥有的呢？开始的时候本来是真诚的，但以后就免不了用虚假的表象来掩饰。既然这样，那么就不是人性恶了，而是教育还没有达到目的。也就是在所谓拔除根本，堵塞源头方面，未曾好好地刻苦下功夫罢了。

第二是慎独。

"慎独"的意义，我们这层人自幼年接受《大学》、《中庸》的教育，谁的耳朵里没有被灌得满满的？只不过真正将"慎独"用在实践中的恐怕在一万人中也找不出一人。这当然是由于志向未曾树立，也是由于探求"慎独"的人还没有将它的真义明明白白地揭示出来。王阳明说："谨独就是致良知。"既然这样，那么阳明先生关于"良知"的说教也就是"慎独"罢了。将良知作为本体，把慎独作为致良知的功用。在中国姚江的王阳明，西方的康德，相隔一百多年的时间，如击鼓一样响声互相应和，又像符节一样两两完全吻合。我们这些人要想成为真正的人站立在天地之间，那么究竟谁能帮助自己成功，谁能规范自己的行为？如果放弃时时刻刻的慎独以外，还有什么是可以依靠的呢？

第三是立志。

孟子说："志是气的统帅。"用志来统帅气，是非常有主见的说法。譬如大统帅有能力率领军队，就绝对不会发生士兵众多而将领器顽的问题。程颐先生说："学者如果被气所压倒，被积习所劫夺，那就只能责怪没有立志。"提醒一个"志"字，就会感到这一"志"属于我所拥有，不能轻易让它被积习所劫夺。大丈夫英雄汉必须依靠这"志"成就无穷的大事业。而一旦堕落，染上积习，就成为埋没在世间而不被称道的人了。大致说来，志是一个人全身的主人，四肢和各器官都是它的奴仆，奴仆怠慢懒惰，一定要报告主人，主人一旦振作奋起，家政就可以整顿好了。湘乡曾国藩说过："已经过去的无法追回来了，请从今天开始吧！只要还有一口气，我的誓言永远不忘记。"说的就是立志啊！

第四是明分。

《礼》是用来确定社会上不同身份地位的人各自必须遵守的行为准则。《春秋》用来宣讲人们各自的名位职分。社会秩序之所以能够维持不败坏的原因，不过是靠各自能够坚守本分，承担责任，而不互相越位侵权罢了。程颐先生说："对上严要求，对下要求严，对自己却宽容，（这种人）怎么能担任相关职务呢？"正因为职分已经归属于我，所以我就应该不辜负这个职分。这有什么功劳值得讲呢？不仅对上不必怨恨，对下不必责难，对不属于自己职责范围内的事尤其不能随便干预。俗话说："知足的人不会受辱。"《中庸》说："君子安于现有的名位，只求做分内的事，不希望去做本分外的事。"无论别人的名位比自己多显赫，权力比自己多优越，我都坚守我所当然的本分，始终如一地只求把守本分坚持在自己身上罢了。

以上共四件事，都是拯救今天道德堕落的有效方法。天下的义理没有穷尽，难道以上四件事就通通能够概括？但如果真能着手用功去从这四件事做起，那么其他有碍于道德提升的问题就可以迎刃而解了。至于我们与生俱来的那些纯良本性，自然也就思过半了。

四、私德与公德相互间的关系

如今社会上那些冲破道德藩篱，放纵自己的人，张口就夸夸其谈地对别人说："我只考虑遵守公德罢了，至于私德嘛，我就不放在心上了！子夏不是曾经说过吗？'大节上不能越出界限，小节上有点出入是可以的。'"这句话啊，不仅仅是用来掩饰自己道德上的放纵，而且也用来为别人道德上的放纵做辩解而更加自我蒙蔽了。怎么知道子夏这句话没有弊病呢？朱熹的门人吴英说过："子夏这话不可能没有疏误，学习的人要仔细推敲它。"北宋经学家饶子仪也说过："子夏这话用来要求别人是可以的，用来约束自己就有疏失了。子夏居然不加区别地合在一起讲，所以有毛病。"即使按照"大德不踰闲，小德出入可也"两句原话的意思来解释也应该解释为"只要一个人在纲常名教方面一一循规蹈矩，那么这个人的举止言谈等小节自然不会不合规范。在寻常防闲的时候，即使有点微小出入是可以的。"不应当用只要在大节方面有树立，小节方面哪怕完全失当亦没有害处来解释。公德和私德当中难道还有高低轻重的区别，又哪能划出一条线来区分它们是不同的两种事物呢？人的身体只要有一部分不灵活，那全身就因此而不协调。人的身体尚且这样，何况一个国家呢？一个音调不和节拍，不能奏出美妙的音乐；一种颜色不协调，不能织成华丽的美锦。所以一个人如果不具有其应有的德行，那么聚合成百千万这样的个人在一起就一定不可能形成公有之德行。这个道理太容易明白了。一个人连对他自己都不诚实，却要求他用诚实来对待别人；一个私人与另一个私人交往而不真心，却要求他用真心来对待团体，绝对不可能。这个道理太容易明白了。如果在嘴巴上大讲公德，眼睛里却没有公德效用的人，也可以认为是国民在私德方面存在着重大缺点。所以想要铸造国民就必须把培养国民个人的私德作为第一项培养内容；想要从事铸造国民工作的人，必须把培养自己的私德作为第一项培养内容。

看重私德是中国固有的特色。我们国家把私德作为立身处世的唯一生命线，自古就是这样。所以正心诚意是治国平天下的根本。这为当君主、当老师的人打开了从政施教的源头。夏、商、周三代兴盛的时代，使帝王与百官道德彰明以便亲近人民的经典著作《尚书》已经说过："如果在细节上不小心谨慎，最终必将败坏主要品德。（如果一贯不拘小节，最后必将败坏大节）"《尚书》又说："毕公具备盛德，连小事都很勤勉。"就是看重私德的代表。春秋以后，逐渐开了权谋掺杂霸道的风气。但两汉以来的经学家们大多数注重自身修养来管理百姓，而光辉著名的几大大政治家兼军事家，如诸葛亮、范仲淹、岳忠武、王阳明、曾国藩等人，都能端正自我，作为表率，修养品德，勉励行为，被世人推崇。如果不这样，那么即使他的功劳大得赶上管子、晏子，口才好得赶上苏秦、张仪，权术谋略高得赶上曹操、张居正这帮人，世人尚且羞于称颂他们，何况那些不如这帮人的呢！因此寻访忠臣一定要到孝子家里，不是孝子的人不能取用。我们国家的优长，正好在这里。但自从民国成立以来，谬论邪说欺骗人民，歪风俗流四处泛滥，冒用《诗》《书》来文饰奸恶的说教，袭用欧洲、美国的东西而丢失了传统的本源与真谛。于是一切有伤风化，败坏习俗，对己有利，对人有害的事都完全不顾，公开干起来了。天象的变化不值得畏惧，祖宗的规矩不值得效法，别人的议论也不值得担心。一心想着让自己粗暴放肆，一心盘算着放开手脚干坏事。这是把我国人民几千年治理好国家的坚强支柱，本来具有的精粹纯美，全部一下子破坏并抛弃了啊！不培养好私德，对公共利益有什么好处？亡国灭种的大祸将由此开始。这是最令人担忧的事。

公德是由私德所推延集中形成的。群体是由一个个个体汇积而成。所以显现群体的公德，不过由群体中每个人的道德显现罢了。君子从细微处观察人，往往根据观察对象的言行所流露的细小情节来判断他修身的事业如何。郭林宗奖掖选拔的人才，都和他的判断一致；晋国的郤縠宣传《礼》《乐》，研究《诗》《书》，终于成为优秀将领；汉昭烈帝刘备临终前对诸葛亮说："马谡言过其实（口上谈兵超过实际能力），不能重用。"曾文正（国藩）评价江忠源时说这人将会悲壮节烈而死，最终证明他说得对。像这一类例子，不容易完全列举出来。都是私德修养高而收到的辉煌效果。私德修养不好就不这样了。吴起、温峤这一流人，大概是不值得拿来充数的。汉武帝推崇奖掖那些行为放荡越级上跳的人，结果人们的节操逐渐崩毁了。曹操颁布命令选拔不仁不孝但有治国用兵之术的人，这种下流风气的传播影响，致使晋朝以后亡廉丧耻，鲜卑、匈奴、羯、氐、羌等外族入侵。道德因这种提升与消亡造成国家社会的变化差不多如铜山在西边崩塌，洛阳的钟声在东边响应一样灵验，感应召唤的契机，没有丝毫差错。

所以就广义说来，道德只有一个罢了，无所谓公德私德。如果将公德和私德分开评判，那么可以有私德醇美但公德可能不完美的人，而绝对没有私德卑污但公德却完善的人。孟子说："古代的人之所以能大大超过别人的地方，没有别的原因，不过擅长将自己的良好行为推广开去罢了。"明白了公德是由私德推广的道理，并且用心加强道德教育，这样就可以了。

结论：公德与私德本来就是相会和包容补益而不能有所偏废的关系。一个群体当中，一定要富有谋取公共利益的思想，这个群体才能互相支持获得成功。在这同一群体中的每个成员，也才有可能越来越完善。通向道德的门户，仁厚道德的所在，自古以来就是人们喜欢称颂的对象。也许是社会教育使人们在不知不觉中受到较多感染的缘故吧。至于一个普通人为人民谋利益和一个普通人为国家谋福祉的例子，比如郭泰、弦高、卜式、那士翰回、戎邦治等人，他们做人，大多忠信笃敬，私德完美，但他们对于社会公益的事，其利害程度却看得比刀切在自己的肌肉皮肤上还要紧。这就是中国人这个群体之所以能够发展进步的原因。最近几十年来，中国与欧美国家的发展程度相差很大，也完全是由于这个原因造成的。要求美善，是交朋友的道理。各位同道既然从事道德研究，只要真正能从现在起就树立远大理想，产生巨大力量，拿出坚定决心，加强自己的私德修养来实现完美无缺的国民公德。那么我们就真正走上民国向前发展的道路了，难道会有止境吗?

名将事略（上）

周锺岳讲演

【讲演者简介】原署于《岳武穆事略》题下，现移至《名将事略》总题下更合适。周锺岳（1876 — 1955 年）：字生甫，号惺庵、惺甫、星甫等，云南剑川人，白族。清光绪癸卯（1903 年）乡试解元。1904 年，赴日本弘文院以及早稻田大学学习。1907 年回国，任云南学务公所课长，两级师范学堂教务长。参加辛亥革命昆明重九起义，历任云南军都督府政部参事、参议院参事、秘书长等职。1912 年，任省教育司长、滇中观察使、北京政府经界局秘书长。护国起义后，1916 年任四川督军公署秘书长。1917 年回滇，任靖国联军总司令部秘书长，1919 年后任署理（代理）省长、省长、盐运使、秘书厅厅长、内务司长、民政厅长、省务委员、内务厅长、通志馆馆长等职。1939 年后历任国民政府内政部长、国民政府委员、考试院副院长、总统府咨政等职。1953 年，任云南文史研究馆馆员、第二届全国政协委员。1955 年 5 月 19 日病逝于昆明。主纂有《云南光复纪要》《新纂云南通志》。著述有《法占安南始末记》《惺庵诗稿》《惺庵日记》《天南电光集》等。

马伏波事略⁽¹⁾

【原文】

第一章　汉代之中兴

汉自元、成以后，⁽²⁾主德日衰。元帝病于优柔，⁽³⁾成帝湛于酒色，⁽⁴⁾哀帝嬖于佞幸。⁽⁵⁾加以享国日浅，元帝在位十六年，成帝在位二十六年，哀帝在位六年。合三主之享国止四十八年。而元后且寿八十有四。⁽⁶⁾王莽以外戚之亲，⁽⁷⁾窥窃神器⁽⁸⁾。始立平帝，寻即弑之。⁽⁹⁾继立孺子婴，⁽¹⁰⁾又复废之。莽遂自立，改汉为新。⁽¹¹⁾然国祚虽移，⁽¹²⁾人心思汉，海内豪杰，群起义兵。安众侯刘崇、东郡太守翟义、徐乡侯刘快先后起兵讨莽。⁽¹³⁾既而五原、代郡、临淮、琅邪、新市、平林，⁽¹⁴⁾兵革并起，海内骚然。⁽¹⁵⁾

及汉宗室刘秀与兄縯起兵舂陵，⁽¹⁶⁾数年之间，兴复汉室，是为光武。盖帝诚中兴令主，然亦其得人之效也⁽¹⁷⁾

光武起义南阳，所得舂陵子弟不过七八千人耳，而知人善任，海内豪杰，翕然归之。⁽¹⁸⁾时则有冯异、邓禹、岑彭、贾复、吴汉、盖延、耿弇、王霸、祭遵、寇恂之徒杖策相从，⁽¹⁹⁾卒成大业。而诸将之中，始而佐命，继而行边，为国宣劳，⁽²⁰⁾至老不懈，为新息侯马伏波将军者，⁽²¹⁾尤可钦已。

第二章　马伏波少时之器识[22]

马伏波将军，名援，字文渊，扶风茂陵人也。[23]伏波有三兄：长况，次余及员，并有才能。[24]伏波年十二而孤，少有大志。诸兄奇之。其从弟少游尝讽之曰："士生一世，但取衣食裁足，乘下泽车，御欵段马，为郡椽吏守坟墓，乡里称善人，斯可矣。[25]致求盈余，但自苦耳！"伏波笑谢之。常从颍川蒲昌受《齐诗》，不屑屑守章句。[26]既而以家用不足辞其兄况，欲就边郡田牧。[27]况曰："汝大才，当晚成，良工不示人以朴，[28]且从所好。"遂至北地牧田，宾客归附者数百家。尝谓宾客曰："丈夫为志，穷当益坚，老当益壮。"[29]后有畜数千头，谷数万斛。既而叹曰："凡殖财产，贵能施赈也。否则守钱虏耳！"尽散以班昆弟、故旧。[30]其慷慨如此。视世之坐拥厚赀，而于贫乏亲旧漠然不一顾，[31]或履厚席丰，老死牖下，无济世安民之怀者，其志气为何如也？

王莽之末，四方兵起。伏波闻西州隗嚣好士，[32]往从之，嚣甚敬重，以为绥德将军，与决筹策。是时，公孙述称帝于蜀，[33]嚣使伏波往观之。伏波与述素同里闬相善，[34]以为既至，当握手欢如平生。而述盛陈陛卫以迎伏波，交拜礼毕，使出旧馆。[35]备威仪，会百官，为伏波立旧交之位。述磬折而入，[36]礼飨甚盛，欲留伏波。伏波谓其客曰："天下雌雄未定，公孙不吐哺迎国士与图成败，[37]乃修饰边幅如偶人形，[38]此何足久留乎？"因辞归，谓嚣曰："子阳，井底蛙耳，而妄自尊大，不如专意东方。"[39]嚣乃使伏波奉书洛阳。

伏波初到，良久，中黄门引入。[40]光武在宣德殿南庑下祖帻迎，[41]笑谓伏波曰："卿邀游二帝间，今见卿，使人大惭。"

伏波顿首辞谢，因曰："当今之世，非但君择臣，臣亦择君。臣与公孙述同县，少相善，臣前至蜀，述陛戟而后进臣；[42]臣今远来，陛下何知非刺客奸人而简易若是？"光武复笑曰："卿非刺客，顾说客耳。"[43]伏波曰："天下反复，盗名字者不可胜数，今见陛下，恢廓大度，同符高祖，乃知帝王自有真也。"[44]光武乃遣来歙持节送伏波归陇右。[45]当是时，隗嚣雄长于陇右，公孙述称帝于成都，其延揽伏波，不可谓不至。而伏波一见光武，即知大命之有属，[46]帝王之有真，卒弃彼而就此，虽光武之大度足以感人，然伏波之识量弘远于此，亦可见已。

第三章　伏波说隗嚣归汉

伏波既至南阳，倾心光武。光武亦推诚待之，则留南阳可矣。何以又归陇右？盖是时隗嚣初无诚心归汉之志，其遣伏波奉书洛阳，不过以觇东方强弱。[47]伏波既见光武，知汉祚当必复兴，惟隗嚣割据一隅，则兵事猝未可解，生民之患未已也。[48]且隗嚣初遇伏波颇厚，亦不忍遽恝置之，[49]故仍归陇右者，所以劝隗嚣专心事汉也。伏波既归，隗嚣与共卧赴，[50]因问以东方事。伏波曰："前到朝廷，上引见数十，每接谦语，自旦至夕，才明勇略，非人敌也。[51]且开心见识，无所隐伏，阔达多大节，略与高祖同；[52]经学博览，政事文辩，前世无比。"嚣曰："卿谓何如高帝？"伏波曰："不如也，高帝无可无不可。[53]今上好吏事，动如节度。又不喜饮酒。"[54]嚣意不怿，曰："如卿言，反复胜耶？"观嚣此言，其忌光武而不愿事汉已可见矣。

光武遣来歙与伏波劝隗嚣入朝，许以重爵。嚣连遣使深持谦辞言："无功德，须四方平定，退伏里间。"伏波与来歙说嚣遣子入侍。嚣闻刘永、彭宠皆已破灭，[55]乃遣长子恂入质，伏波因将家属随恂归洛阳。[56]盖至是知隗嚣之未可与共事也。

伏波去后，陇嚣用王元计，[57]意更狐疑。[58]伏波数以书责譬之，嚣得书，增怒。既而光武诏隗嚣从天水伐蜀，嚣不从。光武知其终不可用，乃谋讨之。嚣遂发兵据汉。[59]伏波上书曰："臣与隗嚣，本实交友。初嚣遣臣东，谓臣曰：'本欲为汉，愿足下往观之。于汝意可，即专心矣。'及臣还反，报以赤心。实欲导之于善，非敢谲以非义。[60]而嚣自挟奸心盗憎，主人怨毒之情，遂归于臣。臣欲不言，则无以上闻。愿听诣行在所，极陈灭嚣之策。"光武召之，伏波具言谋划。光武乃使伏波将突骑五千往来游说嚣将高峻、任禹之属，[61]下及羌豪，[62]为陈祸福以离嚣支党；[63]又为书与嚣将杨广，[64]使晓劝于嚣。广竟不答。光武自将兵西征嚣至漆，[65]诸将多以王师之重，不宜远入，计犹豫未决。光武召伏波问之。伏波因言："嚣将帅有土崩之势，兵进有必破之状。"又于光武前聚米为山谷，指画形势，开示军所从道径，往来分晰，昭然可晓。光武曰："虏在吾目中矣！"明旦，遂进军至高平第一。[66]嚣大将十三人、属县十六、兵十余万皆降。[67]嚣奔西城。[68]

第四章　伏波平羌

自王莽末，西羌寇边，遂入居塞内。[69]金城属县，多为虏有。[70]来歙奏言："陇西侵残，非马援不能定。"光武乃拜伏波为陇西太守，[71]伏波发步骑三千人击破先零羌于临洮，[72]斩首数百级，获马牛羊万余头。守塞诸羌八千余人诣伏波降。诸种有数万，屯聚寇钱，拒浩亹隘。[73]伏波与扬武将军马成击之。[74]羌因将其妻子辎重移阻于允吾谷。⁽⁷⁵⁾伏波乃潜行间道，掩赴其营。羌大惊溃，复远徙唐翼谷中。⁽⁷⁶⁾伏波复追讨之，羌引精兵聚北山上。⁽⁷⁷⁾伏波阵军向山而分遣数百骑绕袭其后，乘夜放火，击鼓叫譟，虏遂大溃，凡斩首千余级。伏波以兵少不得穷追，收其谷粮畜产而还。方战时，伏波中矢贯胫，⁽⁷⁸⁾光武以玺书劳之，赐牛羊数千头，伏波尽班诸宾客。⁽⁷⁹⁾

是时，朝臣以金城破羌之西，涂远多寇，议欲弃之。⁽⁸⁰⁾伏波上言："破羌以西，城多完牢，易可依固；其田土肥壤，灌溉流通。如今羌在湟中，⁽⁸¹⁾则为害不休，不可弃也。"光武然之，于是诏武威太守，⁽⁸²⁾令悉还金城安民。⁽⁸³⁾归者三千余口，使各反旧邑。伏波奏为置长吏，缮城郭，起坞候，⁽⁸⁴⁾开导水田，劝以耕牧。民皆乐业。又遣羌豪杨封譬说塞外羌皆来和亲。⁽⁸⁵⁾又武都氐人背公孙述来降者，⁽⁸⁶⁾伏波皆上复其侯王君长，赐印绶，帝悉从之，乃罢马成军。后二年，武都参狼羌与塞外诸种为寇，杀长吏。⁽⁸⁷⁾伏波将四千余人击之，至氐道县，羌在山上，伏波军据便地，夺其水草，不与战。羌遂穷困，豪帅数十万户亡出塞，诸种万余人悉降，于是陇右清静。⁽⁸⁸⁾使当时光武听朝臣之策，轻弃破羌以西，边患何时可已？伏波因势利导，俾民耕牧有资，其与赵充国屯田湟中同一远虑也。⁽⁸⁹⁾

第五章　伏波平交趾

交趾为今越南地，当周成王时，交趾之南有越裳国，重译而献白雉，⁽⁹⁰⁾及秦并天下，威服蛮夷，始开岭外，⁽⁹¹⁾置南海、桂林、象郡。⁽⁹²⁾秦灭，南海尉赵佗即击并桂林、象郡，自立为南越武王。⁽⁹³⁾汉兴，南越叛服不常。及武帝元鼎五年，乃诏伏波将军路博德等发楼船十万师往讨之，[94]至番禺，[95]南越城守楼船将军杨仆纵火烧城。[96]博德遣使招降者，犁旦，[97]城中皆降，南越遂平。乃分南越地置南海、苍梧、郁林、合浦、交趾、九真、日南、珠崖、儋耳凡九郡，[98]以交趾刺史领之。此为交趾设郡之始。

王莽末，交趾诸郡闭关自守。及光武中兴，岑彭饴书交趾牧邓让，[99]陈国家威德，让遂与交趾太守锡光等相率遣使贡献。[100]光武复以南阳任延为九真太守。[101]锡光、任延教民耕种，导以礼仪，至建武十二年，九真徼外蛮夷张游率种人慕化内属。[102]此为交趾渐染华风之始。

建武十六年，交趾女子征侧及妹征贰反。征侧者，麓泠县雒将之女也，[103]嫁为朱戴人诗索妻，[104]甚雄勇。交趾太守苏定以法绳之，[105]征侧愤怒，故反。九真、日南、合浦蛮夷皆应之，凡略六十五城，自立为王，都麓泠，寇乱连年。光武乃诏拜马援为伏波将军，以扶乐侯刘隆为副，[106]击之。伏波缘海而进，随山刊木千余里，至浪泊，[107]与征侧等战，大破之，贼散走。明年，斩征侧、征贰。伏波将楼船大小二千余艘，战士二万余人，击九真贼征侧余党都羊等。自无功至居风，斩获五千余人。[108]峤南悉平。[109]

伏波奏言："西于县户有三万二千，[110]远界去庭千余里，请分为封溪、望海二县。"许之。伏波所过，辄为郡县，治城郭，穿渠灌溉，以利其民。条奏越律与汉律驳者十余事，[111]与越人申明旧制以约束之。自后，骆越奉行马将军故事。[112]伏波乃立铜柱于交趾为汉之极界。[113]振旅还京师。

第六章　伏波征匈奴及五溪蛮夷

伏波军还将至，故人多迎劳之。平陵人孟冀于坐相贺。^{（114）}伏波谓之曰："吾望子有善言，反同众人耶？昔伏波将军路博德开置七郡，裁封数百户；^{（115）}今我微劳，猥飨大县，功薄赏厚，何以能长久乎？先生奚用相济？"冀曰："愚不及。"伏波曰："方今匈奴、乌桓尚扰北边，欲自请击之。^{（116）}男儿要当死于边野，以马革裹尸还葬耳！^{（117）}何能卧床上在儿女子手中耶？"冀曰："谅为烈士，^{（1 3）}当如此矣。"

伏波还月余，会匈奴、乌桓寇扶风。^{（119）}伏波以三辅侵扰，^{（120）}园陵危逼，因请行，光武许之。使出屯襄国。^{（121）}明年秋，伏波乃将三千骑出高柳，行雁门、代郡、上谷阵塞，^{（122）}乌桓候者见汉军至，^{（12 ）}虏遂散去，伏波无所得而还。

时武威将军刘尚击武陵五溪蛮夷，^{（124）}深入，军没。伏波因复请行，时年六十二，帝愍其老，未许。伏波曰："臣尚能被甲上马。"帝令试之。伏波据鞍顾眄，以示可用。帝笑曰："矍铄哉是翁也！"遂遣伏波率中郎将马武、耿舒、刘匡、孙永等，^{（125）}将四万余人征五溪。伏波夜与送者诀，谓友人谒者杜愔曰：^{（126）}"吾受厚恩，年迫日索，常恐不得死国事。今获所愿，甘心瞑目。但畏长者家儿，^{（127）}或在左右，或与从事，殊难得调。介介独恶是耳。"^{（128）}明年春，军至临乡，蛮方攻县，迎击破之，斩获二千余人，余皆散走。

第七章　伏波之逝世及其遗训

伏波征五溪，当军次下隽时，^{（129）}有两道可入：从壶头则路近而水崄；^{（130）}从充则途夷而运远。^{（131）}耿舒欲从充道，伏波以为弃日费粮，不如进壶头，搤其咽喉，^{（132）}充贼自破。事上，帝从伏波策。及进营壶头，贼乘高守隘，水疾，船不得上。会暑甚，士卒多疫死，伏波亦中病。乃穿岸为室，以避炎气。贼每升险鼓噪，伏波辄曳足以观之，左右哀其壮意，莫不为之流涕。耿舒与兄耿弇书言伏波不从其策，^{（133）}以至失利。弇得书，奏之，光武乃使中郎将梁松乘驿责问伏波，^{（134）}因代监军。会伏波卒，松因宿恨，遂构陷伏波。光武大怒，追收新息侯印绶。

初，伏波在交趾，常饵薏苡实，^{（135）}能轻身胜瘴气。南方薏苡实大，伏波欲以为种，军还，载之一车。及卒后，有上书谮之者，以为前所载还，皆明珠文犀。^{（136）}光武益怒。伏波妻孥惶惧，不敢以丧还旧茔，裁买城西数亩地藁葬而已。^{（137）}既而伏波妻子与兄子严诣阙请罪。光武出梁松书以示之，方知所坐，上书诉冤。又前云阳令朱勃亦诣阙上书，光武意稍解。^{（138）}然后得葬。至建初三年，^{（139）}肃宗乃使五官中郎将持节追策，谥伏波曰忠成侯。^{（140）}

伏波兄子严、敦并喜讥议，而通轻侠客。^{（141）}伏波在交趾时，还书戒之曰：^{（142）}"吾欲汝曹闻人过失，如闻父母之名，耳可得闻，口不可得而言也。^{（143）}好议论人长短，妄是非正法，^{（144）}此吾所大恶也。宁死不愿闻子孙有此行也。……龙伯高敦厚周慎，^{（145）}口无择言，谦约节俭，廉公有威，吾爱之重之，愿汝曹效之。^{（146）}杜季良豪侠好义，^{（147）}忧人之忧，乐人之乐，清浊无所失，父丧致客，数郡毕至。吾爱之重之，不愿汝曹效也。^{（148）}效伯高不得，犹为谨敕之士，所谓刻鹄不成尚类鹜者也；^{（149）}效季良不得，陷为天下轻薄子，所谓画虎不成反类狗者也。"伯高山阳长龙述，季良越骑司马杜保也。会保仇人上书，讼保"乱群惑众"。^{（150）}伏波将军万里还书以诚兄子，而梁松、窦固与之交结，^{（151）}光武召松、固，以诏书及伏波诫书示之，⁽¹⁵²⁾松、固叩头流血，乃得不罪。松由此恨伏波，故伏波没后上书构之。⁽¹⁵³⁾梁松小人，固不足责。然其与伏波有隙，光武宁不知之？乃五溪失利，遣松责问。殊非保全功臣之道。然伏波功绩，千古常新。迄今过武陵，瞻庙貌者，犹低徊不能去。独惜越裳沦陷，⁽¹⁵⁴⁾无人续铜柱之功也。

【注释】

（1）伏波：本是杂号将军之一，此指马援。汉武帝时，战事频仍，广置将军，名位最高的是大将军、骠骑将军、车骑将军、卫将军，其次是前、后、左、右、中将军，还有名目众多的杂号将军，如强弩将军、拔胡将军、浚稽将军、贰师将军、横海将军、楼船将军、将屯将军、护军将军等。伏波将军就是这众多杂号将军之一，其意为降伏波涛。第一位伏波将军是本文提到路博德，第二位伏波将军就是本文主人公马援。以后号伏波将军的有建安年间的陈登、夏侯惇，三国时曹魏的满宠、甄像、孙礼、卢钦，晋代的葛洪等三人，南北朝时期有过伏波将军称号的多达四十余人，最后一位伏波将军是南朝陈代的王飞禽。所有伏波将军中，马援功最高，名最著，故伏波成为马援的代称。

（2）元、成：汉元帝刘奭，公元前49年10月继位，在位16年崩，谥号为元帝，庙号高宗。汉成帝刘骜，公元前33年—公元前7年在位，死谥"孝成皇帝"。汉成帝在位时间长达26年，下文说"在位之日浅"为东汉衰微的原因之一值得商榷。

（3）优柔：宽舒、温和。语出《大戴礼》："优之柔之。"《汉书·元帝纪》赞："（元帝）少而好儒，及即位，征用儒生，委之以政。""优游不断，孝宣之业衰焉。""然宽弘尽下，出于恭俭，号令温雅。"

（4）《汉书·成帝纪》赞："（成帝）湛于酒色，赵（飞燕）氏乱内，外家擅朝，言之可为于邑。建始以来，王氏始执国命，哀、平短祚，莽遂篡位，盖其威福所由来者渐矣！"成帝湛于酒色事指其娇宠赵飞燕。赵飞燕，本长安宫人，属阳阿主家。成帝尝微行出，过阳阿主，作乐，见飞燕而说之，召入宫，大幸立为皇后，有女弟复召入，俱为婕妤，贵倾后宫。

（5）汉哀帝：刘欣，历史上著名的昏君。嬖于佞幸：汉哀帝又是中国历史上有名的同性恋者，著名典故"断袖之癖"就出自汉哀帝，他有一位男宠董贤。与董贤共寝，清晨汉哀帝醒，却见董贤睡得正熟。汉哀帝不忍惊醒董贤，于是挥刀断袖。汉哀帝宠董贤，赏赐田，令限田变赐田。董贤除贪婪、善媚外，别无所能，却位居大司马，大将军三公之职。汉哀帝因贪色纵情而死，年仅二十五岁。后外戚王莽篡汉，西汉走向没落。

（6）元后：原注："元后名政君，为王禁之次女，王莽之姑也。"据《汉书·元后传》，元后为汉宣帝廷尉史王禁之次女，名政君，生于本始三年（公元前71年），十八岁入掖廷，一年多以后，获幸于太子刘奭。甘露三年（公元前51年），生汉成帝。初元元年（公元前48年），汉元帝刘奭即位，立王政君为后，是为元后。

（7）王莽（公元前45年—公元23年）：字巨君，为西汉外戚王氏家族的成员。公元9年，王莽代汉建新，建元"始建国"，宣布推行新政，史称"王莽改制"。王莽统治的末期，天下大乱，新莽地皇四年，更始军攻入长安，王莽死于乱军之中。神器：指帝位，政权。汉平帝：刘衎（kàn；公元前9年—公元6年），

（8）神器：指国家最高权位，即皇位。

（9）原注："年仅九岁。"寻即弑之：汉哀帝于公元前1年死后，王莽为便于弄权，不肯立年岁较长的君主而迎立年仅8岁

的刘衍为帝，在位 6 年，终年 14 岁。系病死，非王莽"弑之"。

（10）原注："年仅二岁。"

（11）新：汉平帝死的次年，王莽从汉朝皇室中挑选了年仅 2 岁的刘婴。但是，因年龄太小，并未正式即位，仅当一个"皇太子"。王莽自称"摄皇帝"，自封为安汉公并完全摄政，以周公、伊尹自居，改元为"居摄"。初始元年（8 年），王莽将"摄皇帝"称号改称"假皇帝"。同年，王莽出示武功县长孟通挖井发现的一块写有"告安汉公莽为皇帝"八个大字的白石符，称汉高祖要他做皇帝，便强迫刘婴禅位，建国号"新"，尊王太皇太后为皇太后，刘婴为定安公。至此，立国 215 年的西汉帝国灭亡。

（12）国祚：皇位。

（13）安众侯刘崇：汉之宗室，长沙定王之后裔。翟义（？—7 年）：西汉上蔡人，字文仲。20 岁时任南阳都尉，后升任弘农河内东郡太守。王莽摄政称"摄皇帝"，翟义起兵讨伐，立刘信为帝，自号大司马柱天大将军。移檄郡国，拥众十余万。后被王莽击败，夷灭三族。徐乡侯（今山东平度）刘快：胶东王刘寄六世孙，起兵反王莽，率千余人攻打胶东国都即墨（今山东平度），兵败被害。

（14）五原：今内蒙古自治区五原县。代郡：位于今北京市莽县东北。临淮：元狩六年（公元前 117 年），设置临淮郡，治所在今江苏泗洪临淮镇。琅邪（lángyé）：也作琅琊，汉代名郡，治所在今山东临沂。新市：今属河北省。平林：今湖北省随州市随县，位于鄂西北。

（15）《汉书·王莽传》：天凤二年（15 年），五原、代郡"起为盗贼，数千人为辈，转入旁郡"。公元 23 年，平林、新市、下江兵将王常等共立圣公为帝，改年为更始元年；"是岁，赤眉力子都、樊崇等以饥馑相聚，起于琅邪，转抄掠，众皆万数。"

九月（按王莽历则是十月）"商人杜吴杀（王）莽，取其绶。校尉东海公宾就斩莽首。军人分裂莽身，支节肌骨脔分。"新朝灭亡。

（16）刘秀（公元前6年—57年）：南阳蔡阳（今湖北枣阳）人，汉高祖九世孙。28岁时与兄刘縯在家乡乘势起兵，并在昆阳之战中一举歼灭了新莽王朝的主力。25年，刘秀在河北登基称帝，即汉光武帝。建立了后（东）汉王朝。刘縯（公元前16年—23年）：字伯升，刘秀之兄。新莽末年，他与刘秀等人率七八千人起义，号"舂陵兵"，自称柱天都部。后加入绿林军，更始政权建立后，任大司徒，封为汉信侯。昆阳之战后被更始帝猜忌，被杀。刘秀建立东汉后，追谥他为齐武王。舂陵：元朔五年（公元前124年），汉武帝封长沙国王刘发（定王）之子刘买为舂陵侯，其辖区大致为今湖南宁远县北部、新田县大部、双牌县阳明山一带和金洞管理区，治所在今宁远柏家坪镇，后筑舂陵古城。初元四年（公元前45年），汉元帝徙封舂陵侯刘仁（刘买之孙）至南阳郡境内，划原蔡阳县的白水（在今湖北省广水市吴店镇一带）、上唐（今随州市曾都区唐县镇）2个乡，重建舂陵侯国（治所吴店镇北的古城）。是为刘秀起兵之处。

（17）城：当为诚，原刻本误。当然，确实。得人之效：获得人才即马援和下文所列"冯异、邓禹、岑彭、贾复、吴汉、盖延、耿弇、王霸、祭遵、寇恂之徒"支持拥戴的结果。

（18）翕（xī）然：一致的样子。

（19）冯异：冯异（？—34年），字公孙，颍川父城（今河南宝丰东）人。早年为王莽效力。后投奔刘秀，在刘秀统一天下的过程中，任征西大将军，东汉建武十年（34年），因连年征战，在对陇右的作战中，病故于军中。冯异素好读书，精通《左氏春秋》《孙子兵法》。冯异作战勇敢，善用谋略，料敌决胜，治军严明，关心民瘼，东汉创业，其功甚伟。冯异为人谦退，从不居功自傲。光武手下将领有时互相在一起争功，而冯异则独自在树下，并不与其争功，得到了"大树将军"的美名。邓禹：邓禹（2—58 年），字仲华，南阳新野（今河南省新野）人，年十三，能诵诗，受业长安。时刘秀亦游学京师，邓禹年虽幼，而见光武知非常人，遂相亲附。数年归家。及闻光武安集河北，即杖策北渡，追及于邺。天下平定，邓禹为之首，诸功臣皆增户邑，封禹为高密侯，食高密、昌安、夷安、淳于四县。永平年间，汉明帝追忆当年随其父皇刘秀打下东汉江山的功臣宿将，命绘 28 位功臣的画像于洛阳南宫的云台，称"云台二十八将"，邓禹位列第一。贾复、寇恂、冯异、祭遵、盖延、吴汉、耿弇、岑彭皆为云台二十八将之一。岑彭（？—35 年）：字君然，南阳棘阳（今河南南阳新野）人，王莽末年，岑彭曾试署棘阳县长。刘縯、刘秀兄弟起兵，攻克棘阳，岑彭归刘秀，任刺奸大将军，刘秀即位，任廷尉、行大将军事，封舞阴侯，守益州牧，为刺客所杀。贾复（9—55 年）：字君文，南阳郡冠军县（今河南邓县西北）人，出身儒生。少好习《尚书》。新莽末年，聚众加入绿林军，后归刘秀，任都护将军。刘秀即位，任执金吾，封胶东侯。临阵身先士卒，屡受重创。晚年退居私第，仍参议国家大事。吴汉（？—44 年）：字子颜，南阳宛（今河南南阳）人，少时家贫，在县中任亭长。王莽末年，因为手下宾客犯法，逃跑到渔阳（今北京密云西南），后来资用匮乏，便以贩马为业。往来于燕、蓟之间，每到一处结交豪杰，曾任安乐令。投奔刘秀后，任偏将军、大将军。刘秀称帝后，升任大司马，封广成侯。盖延（？—39 年）：字巨卿，渔阳人。初为彭宠护军，后跟吴汉投奔刘秀。拜偏将军，号建功侯。光武即位，盖延为虎牙将军。建武二年（26 年），更封安平侯。十三年（37

年），增封定食万户。建武十五年（39年）去世。盖延为刘秀平天下的征战中功劳卓越，先后讨伐刘永、董宪、苏茂、周建、庞萌等人。后来在平定陇西战争中，接连攻取街泉、略阳、清水诸屯聚。耿弇（3—58年）：字伯昭，扶风茂陵（今陕西兴平东北）人。少而好学，尤爱兵事。耿弇久经战阵，勇猛善战，用兵灵活，富于创造，多谋善断，战功显著，自起兵跟随光武到天下统一，"凡所平郡四十六，屠城三百，未尝挫折焉"。成为名副其实的"韩信第二""常胜将军"。王霸（？—59年）：字元伯，颍川颍阳（今河南许昌西）人。刘秀等起兵，经过颍阳，王霸投奔刘秀，在昆阳击破王寻、王邑。然后，还居乡里。等到刘秀再度路经颍阳时，王霸又跟随刘秀到了洛阳，任功曹令史，随刘秀徇行河北。后屡建功勋，先后获封关内侯、王乡侯、富波侯、向侯、淮陵侯。永平二年（59年）去世。祭遵（？—33年）：字弟孙，颍川颍阳（今河南许昌）人。祭遵少好经书，节俭廉考。刘秀在昆阳击败王寻，回军经过颍阳。祭遵以县吏的身份投奔刘秀，被任为门下史。此后追随刘秀北平渔阳，西拒陇蜀，先登坻上，深取略阳，纵横南北，屡立殊勋。建武九年（33年）春，卒于军。谥曰成侯。寇恂（？—36年）：字子翼，上谷昌平（今属北京市）人，出身世家大姓。明习经术，德行高尚。年轻时任郡功曹。朝廷倚重，遐迩闻名。他治民有方，威望素著，屈己为国，顾全大局，当时人无不景仰他的长者之风，都认为他有宰相的器量和才能。刘秀南定河内，命寇恂为河内太守，行大将军事。不久，刘秀北伐燕、代。寇恂统领属县，讲兵肄射，砍掉淇园的竹林，造箭百万枝，养马两千匹，收租四百万斛，并把这些及时转运前线，以给军资。光武帝纵横征战，军粮不足。寇恂用辇车骊驾转运，前后不绝于路。其后，寇恂又任颍川太守、汝南太守、执金吾等职。建武十二年

（36年），寇恂去世，谥威侯。杖策相从：杖，持也。杖策相从即持策驱马追随。

（20）宣劳：出力，效命。

（21）新息侯：建武十九年（43年），马援获封为新息侯，食邑三千户。

（22）器识：器量与见识。

（23）扶风茂陵：今陕西兴平县。

（24）伏波有三兄……并有才能：马援有三个哥哥。大哥马况为河南太守；二哥马余为中垒校尉；三哥马员为增山连率。俸禄皆二千石。

（25）从弟：堂弟。裁：才。下泽车：一种在泥淖中易于行转，不被沾塞的短毂轻便车。李贤注："《周礼》曰：'车人为车，行泽者欲短毂，行山者欲长毂；短毂则利，长毂则安'也。"款段：本作梡断，《说文》："梡，木圈木薪也。木圈，梡木未析也。"《杨子·法言·吾子篇》："断木为棋，梡革为鞠。"谓棋毬皆圆转之物，故云梡断。引申出急缓自如之义。又写作輐断、鈗断、刓断、浣断等，颠倒为槫梡，音转作款段。款段马即急缓皆如人意之马。郡掾吏：掾吏是国家行政机关的基本成员，在国家政治生活中起着十分重要的作用，在朝廷是皇帝和三公的重要参谋和助手。郡掾吏则是郡的最高行政长官郡守的重要参谋和助手。

（26）常：通尝，曾经。颍川，郡名，秦王17年（公元前230年）置。以颍水得名。治所在阳翟（今河南省禹州市）。辖境相当今河南登封市、宝丰以东，尉氏、鄢城以西，新密市以南，叶县、舞阳以北地。其后治所屡有迁移，辖境渐小，最大时管辖至今驻马店地区。主体部分即今天的河南省禹州市境内。颍川郡是我国历史上第一个朝代——夏朝的首都所在地。蒲昌：《后汉书·马援传》："尝受齐诗，意不能守章句。"李善注：《东观记》曰："受齐诗，师事颍川蒲昌。"《齐诗》：《诗经》今文派之一。汉初齐人辕固生所传。此后传"齐诗"的有夏侯始昌、后苍、翼奉、萧望之、匡衡等。《汉书·艺文志》谓辕固生曾为《诗》作传，此派著录又有《齐后氏故》《齐后氏传》《齐孙氏故》《齐孙氏传》《齐杂记》等，至三国魏时，均已亡佚。屑屑：特意、着意。守章句：死抠字句。

（27）田牧：垦殖放牧。

（28）扑：当为璞。良工不示人以璞：优秀的玉工不把未雕琢的玉给人看。

（29）老当益壮：成语"老当益壮"即出于此。

（30）班：分给，分赠。

（31）赀：通资。财货。

（32）隗嚣（？—33年），字季孟，天水成纪（今甘肃秦安）人。出身陇右大族，青年时代在州郡为官，以知书通经而闻名陇上。王莽的国师刘歆闻其名，举为国士。刘歆叛逆后，隗嚣归故里。刘玄更始（23年）政权建立后，隗嚣趁机占领平襄。因隗嚣"素有名，好经书"，推为上将军。成了割据一方的势力。更始二年，隗嚣归顺更始，封为右将军。这年冬天，隗崔、隗义合谋反叛，隗嚣告密，刘玄感其大义灭亲，封为御史大夫。刘秀即位（25年）后，隗嚣劝刘玄东归刘秀，刘玄不允。隗嚣欲挟持东归不遂，逃回天水，自称西州大将军，建武九年（33年），病故。隗嚣好士：原注："时隗嚣据天水，自称西州上将军。三辅士大夫避乱者多归之，嚣倾身引接，为布衣交。以范逡为师友，郑兴为祭酒，申屠刚、杜林为治书，班彪之属为宾客。由是名震西州。"

（33）公孙述（？—36年）：字子阳，扶风茂陵（今陕西兴平县）

人。西汉末，以父官荫郎，补清水县长（在今甘肃省境内）。述熟练吏事，治下奸盗绝迹，由是闻名。王莽篡汉，述受任为江卒正（即蜀郡太守）。王莽末年，天下纷扰，群雄竞起，述遂自称辅汉将军兼领益州牧。是时公孙述僭号于蜀，时人窃言王莽称黄，述欲继之，故称白，自称"白帝"。

（34）闬：说文："闬，闾也。"《左传》杜预注："闬，闾门也。"

（35）旧馆：《后汉书·马援传》作"就馆"，是。旧馆即入馆。

（36）磬折：弯腰如磬之形。形容十分恭敬。

（37）吐哺：吐出嘴里食物。典出《韩诗外传》卷三："成王封伯禽（周公之子）于鲁，周公诫之曰：'往矣！子其无以鲁国骄士。吾文王之子，武王之弟，成王之叔父也，又相天下，吾于天下，亦不轻矣。然一沐三握发，一饭三吐哺，犹恐失天下之士。'"国士：一国中才能出众的人，用现在的话说即国家级的人才。

（38）修饰边幅：边幅：本指布帛的边缘，比喻人的仪表。修饰整个人的仪表。也比喻修饰表面，于大局无补。今常用语"不修边幅"出于此。偶人：李善注："《礼记》曰：'谓为俑者不仁。'郑玄云：'俑，偶人也。有面目机发，有似于生人也'。"

（39）井底蛙：比喻目光短浅之人。语出《庄子·秋水》："坎井之蛙谓东海之鳖曰：'吾乐与！出跳梁乎井干之上，入休乎缺甃之崖；赴水则接腋持颐，蹶泥则没足灭跗。还（视）虷、蟹与科斗，莫吾能若也！且夫擅一壑之水，而跨跱埳井之乐，此亦至矣。夫子奚不时来入观乎？'东海之鳖左足未入，而右膝已絷矣。于是逡巡而却，告之海曰：'夫海，千里之远不足以举其大，千仞之高不足以极其深。禹之时，十年九潦，而水弗为加益；汤之时，八年七旱，而崖不为加损。夫不为顷久推移，不以多少进退者，此亦东海之大乐也！'于是坎井之蛙闻之，适适然惊，规规然自失也。"又："井蛙不可以语于海，拘于虚也。"东方：指当时割据以洛阳中心区域的刘秀。

（40）中黄门：汉代宦官。《汉书·百官公卿表》颜师古注："中黄门，奄（阉）人居禁中在黄门之内给事者也。"

（41）袒帻：袒，露出身体的一部分；帻，古代的头巾。袒帻即只用发巾包头而不戴冠。

（42）陛戟：持戟侍卫于殿阶两侧。

（43）顾：本义为回头看，借作转折连词。但，只是。

（44）恢廓：宽宏，博大。

（45）来歙（？—35年），字君叔，南阳郡新野县人。归附光武帝刘秀，获封太中大夫。建武十一年（35年），来歙与盖廷进攻公孙述的部将王元、环安所据守的河池、下辨，攻陷两城后，被刺客刺杀而死。

（46）大命：天命。

（47）觇：窥视，偷偷地察看。

（48）汉祚：汉朝的皇位和国统。

（49）恝（jiá）置：不在意，置之不理。

（50）赴：当为起。

（51）讌语：也作宴语，闲谈。敌：比得上。

（52）阔达多大节：宽阔豁达，不拘小节。

（53）无可无不可：既没有可以的，也没有不可以的。没有法则定规。表示怎样办都行，没有一定的主见。

（54）不喜饮酒：汉高祖"好酒及色"，比起汉高祖来，这几方面是刘秀之所长。

（55）刘永（？—27年）：汉宗室，豫州梁郡睢阳县人。建武二年（26年）春，刘秀命大将盖延率军5万兵分两路，夹击刘永于睢阳（河南商丘南）。数月后城破，刘永逃奔谯县（今安徽亳县）。次年，刘永复据睢阳，刘秀命大司马吴汉及盖延再击刘永，围城百日，刘永粮尽突围，被部将所杀。彭宠：本为渔阳太守。汉建武二年（26年），彭率20万大军进攻幽州牧朱浮，并分兵攻打广阳、上谷、右北平。刘秀讨彭宠失败。建武三年，彭宠攻克蓟城，自称燕王。建武四年，刘秀攻克涿州等地，彭宠退出蓟城，据守渔阳。次年，彭宠被其部将所杀，刘秀统一了燕蓟地区。

（56）（隗）恂：建武八年（32年），被汉光武帝所杀。

（57）陇嚣：当为隗嚣。王元，字游翁。长陵人。王元计：原注："王元说嚣曰：'昔更始西都，四方响应，天下喁喁，谓之太平。一旦败坏，将军（《后汉书》作'大王'）几无所措（《后汉书》作'厝'）。今南有子阳，北有文伯，江湖海岱，王公十数。而欲牵儒生之说弃千乘之基，羁旅危国，以求万全。此循覆辙之轨（《后汉书》作'计之不可'）者也。今天水完富，士马最强……元请以一丸泥为大王东封函谷关。此万世一时也。若计不及此，且蓄养士马，据隘自守，旷日持久，以待四方之变。图王不成，其敝犹足以羁（《后汉书》作'霸'，是。）。要之，鱼不可脱于渊。神龙失势，与蚯蚓同。'嚣心然其计。"

（58）狐疑：狐性多疑，故曰狐疑。犹豫。

（59）据：《后汉书》为拒，是。

（60）谲（jué）：欺诈，玩弄手段。

（61）高峻：高峻为隗嚣部将，拥兵万人，据守高平第一（今甘肃固原），光武帝刘秀征讨隗嚣时投降东汉，后又逃回故营，依然固守高平第一。东汉将领耿弇率领大军围攻，费时一年，毫无进展。建武十年（34年），光武帝刘秀条自领兵征讨，仍未攻破，刘秀即派寇恂前往，任禹：后也降汉。

（62）羌豪：《后汉书》凡十余见，几乎均指羌族首领。如《西羌传》："建武十三年（37年），广汉塞外白马羌豪楼登等率种人五千余户内属，光武封楼登为归义君长。至和帝永元六年（94年），蜀郡徼外大牂夷种羌豪造头等率种人五十余万口内属，拜造头为邑君长，赐印绶。""楼登""造头"：就是两位"羌豪"即羌族首领之名。

（63）离嚣支党：分化隗嚣部属的支系。

（64）杨广：字春卿，上邽（在今甘肃天水市）人。隗嚣起兵，杨广为右将军。更始三年，隗嚣自长安逃归，以为大将军，镇西城。建武八年，死于围城中。《后汉·马援传》载有马援致杨广书全文。

（65）漆：漆水流经处的地名。《后汉书·耿弇传》："六年，西拒隗嚣，屯兵于漆。"李贤注："漆，县名，属右扶风，故城在今豳州新平县也，漆水在西。"

（66）高平第一：今甘肃固原。原注：《后汉书·郡国志》："高平郡有第一城。"高平，今甘肃平凉府固原州是。

（67）事在建武八年（32年）。

（68）西城：《后汉书·光武帝纪》："遣前将军李通率二将军，与公孙述将战于西城，破之。"李贤注："西城，县，属汉中，今金州县也。"按：今陕西安康。

（69）塞内：以今太原与大同之间的雁门关为界，雁门关内即塞内。

（70）金城：今兰州市，西汉昭帝始元六年（公元前81年）在此设金城郡。宣帝神爵二年（公元前60年），赵充国平定西羌、屯兵湟中后，西汉在金城郡的统治得到加强，先后又新置七县。

东汉建武十二年（36年）并金城郡于陇西郡。

（71）陇西：郡名，秦昭王二十七年（公元前280年）设陇西郡，辖境相当于今甘肃省天水、甘谷、武山、岷县、陇西、临洮等地后为天下三十六郡之一。秦汉时陇西郡治在狄道（今甘肃临洮）。

（72）先零羌：西羌最大的部落，原住地在赐支河谷两岸的大小榆谷（今青海河曲南岸贵德县西），西汉初，一部分先零部发展到湟水以南，不久发展到湟水以北，还有一部分向西发展到青海盐池附近。到东汉初，先零部逐渐向东，发展到金城郡的东部、汉阳（天水）以及扶风等地。临洮：汉代县名，属陇西郡，旧址即今甘肃省定西市岷县。

（73）浩亹：汉代县名，属金城郡，因浩亹（今大通河）水得名。故城在今甘肃乐都县内。

（74）马成（？—56年）：字君迁，南阳棘阳（汉代县名，位于棘水之阳，故名棘阳。棘阳县治的遗址在今河南省新野县境内）人。少为县吏。建武四年（28年），拜扬武将军，七年（31年）夏，封平舒侯。二十七年（51年），定封全椒侯。三十二年（56年）卒。

（75）允吾：音铅牙，故城在今甘肃兰州市西北黄河北岸。郦道元《水经注二·河水》曰："又东过金城允吾县北，允吾县，金城郡治也。"允吾谷，今称隆治沟。

（76）唐翼谷：当在允吾县或允吾县附近。今何名，无考。

（77）北山：今系何山，无考。

（78）晊：《后汉书》作胵，是。

（79）班：分赠。

（80）涂：通途。

（81）今：《后汉书》作令，是。原注："湟，水名。据前书，出金城临羌县，东至允吾入河，鄯州湟水县取其名也。一名乐都水。"

（82）武威：汉代郡名，故址在今甘肃武威。武威太守：原注："梁统也。"梁统：字仲宁，安定乌氏人。建武五年（30年），为宣德将军。八年夏，封成义侯。十二年（37年），更封高山侯，拜太中大夫。

（83）原注："金城客人在武威者。"

（84）坞候：防御用的土堡，土障。

（85）杨封：一位羌族首领名。其他事迹无考。

（86）武都：地名，先秦至今未变更。位于今甘肃省武都县，地处秦巴山地，毗邻川、陕两省。

（87）参狼：羌族支系之一。

（88）陇右：一词则由陕甘界山的陇山而来。古人以西为右，故称陇山以西为陇右。

（89）赵充国（前137—前52年），字翁孙，原为陇西上邽（今甘肃省天水市）人，西汉著名将领。屯田湟中（今青海西宁地区）：公元前119年，赵充国随着武帝取得了第三次大举征讨匈奴的胜利，移民七十万口，为了加强北方边防，赵充国奏上屯田书，建议供给移民牛犁谷种，进行屯田，变牧场为农业区。他人为"留屯田得十二便，出兵失十二利"，所以要求朝廷采纳其策。最后汉宣帝肯定了他的计策，让赵充国负责屯田，赵充国于是移居湟中，全力屯田，为巩固北方边防做出了卓越的贡献。赵充国86岁去世，谥为壮侯。

（90）越裳国：古南海国名。献白雉：原注："其辞曰：'道路悠远，山川岨深，音使不通，故重译而朝。'"

（91）岭外（岭外）：指五岭（横亘在江西、湖南、两广之间的大庾岭、骑田岭、都庞岭、萌渚岭、越城岭或称南岭）以南地区。

（92）南海、桂林、象郡：三郡均于公元前214年秦置，南海郡辖区相当于广东旧广州、韶州、潮州、惠州、肇庆、南雄诸府州及高州府北境、广西旧平乐府东境、梧州府东南境皆其地，郡治在番禺，汉亦置郡于此。桂林郡：位置约在今日广西一带，面积达20万平方公里以上。郡治设于布山县（桂平西南）。象郡：在今越南境内。

（93）赵佗（前240年—前137年）：河北省正定（真定）人。19岁获赐护驾御剑随秦始皇出巡。公元前219年，被封副帅随主帅任嚣率领50万大军征战岭南。公元前204年，建南越国，自称南越武王。南越国势力遍及海南岛。

（94）路博德：汉武帝任命的伏波将军，也是中国历史上号为伏波将军的第一人，后因犯事削爵贬官，以强弩都尉终。元鼎五年（公元前112年），南越王相吕嘉发动叛乱，杀害汉朝使节和南越王赵兴及王太后，汉武帝命路博德、杨仆率船队十万人会师番禺，次年冬，叛乱平，汉朝在南越地区开置儋耳、珠崖、南海、苍梧、郁林、合浦、交趾、九真、日南等九郡。

（95）番禺：今广东番禺。

（96）杨仆：西汉名将，河南宜阳南湾村（今新安县境内）人，平定南越叛乱时为楼船将军。后因征朝鲜士卒死伤过多而被贬为庶人。

（97）犁旦：犁通黎。黎旦，黎明。

（98）九郡：原注：南海："治番禺今县，广州府治。"苍梧："治广信，今苍梧县，广西梧州府治。"郁林："治布山，今贵县，属广西浔州府。"合浦："治徐闻，今康海县，属广东雷州府，

今徐闻县唐时析置。"交趾："治赢陬，音连受。"九真："治
肯浦。"日南："治米吾，交趾下三郡今为安南国地。"珠崖："治
暐都，地在今广东琼州府琼山县。"儋耳："治仪伦，今琼州府
儋州是。"

（99）交趾牧邓让率七郡太守遣使奉贡。

（100）锡光：汉中人。移变边俗，斯其绩用之最章章者也。

（101）任延（4—68年），字长孙，南阳宛人。更始元年（23
年），为大司马属，拜会稽都尉，时年十九，迎官惊其壮。建武初，
诏征为九真太守。教九真民垦辟及婚嫁礼仪。视事四年（63年），
征诣洛阳，九真吏民为立生祠。显宗即位，拜颍川太守。永平二
年（59年），为河内太守。视事九年（68年），病卒。

（102）九真郡：今越南清化，义安一带。徼（jiǎo）外：边外。
司马光《五哀诗·马伏波》："汉令班南海，蛮兵避郁林，天涯
柱分界，徼外贡输金。"张游：应是当时越人某部落的首领。

（103）麊泠县：麊，同麋；泠，当为泠。麋泠县境包括越南
今永安、山西、福安省一部分地区。

（104）朱鸢：鸢，同鸢。当时交趾辖县之一，县境包括今越
南山西、河东、河南、兴安的一部分。

（105）苏定：事迹未详。

（106）刘隆（？—57年）：字符伯，东汉初名将。先后任诛
虏将军、南郡太守、骠骑将军，行大司马事；先后获封封亢父侯、
竟陵侯、扶乐乡侯、长平侯、定封慎侯。卒，谥曰靖侯。

（107）刊木：《后汉书·马援传》作刊道，是。刊道即开辟
道路。浪泊：原注："在今安南国交州府东关县，一名西湖。"

（108）无功县：位于今越南底江下游。居风县：县辖境为今
越南善化，寿春，东山一部分地区。

（109）李善注："峤，岭峤也。尔雅曰：'山锐而高曰峤。'峤音渠庙反。广州记曰：'（马）援到交趾，立铜柱，为汉之极界也。'"

（110）西于县：今越南和平、北宁、福安、永安、富寿一部分地区。西于县属交趾郡，故城在今交州龙编县东也。

（111）驳者：乖舛者，抵触者。

（112）骆：李善注"越别名。"骆为百越之一。此骆越应指当时交趾全境。

（113）该铜柱唐朝尚存，据《太平寰宇记》卷一七一引《岭表录》云：爱州军宁县境内有马援所立的铜柱。唐代韦公干任爱州刺史，欲将铜柱锥碎熔炼，卖与商人。当地居民认为铜柱是神物，不得毁坏，于是上诉于唐安南都护韩约。韩约致书与韦公干加以制止。唐代爱州即今越南清化，军宁在清化稍北，知铜柱的位置大抵在清化以北约北纬二十度处。

（114）平陵：汉昭帝陵，汉代用作县名，故城在今咸阳市西北。孟冀：《后汉书·马援传》说他"名有计谋"；《后汉书·杜林传》还载其事说：王莽败后，盗贼起，孟冀与（杜）林等前往河西。途中遇到数千盗贼，抢劫了他们的财货衣物，并拔刀想杀他们。孟冀对盗贼说："愿一言而死。将军知天神乎？赤眉兵艨百万，所向无前，而残贼不道，卒至破败。今将军以数千之艨，欲规霸王之事，不行仁恩而反遵覆车，不畏天乎？"盗贼于是遂放了，俱免于难。

（115）路博德开置七郡：实为儋耳、珠崖、南海、苍梧、郁林、合浦、交趾、九真、日南等九郡。参阅注（94）裁：通才，只，仅。

（116）匈奴：我国古代蒙古戈壁草原的游牧民族，最初在蒙古建立国家，公元前215年被逐出黄河河套地区，历经东汉时分裂，南匈奴进入中原内附；北匈奴从漠北西迁，中间经历了约三百年。

汉元帝竟宁元年（33年），王昭君嫁与匈奴呼韩邪单于后，匈奴与汉朝双方依汉元帝永光元年（公元前43年）的约定以长城为界。匈奴人的最近后裔是蒙古族。乌桓：中国古代民族之一。亦作乌丸，原与鲜卑同为东胡部落之一。其族属和语言系属有突厥、蒙古、通古斯诸说，未有定论。公元前3世纪末，匈奴破东胡后，迁至乌桓山（又曰乌丸山），遂以山名为族号，大约活动于今西拉木伦河两岸及归喇里河西南地区。

（117）成语"马革裹尸"出于此。

（118）谅：真正。烈士：刚勇壮烈之士。

（119）扶风：西汉时此地为京官右扶风的封地，位于陕西省宝鸡市东部漳河流域。故地即今陕西扶风县。

（120）三辅：西汉时本指治理京畿地区的三位官员，后指这三位官员（京兆尹、左冯翊、右扶风）管辖的地区（辖境相当今陕西中部地区）。

（121）襄国：汉县名，故地在今河北省邢台市。

（122）高柳：县名西汉高柳县属并州刺史部代郡，东汉末为代郡治。故治在仅山西省阳高县南二十五里白登村。雁门：关名，位于今山西代县。西汉以关名为郡名设雁门郡，郡治善无在今山西右玉县南，东汉移郡治阴馆，在今山西代县西北。代郡：汉初为代国，不久更为代郡，治桑乾县，在今北京市葶县东北，辖桑乾、道人、当城、高柳、马城、班氏，延陵，且如、平邑、阳原、东安阳、参合、平舒、代、灵丘、广昌、卤城等县。上谷：郡名，因建在大山谷之上而得名。位于今河北省张家口市宣化区。代郡有常山关，上谷郡居庸县有关。阵塞：《后汉书》作障塞。

（123）候者：侦探者，放哨者。

（124）刘尚：东汉名将，参与平定公孙述，亲率军平定南郡之叛。武陵：郡名，自西汉高帝五年（前202年）设置，沿用至唐乾元元年（758年），历时960年，郡治在今常德市。郦道元《水经注》云：“武陵有五溪，谓雄溪、樠溪、酉溪、潕溪、辰溪，悉是蛮夷所居，故谓五溪蛮。”武陵有五溪，谓雄溪、樠溪、酉溪、潕溪、辰溪，悉是蛮夷所居。

（125）马武（？—61年）：字子张，南阳湖阳人。自投奔刘秀起，先后拜振威将军、侍中、骑都尉、捕虏将军等，获封山都侯、鄃侯、杨虚侯等。永平四年，卒。耿舒：茂陵人，耿况之子，耿弇之弟。曾反袭彭宠，大败匈奴。建武二十四年（48年），随马援率四万余人远征武陵，五溪蛮夷。建武二十五年（49年）三月，马援病死于军中。耿舒代替马援监督诸军。官至建威大将军。刘匡：时为宗正，可能是刘秀宗亲。所以下文马援有“畏长者家儿。或在左右，或与从事，殊难得调”等语。孙永：事迹未详。

（126）杜愔：又作杜忱。事迹未详。

（127）长者家儿：原注：“谓权要子弟。”

（128）介介：犹今语耿耿。

（129）次：驻扎。下隽：西汉置，因隽水得名。治今湖北通城西北。汉县，故城今湖南辰州府沅陵县。

（130）壶头：原注：“山名，在沅陵东。”水崄：原注：“壶头山高一百里，广圆三百里，其中纡折千滩。”

（131）从充：原注：“汉县，故城今湖南澧州府安福县。”

（132）搪：同扼。

（133）《后汉书》载：耿舒与耿弇书曰：“前舒上书当先击充，粮虽难运而兵马得用，军人数万争欲先奋。今壶头竟不得进，大艑怫郁行死，诚可痛惜。前到临乡，贼无故自致，若夜击之，即可殄灭。伏波类西域贾胡，到一处辄止，以是失利。今果疾疫，皆如舒言。"

（134）梁松：字伯孙，少为郎，尚光武女舞阴长公主，再迁虎贲中郎将。松博通经书，明习故事，与诸儒修明堂、辟雍、郊祀、封禅礼仪，常与论议，宠幸莫比。光武崩，受遗诏辅政。永平元年，迁太仆。

（135）饵：食用。薏苡仁：生真定平泽及田野。出交趾者子最大，彼土呼为簳珠。故马援在交趾饵之，载还为种，人谗以为珍珠也。

（136）文犀：《国语·吴语》："建肥胡，奉文犀之渠。"韦昭注："文犀，犀之有文理者。"

（137）藁葬：草草埋葬。《后汉书·马援传》："援妻孥惶惧，不敢以丧还旧茔，裁买城西数亩地藁葬而已。"李贤注："藁，草也。以不归旧茔，时权葬，故称藁。"

（138）朱勃：字叔阳，扶风人。生于汉成帝元延二年（公元前11年），卒年不详。年十二，能诵诗书。常候马援兄况，辞言娴雅；时援才知书，见之自失。年未二十，右扶风请试守渭城宰。及马援为将军，勃只为云阳令，援待以旧恩而卑侮之，勃则与之愈亲，后援死，为人所陷，不得葬。时勃年六十，上书陈援功。书奏报，归田里。明帝即位，追赐勃子谷二千斛以旌之。勃有文集二卷。（《补续汉书·艺文志》）传于世。

（139）78年，汉章帝年号。此时马援已经去世29年了。

（140）肃宗：汉章帝。

（141）通：交往。轻侠客：轻浮放荡之人。

（142）戒：后汉书作诫，劝诫。

（143）我国古代避讳制，必须回避尊长的名讳，做子女者，最常回避的是父母名讳。

（144）是非正法：谓讥刺时政也。

（145）龙伯高：名述，字伯高，京兆人，为山都长。

（146）效：《后汉书》作畯。

（147）杜季良：名保，字季良，京兆人，时为越骑司马。

（148）效：《后汉书》作畯。

（149）刻鹄不成尚类鹜。

（150）乱群惑众：《后汉书》作"为行浮薄，乱髃惑觿"。

（151）窦固（？—88年），字孟孙，扶风平陵（今陕西咸阳西北）人。东汉大将，窦融之侄。窦固与梁松皆刘秀之女婿。

（152）诏书：《后汉书》作讼书，是。

（153）构：诬陷。

（154）越裳：此泛越南。

【译文】

第一章　汉代的中兴

汉朝自从汉元帝、汉成帝以后，皇帝的德行越来越低下。汉元帝的毛病是优柔寡断，汉成帝的毛病是沉溺酒色，汉哀帝的毛病是迷爱男宠。几位皇帝执掌国家的时间不长。汉元帝在位十六年，汉成帝在位二十六年，汉哀帝在位六年。三位皇帝执掌国家的时间总共才四十八年，况且元后长寿已达八十四岁。王莽依仗着自己为外戚亲人的身份，窥视并准备窃取帝位。刚立了年仅九岁的刘衍为帝，不久就杀了他。接着立年仅二岁的孺子婴为皇太子（而自称为"摄皇帝"），接着又废了孺子婴，自立为皇帝，改汉朝为新朝。

但是，皇帝虽更换为新朝王莽，人心却思念着汉朝。全国豪杰，争相发动起义。安众侯刘崇、东郡太守翟义、徐乡侯刘快先后起兵讨伐王莽。接着五原、代郡、临淮、琅琊、新市、平林等地讨伐王莽的起义一起发生。全国骚动。

到汉朝宗室刘秀和他哥哥刘縯在春陵起兵后，不过几年时间，就使汉朝复兴，这就是汉光武帝。虽然汉光武帝确实是一位使汉朝中兴的贤明君主，但也是靠他获得人才支持帮助和拥戴的结果。

汉光武帝在南阳起义时，参加起义的春陵子弟不过七八千人罢了。但他知人善任，天下杰出人才都投奔他。当时就有冯异、邓禹、岑彭、贾复、吴汉、盖延、耿弇、王霸、祭遵、寇恂等将领策马追随他，最终成就了建立东汉的大功。在策马追随他建功立业的众多将领中，初始帮着汉光武帝打天下，接着平定边乱，为国家效力，一直到老没有懈怠的人，这位新息侯马伏波将军，尤其值得钦佩景仰。

第二章　马援青年时代的器量与见识

马伏波将军，名援，字文渊，扶风茂陵（今陕西兴平市）人。马援有三个哥哥：大哥马况、二哥马余、三哥马员，都有才能。马援十二岁时父母就去世了，小小年纪却秉有大志，几个哥哥都认为他是个奇才。他的堂弟马少游曾经劝他说："男子汉一辈子，只要获得衣食满足，乘坐下泽车，驾驭急缓如意的好马，帮郡椽吏守护坟墓，乡亲们都认为他是好人，这就可以了。至于索取其他多余的名利，只不过自找苦吃罢了！"马援笑着谢绝了马少游的劝告。马援曾经师从颍川人蒲昌学《齐诗》，但他对死抠字句不特别在意。

接着马援就以家用不足为理由告别他大哥马况，说自己打算到边疆的州郡去垦殖放牧。马况说："你是大人才，但应在年纪大些的时候再成就功名，优秀的玉工不把未雕琢的玉给人看，我就赞同你的爱好吧。"马援于是到北部边地去放牧垦殖，归附马援的宾客多达几百人。他曾经对宾客们说："男子汉立志，无路可走的时候应当更加坚定，年老的时候应当更加强壮。"不久，马援就拥有牲畜几千头，粮食几万斛。接着叹息说："凡发财致富的人，贵在能施舍财产救助他人。不然就只不过是个守财奴罢了！"马援于是将几千头牲畜和几万斛粮食全部分赠给兄弟、朋友、旧交。马援慷慨大方到这种程度。

现在看一看社会上那些人：有的拥有丰厚财产，但对贫困的亲戚朋友却淡漠得不稍稍照顾一下；有的穿着讲究，坐具豪华，老死窗下，却没有一点帮助社会安抚人民的念头。（比起马援来）他们的志气怎么样呢？

新朝王莽末期，全国到处起兵占地称王。马援听说占领西州的隗嚣喜爱人才，于是前去投奔他。隗嚣非常敬重马援，任命他为绥德将军，与他筹划计谋决策。当时，公孙述在蜀地称帝，隗嚣于是派马援前去考察公孙述的情况。马援和公孙述本是同乡而且相友好，认为老朋友既然来到，应当握手相欢像过去一样。可是公孙述却陈列出盛大的警卫队来迎接马援，举行交拜礼仪结束，就让马援去入住宾馆。公孙述排列了齐备的威仪，集合了所有官员，为马援设立了旧交的座位，这才躬着腰，恭敬地请马援入座。公孙述准备的礼品与宴席异常丰盛，想这样留下马援。马援对公孙述的门客说："天下属于谁家还没有确定，公孙先生不吐哺欢迎一国的人才来一起筹划如何获取成功，却忙于装饰表面的工作而像俑偶的形态一样。这里哪里值得长久待下去呢？"于是告辞归去，对隗嚣说："公孙子阳不过一只井底蛙罢了，却妄自尊大，不如把心思全部集中起来留意东方（刘秀）。"隗嚣于是派马援带者书信前往洛阳。

马援初到洛阳，等了好长时间，中黄门才将他带进去见汉光武帝。汉光武帝脱去冠冕，只用发巾包着头，在宣德殿南庑下迎接马援，笑着对马援说："您在两位帝王中间遨游，今天才见到您，我十分惭愧。"马援叩首感谢，于是说："如今的世道，不仅仅是君主选择臣子，臣子也选择君主。我和公孙述生长在同一个县，从小相友好。我前些日子到蜀地拜访他，他却排列了持戟侍卫在殿阶两侧，然后才让我进殿。如今我远道而来，陛下怎么知道我不是刺客坏人就如此毫无防范？"汉光武帝笑着说："您不是刺客，只是个说客罢了。"马援说："天下权力更替，盗取名号称王为帝者多得数不完，现在我见到您，觉得您宽宏大度，与高祖相同，这才知道帝王当然已经有真的了。"汉光武帝于是派来歙持节护送马援回陇右。在那时，隗嚣在陇右称雄为长，公孙述在成都自称皇帝，他们延揽马援，不能说不周到。但马援一见汉光武帝，就知道天命已经有归属，有真帝王了。最终离开隗嚣而投奔汉光武帝，这虽然是汉光武帝的宽宏大度足以让人感动的结果，但马援的见识与器量多么弘阔远大，也由此可以看出来了。

第三章　马援劝说隗嚣归汉

马援已经到了南阳，一见汉光武帝就倾心。汉光武帝也拿出诚心来对待他，那他留在南阳就可以了。为什么又回到陇右呢？主要是因为当时隗嚣本来没有诚心归汉的意思，他派马援带着书信前往洛阳，只是乘机窥视一下汉光武帝的强弱。马援已经见到了汉光武帝，知道了面对着汉朝的皇位和国统必然复兴的形势，只有隗嚣割据着一个角落，那战争一下子不可避免，人民的祸患无法结束。况且隗嚣当初对马援很好，马援也不忍心忽然对他置之不理。之所以仍然回陇右的原因，为的是劝说隗嚣专心归汉。马援已经回到陇右，隗嚣和他同卧同起，向他询问汉光武帝的情况。马援说："前往他的朝廷，他接见了我几十次，每次接见我，与我闲谈，自早到晚，我都觉得他的才智、远见、勇气、谋略不是一般人比得上的。而且打开心扉，亮出观点，毫不隐瞒，宽阔豁达，不拘小节，大致与高祖相同。深通经学，博览群书，娴熟政事，明悉文典，擅长言辞，前世无人可比。"隗嚣说："您认为他哪些方面比得上汉高祖？"马援说："高祖不如他啊！高祖办事随意，没有定见。如今这位皇帝喜欢按法规办事，行动符合规范，又不像高祖那样喜欢喝酒。"隗嚣心里不高兴了，说："照您这么说，刘秀反而超过汉高祖啦？"听隗嚣这话，他忌妒汉光武帝而不愿归顺汉光武帝已经可以看出来了。

汉光武帝派遣来歙和马援劝隗嚣入朝归顺汉光武帝，并承诺封他高爵位。隗嚣接连派遣使者奉上深挚诚恳谦敬的言语说："没有什么功德，等到四方平定以后，我就退隐回乡。"马援和来歙劝说隗嚣送儿子入朝侍奉汉光武帝。隗嚣闻说刘永、彭宠都已经灭亡，这才送长子隗恂入朝为人质，马援于是带着家属一起随隗恂归附洛阳。到这时，马援大概已经知道不可以和隗嚣共事（到底）了。

马援离开以后，隗嚣采纳了王元据隘自守，以待四方之变的计策，归顺汉朝的思想更加动摇。马援多次写信要求他，劝说他，隗嚣看了他的信，更加愤怒。接着汉光武帝下诏命令隗嚣从天水攻打蜀，隗嚣没有听从。汉光武帝知道隗嚣最后不可能为自己所用，这才谋划讨伐他。隗嚣于是派出军队抵御汉军。

马援上书汉光武帝说："我和隗嚣实在是相好的朋友。当初隗嚣派遣我来洛阳，对我说：'我本想侍奉汉朝，希望您前去看看。在您心中觉得可以，我就专心归附汉朝了。'等到我转回去，用赤心回报他。我确实打算引导他走上一条光明道路，不敢用不义之心去欺骗耍弄他。但隗嚣自己包藏着奸邪的念头和盗贼的仇恨，他那怨恨狠毒的情绪，就归咎于我了。我如果不讲，就无法让您听到。我希望到您那里，尽可能详细地献上剿灭隗嚣的计策。"汉光武帝于是召见马援，马援详尽地陈述了他所考虑的计划。汉光武帝便派马援率领突骑五千人往返游说，上到隗嚣的部将高峻、任禹等人，下到羌族各首领。对他们陈说祸福利害来分化瓦解隗嚣的部属和支系。又写信给隗嚣的部将杨广，请他对隗嚣晓谕规劝。杨广竟然没有回信。汉光武帝于是亲自率领军队西征隗嚣到达漆地。将领们多数认为王师重要，不适合进入远地，犹豫而拿不定主意。汉光武帝召见马援咨询。马援于是说："隗嚣的将帅已经处于土地崩塌的态势，军队推进就必然有破灭的结果。"马援又在汉光武帝面前聚集米粒成为山谷的形状，然后指画山谷的形势走向，明确指出行军所要经过的线路，反复透彻地分析，清晰明朗，一目了然。汉光武帝高兴地说："敌人已经在我的眼中了！"第二天一早，就进军到高平第一（今甘肃固原）。隗嚣的十三位大将、十六个属县、十余万军队统统投降。隗嚣逃命入西城（今陕西安康）。

第四章　马援平定羌乱

自从新朝王莽末期，西羌就经常入侵边境，并且进入塞内居住。金城郡所属各县，多数被他们占有。来歙上奏说："陇西各地被侵占残破了，除了马援，没有谁能平定那些地方。"汉光武帝于是任命马援为陇西太守。马援派出步兵、骑兵三千人在临洮攻垮了先零羌，斩首几百人，缴获马牛羊一万多头。守塞羌族各部落八千多人向马援投降。羌族各部落有数万人屯聚在一起抢劫钱财，在浩亹凭借险隘关口抵挡汉军。马援与扬武将军马成攻打他们。羌人于是把他们的老婆孩子和车辆兵器搬到允吾谷阻挡。马援则暗中经过秘密小路，掩护着到达羌人军营。羌人大受惊吓而溃败，又远迁到唐翼谷中。马援继续追击他们，羌人精兵后退聚集在北山上。马援面对北山，把军队摆开阵势，然后分别派出几百名骑兵绕到山后袭击他们。乘着夜黑放起火来，擂响战鼓，大声叫吼鼓噪，敌人于是大败。总共斩了一千多敌人的首级。马援认为自己的兵少，不能穷追，就收了羌人的粮食畜产返回。在作战的时候，马援被箭射穿了小腿，汉光武帝给他写了一封加盖自己玺印的慰问信，并赏赐他牛羊几千头。马援把所得的赏赐全部分赠给各位宾客。那时候，朝臣们认为金城破羌的西面，道路遥远，敌寇又多，议论着要放弃它。马援上书说："破羌以西的城多数完整坚固，简易的可以依靠坚固的；那里的田地土壤肥沃，灌溉的沟渠畅通。如果让羌人留在湟中，那就会无休止地骚扰我们，不能放弃。"汉光武帝认为他说的对。于是诏武威太守梁统，要他命令金城在武威客居的人全部返回金城，使金城人民安心定居。回金城的三千多人，让他们各自返回自己的故乡。马援上奏要求为他们设置长吏，修缮城郭，建造坞候，开凿渠道，引水灌田，鼓励农耕畜牧，金城郡的人民得以安居乐业。马援又派羌族首领杨封劝说塞外的羌族都来和亲。还有一些从武都脱离公孙述来降汉的氐人。马援上奏都恢复他们的侯王君长，颁发印信绶带。汉光武帝完全同意马援所奏。于是让马成停止军事行动。

　　过后两年，武都的参狼羌与塞外羌人各支系发动叛乱，杀了长吏。马援率领四千余人攻打他们，到达氐道县，羌人驻扎在山上，马援的军队占领地形便利的地方，只夺取羌人水草，而不和他们交战。羌人因此断水缺草，首领带着几十万户羌人逃亡出塞。其余羌人各支一万多人都投降了。于是陇右一带得以清宁安静。如果当时汉光武帝采纳了朝臣们的计策，轻易就放弃破羌以西地区，那么金城以西的边患什么时候可以结束呢？马援因势利导，使人民耕作畜牧有依靠。他与赵充国在湟中屯田一样具有深谋远虑啊！

第五章　马援平定交趾

　　交趾就是今天的越南地区，在周成王当朝时期，交趾南面有一个越裳国，经过多次转译入朝而向周成王敬献白雉。到秦朝统一天下时，靠威严使周边各少数民族顺服。这才开发五岭以南地区，并在这地区设置了南海郡、桂林郡、象郡。秦朝灭亡后，南海郡尉赵佗就攻打兼并了桂林和象郡，自立为南越武王。汉朝建立以后，南越有时反叛，有时顺服，没有定准。等到汉武帝元鼎五年（公元前 112 年），这才派遣伏波将军路博德等人率领十万水军乘坐楼船前往讨南越。汉军到达番禺，南越城守楼船将军杨仆放起大火攻烧这座城。路博德派遣使者招纳投降的人。黎明时分，城内的人全部投降，就这样平定了南越。于是将南越地区划分为南海、苍梧、郁林、合浦、交趾、九真、日南、珠崖、儋耳，一共设置了九个郡，由交趾刺史统辖。这是在交趾设郡的开始。

　　新朝王莽末期，交趾各郡闭关自守。等汉光武帝中兴时候，岑彭写信给交趾刺史邓让，要他率七郡太守派遣使者入朝上贡，在信中陈述国家的威严厚德，邓让这才与交趾太守锡光等接连派遣使者入朝贡献。汉光武帝又将南阳人任延任命为九真太守。锡光、任延在辖区教人民农耕种植，诱导人民学习礼仪。到建武十二年（36年），九真郡边外越人一位部落首领张游率领本部落人民仰慕内地风俗文化而归顺。这是交趾地区逐渐被内地风俗文化熏染的开始。

建武十六年（40年），交趾女子征侧和她妹妹征贰反叛。征侧是麓泠县雒将的女儿，嫁给朱䴕人诗索当妻子，她非常英武勇猛。交趾太守苏定用法律来限制她，致使她怨恨愤怒，所以起来反叛。九真、日南、合浦几个郡的越人都响应她，一共占领了屋岭以南六十五座城，自封为王，在麓泠建都，接连制造祸乱多年。汉光武帝于是封马援为伏波将军，任命扶乐侯刘隆为副将，率军平定征侧。马援沿着海路进军，随着山势的走向开辟了一千多里行军道路，到达浪泊，与征侧等人交战，将他们打得大败，叛军四散逃走。第二年，斩杀了征侧、征贰。马援率领着二千多艘大小楼船和二万多名战士，追击征侧在九真郡残部都羊等人。从无功追到居风，斩杀俘虏了五千多人。峤南地区全部平定。

马援上奏说："西于县有居民三万二千户，最远处离县城有一千多里，请把它分为封溪、望海两个县。"获得汉光武帝的准许。马援所经过的地方就设立郡县，修建城郭，开凿沟渠，灌溉田地，使当地人民受益。按条款上奏南越地区的律令与汉朝律令相抵触的有十多条，对越人宣布用原先汉朝的旧制度来规范他们。从此以后，交趾地区的人民奉行马援将军的规定。马援于是在交趾竖立起铜柱作为汉朝南部的最远边界。这才整顿军队，返还京师。

第六章　马援讨伐匈奴和五溪蛮夷

马援率领军队返还，将要到达京师时，很多老朋友去迎接慰劳他。平陵人孟冀在坐中祝贺他。马援对他说："我盼望您有好话勉励我，怎么反而和众人一样（只会说些美言相贺）呢？过去伏波将军路博德平定岭南，开辟设置了七个郡，（功劳那么大）只不过获封几百户；如今我这点微小的功劳，就惭愧地餐食大县，功劳微薄，奉赏重厚，怎么可能长久呢？先生您有什么办法帮助我？"孟冀说："我做不到。"马援说："如今匈奴、乌桓还在侵扰北部边境，我想主动请求去攻打他们。男子汉最看重的是在边野战死，用马皮包裹着尸体回来安葬罢了！怎么能在床上躺着死在儿女手中呢？"孟冀说："真正刚勇壮烈之士，确实应该这样。"

马援返回来一个多月，碰上匈奴、乌桓入侵扶风。马援于是以三辅地区被侵扰，皇帝园陵被威胁为理由，请求出兵赶走匈奴、乌桓。汉光武帝答应了他的请求。派马援率军驻扎在襄国。第二年秋天，马援才率领着三千骑兵从高柳出发，经过鴈门、代郡、上谷等屏障要塞。乌桓人的侦探者看见汉朝军队到了，（首领获报），乌桓人于是分散离去。马援没有什么收获就率军返还了。

时逢武威将军刘尚攻打武陵郡五溪一带的蛮夷，军队深入五溪，全军覆没。马援于是又请求让自己去攻打五溪。当时，马援六十二岁，汉光武帝怜悯他年纪大了，没有允许。马援说："我还能披甲上马。"汉光武帝叫他试试看。马援骑在马鞍上回头瞟眼斜看着，表示自己还能带兵打仗。汉光武帝笑着说："这个老头精神真旺盛啊！"于是派马援带着中郎将马武、耿舒、刘匡、孙永等人，率领着四万多人的军队讨伐五溪。马援在夜间与送行的人诀别。对前来拜谒的朋友杜愔说："我身受皇上的大恩，逼近老年，来日不多，经常害怕不能为国事而死。如今获得满足愿望的机会，死后就可以高兴地闭上眼睛了。但是我害怕皇帝那帮亲信，有的在左右，有的参与军事，太难相处了。心中耿耿不快，不过讨厌这事罢了。"第二年春天，马援率军到达临乡。敌人正要攻打县城，马援迎头打击并且将他们打得大败，斩杀俘虏了二千多人。其余的全都分散逃跑了。

第七章　马援逝世和他的遗训

马援讨伐五溪，当军队驻扎在下隽的时候，有两条道路可进入五溪：一条是经过壶头，虽然路程近些但水流急险；另一条是经过充县，虽然道路平坦但路程遥远。耿舒想取道充县，马援认为既费时日又耗粮食，不如取道壶头进入，扼住敌人的咽喉，充县的敌人自然溃败。耿舒与马援的两种计策呈上，汉光武帝采纳了马援计策。等到进入壶头扎营后，敌人凭借地势高峻把守住狭窄的关口。水流湍急，船不能上行。又遭遇到酷暑，好多士卒病死，马援也病倒了。于是在岸上凿洞为室来躲避暑热湿气。每当敌人登上高险地方鼓噪的时候，马援就拖着脚去观察。他身边的人哀叹他的勇壮气概，没有谁不被他感动得流下眼泪。耿舒写信对他哥哥耿弇说，因为马援不采纳他的计策，才导致失利。耿弇收到耿舒的信，上奏了信的内容。汉光武帝于是派中郎将梁松乘驿车前去责问马援，乘便任代监军。时逢马援去世，梁松因与马援有旧恨，就捏造罪名诬陷马援。汉光武帝大怒，追缴收回了马援新息侯的印章和绶带。

原来，马援率领军队驻扎在交趾的时候，经常食用薏苡仁，食用后可以使身体轻松，能抵御瘴气的侵害。交趾的薏苡仁颗粒大，马援想用做种子（带回去种植），率军返还京城时，装了一车薏苡仁载回去。等到马援去世后，有人上书诬告他说以前他装载回来的一车薏苡仁全部是珍珠与花纹犀角。汉光武帝更加愤怒。马援的妻儿老小由于惶恐惧怕而不敢将马援送到祖茔安葬，只在城西买了几亩地草草埋葬完事。后来，马援的妻子、儿子和侄子马严上朝请罪。光武帝拿出梁松的奏书给他们看，他们这才明白了马援所受的冤屈，于是连连上书诉冤，还有前云阳令朱勃也入朝上书（陈述事情的真相，陈述马援的功绩）。汉光武帝的怒气才稍稍消了些。然后才给马援举行礼仪安葬。

直到汉章帝建初三年（78 年），汉章帝才派五官中郎将持节追策，追谥马援忠成侯。

马援的哥哥有儿子马严、马敦，都喜欢讥讽议论别人的短长，而且还和市井上一些轻浮放荡的人交往。马援在交趾前线时，写了家信训诫他们说："我希望你们听说别人的过失时，就像听到自己父母的名讳一样，耳朵可以听到，但嘴里却不能说出来。喜欢评论别人的长处短处，随意肯定或讥刺时政。这些都是我非常厌恶的事情。我宁肯死也不愿意听说自己的子孙后辈有这样的行为。"……龙伯高道德高尚淳厚，说话做事周密谨慎。他的口中挑不出有毛病的言语，待人谦和，生活节俭。做事廉直公正，很有威望。我爱戴他，尊重他，希望你们能效法他。杜季良性格豪爽，行侠仗义，他把别人的忧虑当成自己的忧虑，把别人的快乐当成自己的快乐，不论是清白还是污浊的人，他都不计较而能与他们来往。他的父亲去世的时候，附近几个郡的头领都赶来悼念。我同样爱戴他、敬重他。但却不希望你们学习他。（为什么呢？）学习龙伯高，即使学不到家，还能做个谨慎老实的人，所谓画鸿

雁即使不像，大致还可能像只鸭子；学习杜季良如果学不到家，
那就可能堕落成个行为轻浮浅薄的浪荡子了，所谓画老虎不像，
就像只狗啊。龙伯高就是山阳长龙述，杜季良就是越骑司马杜保。
碰巧杜保的仇人上书控告杜保迷惑群众，搅乱人民。马援将军从
万里之外写信回来告诫侄子，而梁松、窦固却和杜保交往，汉光
武帝召梁松、窦固，把控告杜保的诉讼书和马援的《诫兄子书》
拿出来给他们看。梁松、窦固吓得叩头流血，这才免了他们的罪。
梁松因此怨恨马援，所以在马援去世后才上书诬陷他。梁松本是
小人一个，当然值不得和他计较。可是他与马援有隔阂，汉光武
帝难道不清楚？居然在五溪军事失利的时候，派梁松去责问马援。
太不是保全功臣的办法了。但马援的功绩，千秋万代，永远如新。
直到如今，路过武陵，瞻仰伏波庙和马援塑像的人，仍然低头徘徊，
不忍离开。唯独惋惜越南地区沦陷敌手，没有人继续建立马援那
种平定交趾竖立铜柱为界的功勋了。

郭忠武事略⁽¹⁾

【原文】

第一章　至诚与权术

今世之论者，动曰世风日降，人心日险。处此世而欲适社会之生存，建不世之伟绩，⁽²⁾非用权术不可。此说一行，而我以权术往，彼以权术来。与接为搆，日以心斗。⁽³⁾人人以仇敌相视，人人以盗贼相防，而天下之祸变呕矣。

窃谓人者，造风气者也，不可为风气所造；⁽⁴⁾人者，转移社会者也，不可为社会所转移。盖社会风气愈机械变诈，⁽⁵⁾而吾人愈不可不以世俗所谓最迂拙之手段挽而回之。⁽⁶⁾夫世俗所谓迂拙者，何也？曰：惟至诚而已矣。

或曰："社会既机械变诈，而吾徒抱诚意以处其间，则彼方利我之迂拙，以图我。夫以诚而受害，则人又何乐于为此？"应之曰："是不然！凡人未有不各具天良者。⁽⁷⁾无论为小人，为异族，苟一以至诚处之，则恒生不忍相欺之心。⁽⁸⁾故变诈之社会，其相防也，常在同类。而至诚者之蒙害转鲜焉。⁽⁹⁾此非吾之空言，亦事实上所恒有者也。"

唐之中叶，有郭忠武者，史称其为上将。⁽¹⁰⁾拥彊兵，天下以其身为安危者殆三十年。功盖天下而主不疑，位极人臣而众不嫉。⁽¹¹⁾夫郭忠武果操何术以至此？无他，至诚而已矣。

第二章 安史之乱

郭忠武，名子仪，华州郑人。⁽¹²⁾以武举异等补左卫长史，⁽¹³⁾累迁至天德军使兼九原太守。⁽¹⁴⁾唐玄宗天宝十四载，安禄山反。⁽¹⁵⁾诏以子仪为朔方节度使，率军东讨。⁽¹⁶⁾

初，安禄山为平卢讨击使，⁽¹⁷⁾张守珪使讨奚、契丹，⁽¹⁸⁾禄山败绩。守珪执禄山送京师，张九龄请诛禄山。⁽¹⁹⁾玄宗不许，竟舍之。又有史窣于者，⁽²⁰⁾与禄山同里闬，⁽²¹⁾亦以骁勇名闻，守珪奏为果毅，⁽²²⁾屡迁将军。后入奏事，玄宗与语，悦之，赐名思明。此安禄山、史思明受知玄宗之始。厥后两人为乱，⁽²³⁾几覆唐祚，⁽²⁴⁾此实其滥觞也。⁽²⁵⁾

禄山为平卢兵马使。玄宗左右至平卢者，禄山皆厚赂之，左右多誉禄山。玄宗益以为贤，以为营州都督充平卢军使。⁽²⁶⁾未几，以为卢平节度使，⁽²⁷⁾既而兼范阳节度使，⁽²⁸⁾寻又兼河东节度使。⁽²⁹⁾禄山既兼领三镇，⁽³⁰⁾日益骄恣。又见武备隳弛，⁽³¹⁾有轻中国之心。⁽³²⁾孔目官严庄、掌书记高尚因劝之作乱。⁽³³⁾禄山阴蓄异志，殆将十年。以玄宗待之厚，欲俟玄宗晏驾，⁽³⁴⁾然后作乱。会杨国忠与禄山有隙，⁽³⁵⁾屡言禄山且反，数以事激之，欲其速反以取信于上。禄山由是决意遽反，发所部兵及奚、契丹凡十五万反于范阳。⁽³⁶⁾大阅誓众，引兵而南，步骑精锐，烟尘千里。时承平久，百姓不识兵革，河北州县，望风瓦解。⁽³⁷⁾

郭忠武既拜朔方节度使，乃收静边军，斩贼将周万顷，击高秀岩，⁽³⁸⁾河曲败之。⁽³⁹⁾遂收云中，拔马邑，开东陉关，⁽⁴⁰⁾会李光弼攻贼常山，拔之。⁽⁴¹⁾忠武引军下井陉，⁽⁴²⁾与光弼合破贼史思明众数万，平藁城。⁽⁴³⁾南攻赵郡，⁽⁴⁴⁾擒贼四千，纵之；斩伪守郭献璆。⁽⁴⁵⁾还常山，⁽⁴⁶⁾思明以众数万踵其后，及行唐，⁽⁴⁷⁾

忠武选骁骑更挑战三日，贼引去。乘之，又破于沙河，遂趋常阳以守。[48]禄山益出精兵佐思明。忠武至恒阳，[49]深沟高垒以待之。昼则耀兵，夜矼其营，[50]贼不得休息。数日，贼疲，忠武乃与光弼等击贼于嘉山，大破之，思明奔博陵。[51]于是河北诸郡，往往斩贼守将迎王师。

方北图范阳，会哥舒翰与贼战于灵宝，大败，[52]贼遂入关。[53]玄宗奔蜀，太子即位灵武。[54]诏班师，忠武与光弼率步骑五万赴行在。时朝廷草昧，[55]军容阙然，[56]及是，国威大振。忠武为兵部尚书同中书门下平章事，仍总节度。[57]肃宗大阅六军，鼓而南至彭原。[58]宰相房琯自请讨贼，次陈涛斜，[59]师败，众略尽。故肃宗惟倚朔方军为根本。忠武以河东居两京之间，扼贼要冲，得河东，则两京可图。时贼将崔乾佑守之，[60]忠武潜遣人入河东，与唐官陷贼者谋，约为内应。至是，引兵攻蒲，河东司户韩旻等斩陴者，[61]披阖纳军。[62]乾祐逾城走，发城北兵拒官军。忠武击之，斩首四千级，遂平河东。

诏还凤翔，[63]进司空，充关内、河东副元帅。[64]率师趋长安，次滻水上。[65]贼将安守忠等军清渠大战[66]不利，弃仗奔。[67]忠武收溃卒，保武功，待罪于朝，乃授为尚书左仆射。[68]俄从元帅广平王率蕃、汉兵十五万收取长安。[69]肃宗劳餐诸将，谓忠武曰："事之济否，在此行也。"对曰："此行不捷，臣必死之。"至长安城，与贼大战，斩首六万级，生擒二万，贼帅张通儒夜亡陕郡。[70]大军遂入西京，[71]广平王整众入城，老幼夹道呼曰："不图今日复见官军。"[72]王休士三日，遂东。

安庆绪闻王师至，[73]遣严庄悉发洛阳兵屯陕，助张通儒以拒官军，步骑犹十五万。忠武与贼等遇于新店，[74]贼依山而阵，回纥自南山袭其背，[75]于黄埃中发十余矢。贼惊顾曰："回纥至矣！"遂溃。忠武与回纥兵夹击之，贼大败。严庄等走洛阳，[76]挟庆绪渡河，保相州。[77]遂取东京。于是河东、河西、河南州县悉平。[78]入朝，帝劳之曰："国家再造，卿之力也！"忠武顿首辞谢。有诏还东都，[79]经略北讨。乾元元年，[80]破贼河上，执安守忠以献，遂朝京师，进中书令。[81]肃宗诏大举九节度师讨安庆绪。[82]以忠武与李光弼皆元勋，难相统属，故不置元帅。但以宦官鱼朝恩为观军容，[83]使忠武引兵济河东，与庆绪战，拔卫州，[84]遂与诸军围邺城。[85]庆绪求救于史思明。思明自魏来，[86]李光弼、王思礼、许叔冀、鲁炅前军遇之，战邺南，[87]杀伤相半。忠武督后军，未及布阵，会大风忽起，吹沙拔木，天地昼晦，咫尺不辨。于是官军皆溃于相州，贼亦走，辎械满野。诸节度引还；忠武以朔方军断河阳桥，保东京。[88]

时官军众而无统，又以宦官居郭、李元勋之上，进退相顾望，责功不专，故及于败。

肃宗以忠武为东畿、山南东道、河南诸道行营元帅。[89]鱼朝恩嫉其功，因邺城败，短之于上。肃宗召忠武还京师，以李光弼代之。士卒涕泣遮中使，请留忠武，忠武绐之曰："我饯中使耳！未行也。"[90]因跃马而去。受代之际，略无芥蒂。[91]此亦他人之所难也。

史思明杀安庆绪，还范阳，再陷洛河。[92]肃宗乃以忠武为诸道兵马都统定河北。诏下，为朝恩沮解。[93]既而，李光弼败邙山，[94]失河阳；[95]又河中乱，[96]杀李国贞；[97]太原戕邓景山。[98]朝廷忧二军与贼合，而少年新将望轻，不可用。遂以忠武为朔方、河中、北庭、潞仪、泽沁等州节度行营，兼兴平、定国等军副元帅，进封汾阳郡王，出屯绛州。[99]时肃宗不豫，[100]群臣莫得进见。忠武请曰："老臣受命，将死于外，不见陛下，目不瞑。"肃宗引至卧内，谓曰："河东事一以委卿。"忠武至屯，诛首恶王元振等数十人。由是，河东诸镇率皆奉法。⁽¹⁰¹⁾

第三章　仆固怀恩之叛

仆固怀恩为铁勒部人，⁽¹⁰²⁾从郭忠武，屡战有功，及平河朔，遂以怀恩为河北副元帅。⁽¹⁰³⁾代宗即位之初，河东节度使辛云京及中使骆奉仙与怀恩有隙，⁽¹⁰⁴⁾奏怀恩谋反。怀恩自以兵兴以来，所在力战，一门死王事者四十六人，女嫁绝域。⁽¹⁰⁵⁾说喻回纥，再取两京，平定河南北，功无以比。而为人构陷，愤怨殊深。阴召回纥、吐蕃深入犯奉天、武功，京师震骇。⁽¹⁰⁶⁾诏以忠武为关内副元帅，出镇咸阳。忠武自相州罢归，部曲离散。⁽¹⁰⁷⁾及是，招募得二十骑而行至咸阳。吐蕃率吐谷浑、党项、氐、羌二十余万众已渡渭水。⁽¹⁰⁸⁾忠武使判官王延昌入奏，⁽¹⁰⁹⁾请益兵。程元振遏之，⁽¹¹⁰⁾竟不召见。吐蕃渡便桥。⁽¹¹¹⁾代宗仓卒，不知所为，出幸陕州。⁽¹¹²⁾官吏六军逃散，吐蕃入长安，纵兵焚掠，长安中萧然一空。忠武引三十骑自御宿川，循山而东，⁽¹¹³⁾使王延昌入商州取兵，⁽¹¹⁴⁾诸将方纵暴兵掠，闻忠武至，皆大喜听命，得四千人，军势稍振。忠武乃泣喻将士以共雪国耻，取长安。皆感激，受约束。代宗恐吐蕃出潼关，征忠武诣行在。⁽¹¹⁵⁾忠武表曰："臣不取京城，无以见陛下。若兵出蓝田，⁽¹¹⁶⁾寇亦不敢东向。"代宗许之。忠武乃遣羽林大将军长孙全绪将二百骑出蓝田，⁽¹¹⁷⁾又令宝应军使张知节将兵继之。⁽¹¹⁸⁾全绪至韩公堆，⁽¹¹⁹⁾昼则击鼓张旗帜，夜则多然火以疑吐蕃。吐蕃惧，百姓又绐之曰："郭令公自商州将大军至矣！"吐蕃惶骇，悉众遁去。诏以忠武为西京留守。

自变生仓卒，赖忠武复安。天下皆咎程元振。太常博士柳伉上疏请斩元振首以谢天下。[120] 元振惧，乃说代宗都洛阳，代宗可其计。忠武奏请还都。[121]

代宗得奏，曰："子仪，固社稷臣矣！朕西决矣。"遂还长安。忠武帅百官诸军奉迎，伏地待罪。代宗劳之曰："用卿不早，故及于此。"

代宗广德二年，仆固怀恩复引回纥、吐蕃十万众入寇，京师震骇。会忠武自河东入朝，代宗诏忠武出镇奉天。召问方略，对曰："怀恩勇而少恩，士心不附。所以能入寇者，因思归之士耳。怀恩本臣偏将，裨其麾下，皆臣部曲，必不忍以锋刃相向，无能为也已。"而贼寇邠州，[122] 进逼奉天。诸将请战，忠武曰："寇深入，利速战。彼下素德我，吾缓之，当自携贰。"[123] 因下令："敢言战者斩！"坚壁待之，[124] 贼果遁。

永泰元年，[125] 怀恩尽说回纥、吐蕃、吐谷浑、党项、奴剌三十万众掠泾、邠，[126] 躏凤翔，入醴泉、奉天，京师大震。[127] 代宗自将六军屯苑中。[128] 急召忠武屯经阳军，[129] 才万人。比到，贼围已合，忠武严备不战。适怀恩中途遇暴疾死，回纥、吐蕃闻之，争长不相睦。忠武乃使牙将李光瓒说回纥，[130] 欲与共击吐蕃。回纥不信，曰："郭令公在此，可得见乎？"光瓒还报，忠武曰："今众寡不敌，难以力胜。昔与回纥契约甚厚，不若挺身说之，可不战而下也。"诸将请选铁骑五百卫从，忠武曰："此适足为害耳。"郭晞叩马谏曰：[131] "大人，国之元帅，奈何以身为寇饵？"忠武曰："今战，则父子俱死，而国家危；往以至诚与之言，或幸而见从，则四海之福也。不然，则身没而国家全。"以鞭击其手曰："去！"遂与数骑出，使人传呼曰："令公来！"[132] 回纥大惊。大帅药葛罗，可汗之弟也，[133] 执弓注矢立于前陈。[134] 忠武免胄释甲，投枪而进。诸酋长相顾曰："是也！"皆下马罗拜。[135]
忠武亦下马，前执药葛罗手，让之曰："汝回纥有大功于唐，唐
之报汝亦不薄。奈何负约深入吾地？弃前功，结厚怨，背功德而
助叛臣乎？且怀恩叛君弃母，于汝何有？今吾挺身而来，听汝杀之。
我之将士，必致死与汝战矣。"药葛罗曰："怀恩欺我，言天可
汗已晏驾；令公亦捐馆。中国无主，我是以来。今皆不然，怀恩
又为天所杀。我曹岂肯与令公战乎？"忠武因说之曰："吐蕃无道，
所掠之财不可胜载，马牛杂畜长数百里，此天之赐汝也！全师而
继好，破敌以取富，为汝之计，孰便于此？不可失也！"药葛罗曰：
"吾为怀恩所误，负公诚深，今请为公尽力以谢过。然怀恩之子，
可敦兄弟也，[136]愿勿杀之。"忠武许诺。因取酒与其酋长共饮，
药葛罗使忠武先执酒为誓。忠武酹地曰："大唐天子万岁！回纥
可汗亦万岁！两国将相亦万岁！有负约者，身陨陈前，家族灭绝！"
杯至药葛罗，亦酹地曰："如令公誓！"于是诸酋长大喜，曰："军
中巫言：'此行安稳，不与唐战，见一大人而还。'今果然矣！"
遂与定约而还。吐蕃闻之，夜引去。忠武遣将白元光合回纥众
追蹑，[137]大军继之，破吐蕃十万于灵台西原，[138]杀获万计，
京城解严。

第四章　郭忠武之光荣及其遗事

德宗嗣位，[139]诏忠武自河中还朝，摄冢宰，[140]赐号"尚父"，
进位太尉、中书令。[141]建中二年，疾病。德宗遣舒王到第传诏
省问。[142]未几，卒，年八十五。德宗悼痛，废朝五日。赠太师，
陪葬建陵。[143]及葬，德宗御安德门哭过其丧，[144]百官部位
流涕。[145]赐谥忠武，[146]配飨代宗庙。[147]著令：一品坟崇

丈八尺，⁽¹⁴⁸⁾诏特增一丈以表元功。

忠武事上诚，御下恕，赏罚必信。遭幸臣程元振、鱼朝恩訾毁百端。时方多虞，⁽¹⁴⁹⁾握兵处外。然诏至，即日就道，无纤芥顾望。故谗閒不行。⁽¹⁵⁰⁾朝恩又尝约忠武修具，⁽¹⁵¹⁾元载使人告以军容将不利公，⁽¹⁵²⁾其下衷甲愿从，忠武不听，但以家僮十数往。朝恩曰："何车骑之寡？"告以所闻。朝恩泣曰："非公长者，得无致疑乎？"田承嗣傲很不轨，⁽¹⁵³⁾忠武尝遣使至魏，承嗣面望拜，⁽¹⁵⁴⁾指其膝谓使者曰："兹膝不屈于人者久矣，今为公拜。"忠武尝奏除州县官，⁽¹⁵⁵⁾一人不报，僚佐以为言。忠武曰："兵兴以来，方镇跋扈，凡有所求，朝廷必委曲从之，盖疑之也。⁽¹⁵⁶⁾今子仪所奏，朝廷以其不可行而置之。是不以武臣相待而亲厚也！诸君可贺矣！又何怪焉？"闻者皆服。忠武之佚事颇多，兹特取其推诚待人，为人敬服者，录之而已。

【注释】

（1）郭忠武：郭子仪（697—781 年），华州郑县（今陕西华县）人，祖籍山西汾阳。安史之乱爆发后，任朔方节度使，率军收复洛阳、长安两京，功居平乱之首。唐代宗时，又平定仆固怀恩叛乱，并说服回纥酋长，共破吐蕃，朝廷以此获安。年八十五寿终，谥忠武，故以忠武称之。

（2）不世：一世所无，无与伦比。

（3）与接为搆，日以心斗：接，交往，接触，指与外界环境接触。搆：同构，交合，纠结。"与接为构，日以心斗"语出《庄子·齐物论》："其寐也魂交，其觉也形开；与接为搆，日以心斗：缦者，窖者，密者。"（这种人睡着时神魂交构，醒来后身形开朗；跟外界交往纠缠，整天钩心斗角。时而疏怠迟缓，时而高深莫测，时而辞慎语谨。）

（4）窃：谦辞，指自己。造：创造，营造，改造。

（5）机械变诈：语出《孟子·尽心上》："为机变之巧者，无所用耻焉。"朱熹集注："为机械变诈之巧者，所为之事皆人所深耻，而彼方且自以为得计，故无所用其愧耻之心也。"术之巧者曰械。变诈，欺诈。机械变诈即用巧妙的方法进行欺诈。

（6）迂拙：蠢笨，拘泥守旧。挽回：扭转已成的不利局面。

（7）天良：与生俱来的善良本性，天赋的善心；《孟子·公孙丑》："无恻隐之心，非人也；无羞恶之心，非人也；无辞让之心，非人也；无是非之心，非人也。"这四条应该是天良的内容。

（8）恒：经常，常常。

（9）蒙：遭受。鲜：少。

（10）上将：与当今军衔中的上将含义不同。系指将军中出类拔萃者。《孙子·地形》："料敌制胜，计险阨远近，上将之道也。"

（11）三十年：《旧唐书·郭子仪传》："天下以其身为安危者殆二十年（《新唐书》同）。校中书令考二十有四。权倾天下而朝不忌，功盖一代而主不疑，侈穷人欲而君子不之罪。"

（12）华州郑县：今陕西华县。

（13）武举：选拔将才的一种科举考试。武举考试开始于武则天执政时期，公元702年，由兵部主持武举考试，考试科目有马射、步射、平射、马枪、负重摔跤等。长史：官名，秦置。唐制：上州刺史别驾下有长史一人，从五品。

（14）天德军：唐朝时设置的军事政治组织，其治所改名迁移多至十余次。《绥远通志稿》："唐之天德军，易名移置，事极频繁，东自中受降城，西至删丹县之西安城，中间包括大同川城、西受降城。"其中以在大同川的时间为最久。九原：郡名，位于今山西新绛县北。唐朝天宝、至得年间改丰州（辖今内蒙古河套西北部及以北一带地区）为九原郡。

（15）安禄山（703—757年）：营州（今辽宁朝阳）人，本姓康，名阿荦山（一作轧荦山）。幼时父亲去世，随母亲住在突厥族中。其母亲改嫁给突厥人安延偃，阿荦山也就随姓安，名禄山。30岁时步入军旅，不到4年的时间就做到平卢将军，40岁时，一跃成为朝阳古城的最高军事统帅即平卢军节度使。在此后不到十年的时间中，飞黄腾达，到天宝十年（751年），身兼三镇节度使，同时兼领平卢、河北转运使、管内度支、营田、采访处置使。荣耀君宠达到顶峰。天宝十四年（755年）十一月十一日，安禄山以讨杨国忠为名在范阳发动叛乱，十二月十二日攻陷洛阳。第二年，在洛阳称雄武皇帝，国号燕，年号圣武。接着，破潼关，入长安。至德二年（757年），被其子安庆绪谋杀。

（16）朔方：唐方镇，开元时置，治灵州（今宁夏灵武西南）。《旧唐书·郭子仪传》："十一月，以子仪为卫尉卿，兼灵武郡太守，充朔方节度使，诏子仪以本军东讨。"《新唐书》同。

（17）平卢：唐代行政区之一，开元七年（719年）设置，治所营州（今辽宁省朝阳市）。安史之乱期间，平卢是安禄山的根据地之一。安史之乱后期，曾为安禄山部将而后归顺唐朝的平卢节度使侯希逸为史思明之子史朝义部所迫，南迁淄青（山东省青州），从此平卢指山东一带。安史之乱后藩镇割据，淄青（平卢）为李正己占据。

（18）张守珪：唐朝名将，陕州河北（今山西平陆、芮城、运城东北地区）人，生卒年代不详，生活活动于唐中宗、睿宗和玄宗时期。奚：原称库莫奚，匈奴支系之一，南北朝后游牧于饶乐水（今西拉木伦河）流域；唐太宗时在其地设置饶乐都督府，武周后与契丹一起叛唐；唐玄宗开元初再次降唐，首领李大酺被封为饶乐郡王，唐遣公主嫁之。契丹：古少数族名，源出东胡，游牧于今辽河上游。原先臣属突厥，唐初降唐，太宗贞观末以其地置松漠都督府，以其君长为都督，后累世受唐封号。武周时叛唐自称可汗，侵扰唐境，唐玄宗开元初又降唐。

（19）张九龄（678—740 年）：一名博物，字子寿，韶州曲江（今广东省韶关市）人，唐中宗景龙初年进士，唐玄宗开元时历官中书侍郎、同中书门下平章事、中书令、尚书丞相。为唐代名相。张九龄有胆识、有远见，忠耿尽职，秉公守则，直言敢谏，选贤任能，不徇私枉法，不趋炎附势，为"开元盛世"做出过积极贡献。

（20）史窣于：两《唐书》作史窣干，是。史窣干即史思明的本名，事见下文。

（21）闬：说文："闬，闾也。"《左传》杜预注："闬，闾门也。"

（22）果毅：隋炀帝时，于左右备身府设折冲郎将和果毅郎将各三人。果毅郎将为折冲郎将之副，从四品。协助折冲郎将统领骁果兵。唐代贞观年间，府兵军府设折冲都尉和左右果毅。

（23）厥后：其后。

（24）几：几乎。覆：翻。唐祚：唐朝的天下。

（25）滥觞（lànshāng）：本指江河发源处，水很小，仅可浮起酒杯。郦道元《水经注·江水一》："江水自此已上至微弱，所谓发源滥觞者也。"后引申指先导、先河，常借指事件的缘起、因由。

（26）军使：方镇长官称节度使，下属军的长官称军使，兵马使是军使下属的将领之一。

（27）卢平：当为平卢。

（28）范阳：行政区名。该行政区所辖区域在历史上多有变动，约在今北京市和河北省保定市北部。从唐大历四年（769年）起，所谓"范阳"则仅限于涿州范阳县，为涿州治所，在今河北省涿州市。广义上的范阳有时和幽州通用。

（29）河东：顾炎武《日知录》第三十一卷称："河东、山西一地也，唐之京师在关中，而其东则河，故谓之河东。"河东节度使：治所在晋阳，即今太原。

（30）三镇：平卢、范阳、河东。安禄山兼领三镇节度使，实际上，河东地区在整个安史之乱中并完全被安禄山控制，安禄山实际只完全控制了范阳和卢平两镇。

（31）隳（huī）弛：隳，毁坏，崩毁；弛，懈怠，松弛。隳弛即崩毁松弛。

（32）轻：看轻，藐视。

（33）孔目官：孔目原指档案目录。唐代州、镇中设"孔目官"掌六书，孔目官之意，据宋人胡三省说："孔目者如一孔一目，无不经其手。"严庄：两《唐书》无传，乃安禄山的重要谋士，与高尚、张通儒、孙孝哲等人都是安禄山的心腹。掌书记：唐代使府幕僚，位在节度判官之下，典掌笺奏文书。高尚：本名不危，唐雍奴（今河北武清）人。有才学，贫困不得志，安禄山引为幕僚，掌机密。禄山称帝，任为侍中。后被史思明所杀。传见《旧唐书》卷200上、《新唐书》卷225上。

（34）俟：等待。晏驾：去世。

（35）杨国忠：本名杨钊，唐朝蒲州永乐（今山西芮城）人。杨贵妃族兄。张易之（武则天的男宠"二张"之一）之甥。生年不详，卒于唐玄宗天宝十五载（756年）六月。杨玉环受宠于唐玄宗之后，杨国忠也飞黄腾达，升任宰相，身兼四十余职，杨国忠与安禄山的矛盾最终导致了安史之乱，而他与太子李亨的矛盾最终使之灭门。

（36）安禄山公开发动叛乱，时在天宝十四年（755年）十一月十一日，

（37）承平：天下太平无事。兵革：指战争。河北：泛指黄河以北地区。

（38）静边军：唐静边军故城遗址位于今山西省右玉县右卫镇。郭子仪率朔方军东下，攻占静边军一役，是唐军平定"安史之乱"的首捷。周万顷：为静边军守将。事迹未详。高秀岩：安禄山任命的大同军使。大同军，唐开元五年（717年）始置，隶属于河东节度使，军城在马邑县（今山西朔县东北）。

（39）河曲：大致为今河曲县地域，位于今山西、陕西、内蒙古三省交界处。

（40）云中：古郡名。原为战国赵地，秦时置郡，治所在云中县（今内蒙古托克托东北）。马邑：隋唐马邑郡即朔州，治善阳，即今朔县。东陉关：原注："在今代州南，胡三省曰：时河东、太原闭关以拒贼，子仪既破贼，众关开始（蔡正发按：当为始开）。"在今山西省代县东南二十里处峪口村。

（41）李光弼（708—764年）：中国唐代营州柳城（今辽宁省朝阳）人，契丹族人。李光弼于唐天宝十五年（756年）初，经郭子仪推荐为河东节度副使，参与平定安史之乱。乾元二年（759年）七月，任天下兵马副元帅。

（42）井陉：在常山郡井陉县西，唐谓之土门。

（43）槀（gǎo）城：今名藁城，位于河北省石家庄市东部。

（44）赵郡：今石家庄市赵县。攻克赵郡事在至德元年（756

年）四月十七日。

（45）郭献璆：安禄山所署太守。事迹未详。

（46）常山：今河北正定。

（47）行唐：即今河北省行唐县治所，南距石家庄45公里，北距北京240公里。

（48）沙河：位于今河北省南部，太行山东麓。常阳：即今郑州市治所。

（49）恒阳：原注："今曲阳县。"今属河北省曲阳县。唐初属定州，唐元和十五年（820年）因避讳唐穆宗李恒名讳，改为曲阳县。

（50）斫其营：砍杀攻击敌人的营垒。

（51）嘉山：位于今河北保定曲阳县县城东北侧，海拔500米左右。魏晋以前就有嘉山之称。又称嘉禾山。博陵：郡名，治所在博陵。辖区相当于今河北安平县、深州市、饶阳、安国等地。唐杜佑《通典·州郡·博陵郡》记载甚详："大唐为定州，或为博陵郡。领县十一：安喜、北平、鼓城、恒阳、新乐、义丰、望都、无极、唐昌、深泽、陉邑。"

（52）哥舒翰（？—757年）：唐朝名将，突骑施（西突厥别部）首领哥舒部落人。安史之乱时被安禄山俘虏，后被安庆绪杀害。唐代宗赠太尉，谥曰武愍。

（53）关：原注："潼关也。"按：位于陕西东部渭河下游，与崤函古道东口的函谷关遥遥相对。潼关地处黄河渡口，位居晋、陕、豫三省要冲，是进出三秦之要道。

（54）太子：原注："是为肃宗。"唐肃宗李亨（711—762年），玄宗之子，756—761年在位。安史之乱爆发次年，玄宗逃往四川，李亨在灵武即位。宝应元年（762年），宦官李辅国、程元振杀张后等人，拥立太子李豫（即唐代宗），忧惊而死。

（55）草昧：草创。

（56）阙然：阙通缺，缺然即空缺的样子。

（57）同中书门下平章事：简称同平章事，初用于唐太宗时。自高宗永淳元年（682年）始，实际担任宰相者，或加以同中书门下平章事的名义。亦简称同平章事。

（58）彭原：位于今甘肃宁县附近，平凉东北面。

（59）房琯：字次律，河南人。先后任校书郎、卢氏令、监察御史、睦州司户参军等，直至宰相。陈涛斜：原注："在咸阳县东，其地斜出，故名。"

（60）崔乾佑：安史之乱前就在安禄山手下效命，安史之乱爆发后，跟随安禄山攻取洛阳，大败唐将封常清。史思明以杀父之罪杀安庆绪，因崔乾佑是安庆绪心腹而同时被杀。

（61）司户：官名，唐制：府称户曹参军，州称司户参军，县称司户。韩旻：其他事迹未详。陴：城上的矮墙，亦称女墙，俗称城垛子。陴者即守卫矮墙的士卒。

（62）披阖：打开城门。

（63）凤翔：唐至德二年（757年），升凤翔郡为凤翔府。治所在天兴（今凤翔），唐时为长安西边重镇，曾建为西京。唐末辖境相当于今陕西宝鸡、岐山、凤翔、麟游、扶风、眉县、周至等地。

（64）司空：官名。西周始置，位次三公，与六卿相当，与司马、司寇、司士、司徒并称五官，掌水利、营建之事，金文皆作司工。隋唐虽设司空，为三公之一，但仅是一种崇高的虚衔。

（65）潏水：古代长安城南水系中的重要一支。长安城周围共有八条河：泾水、渭水、灞水、浐水、沣水、滈水、潏水和涝水。

（66）安守忠：安禄山提拔的三十六蕃将之一，据说是他的远房叔叔。清渠：唐京城长安西有漕渠，南出丰水，经延平、金光二门，至京城西北角，屈而东流，经汉故长安城，南至芳林园西，又屈而北流，入渭水。

（67）仗：指兵器。

（68）尚书左仆射：官名。唐初左右仆射为宰相之职。贞观二十三年（649年）唐高宗李治即位后，李绩为左仆射复加同中书门下三品的称号，自此，仆射入政事堂议事，就例加此号，表明仆射已不是当然宰相。中宗、睿宗时，还有不加同中书门下三品，也不参加议政的仆射，唐玄宗以后，仆射不再加此号。

（69）广平王：李豫（726—779年），初名初名李俶，封广平郡王，乾元元年（758年）十月册为皇太子后，改名豫。宝应元年（762年）登基为帝，是为唐代宗。

（70）张通儒：唐内丘（今河北内丘）县尉张通幽之兄，安禄山封之为中书令。陕郡：陕郡（治陕县，今河南三门峡市西）。按：此次胜仗发生在唐至德二年（757年）十月。

（71）西京：唐长安（今西安）。

（72）不图：没想到，没料到。

（73）安庆绪：原注："禄山之子，弑禄山自立。"

（74）新店：今河南省三门峡市西南，郏县西。原注："在陕州。"

（75）原注："时回纥遣兵助唐。"

（76）严庄：唐朝节度使安禄山的军师，安禄山称帝后拜为丞相。

（77）相州：治所在今安阳北关一带。东京：洛阳。

（78）河东、河西、河南：泛指黄河河套一带，即中原地区。

（79）东都：洛阳。

（80）乾元元年：758年，唐肃宗第二个年号。

（81）中书令：官名。是帮助皇帝在宫廷处理政务的官员，中书令负责直接向皇帝上奏的密奏"封事"，司马迁曾兼任此职，是中国历史上第一位中书令。汉元帝时中书令权势甚至比丞相还大。南北朝时，中书令一官最为清贵华重，常用有文学才望者任职。谢安担任中书令执政，地位开始日益提高。唐中书令为三省长官，相当于宰相，品级本为三品，大历中升至正二品。武则天以后，只有中书令和侍中为宰相，一品、二品的官员只有加"同中书门下三品"当"同三品"官才任宰相。肃宗后，渐以中书令为大将荣衔，并不参与政事。

（82）九节度：原注："朔方郭子仪、淮西鲁炅、兴平李奂、滑濮许叔冀、镇西北庭李嗣业、郑蔡季广琛、河南崔光远、河东李光弼、泽潞王思礼。"师：军队。

（83）鱼朝恩（722—770年）：唐肃宗乾元元年（758年）任观军容宣慰处置使等职，负责监领九个节度使的数十万大军。唐军收复洛阳后，鱼朝恩被封为冯翊郡公，开府仪同三司。广德元年（763年），吐蕃兵进犯，唐代宗出逃陕州（今河南三门峡市西）。鱼朝恩因保驾有功，被封为天下观军容宣慰处置使，并统率京师神策军。后领国子监事，兼鸿胪、礼宾等使，掌握朝廷大权。干预政事，慑服百官，不把皇帝放眼里，贪贿勒索。置狱北军，人称地牢，迫害无辜。大臣元载知代宗对其不满，乃与皇帝谋除之。大历五年（770年）三月癸酉（4月10日）寒食节，唐代宗乘宫中宴会后召见之机，捕杀鱼朝恩。

（84）卫州：州治在河南汲县。辖当时汲县、卫县、共城、新乡、黎阳五县。

（85）邺城：魏晋南北朝时期中原地区富庶繁盛的大都市之一。后赵、前燕、东魏、北齐先后在此建都，魏时曹操也曾以此为北方政治中心。邺本有二城。北城为曹魏在旧城基础上扩建，东西七里，南北五里，位于漳水之北，城西北隅自北而南有冰井、铜雀、金凤三台。故址在今河北省邯郸市临漳县西南邺镇、三台村迤东一带（距县城约18公里）。南城兴建於东魏初年，在今河南安阳县境内。

（86）魏：从西汉至唐朝，为一个郡级行政区，最大范围包括今天河北省南部邯郸市以南，以及河南省北部安阳市一带，其中心在邺城。

（87）王思礼（？—761年）：唐朝将领。高句丽人。王氏入居营州（今辽宁朝阳）。以功授右卫将军、关西兵马使，从征九曲。玄宗天宝十三年（754年），加金城郡太守。翌年，兼太常寺卿，充元帅府马军都将，从讨安禄山叛军。潼关失守，助宰相战便桥，不利，更为关内行营节度、河西陇右伊西行营兵马使，守武功。后以收复长安、东京有功，迁兵部尚书，封霍国公。不久，兼潞、沁等州节度。肃宗乾元元年（758年），为河东节度副大使。上元元年（760年），加司空。翌年卒，追赠太尉。谥武烈。许叔冀：安史之乱时任灵昌太守，狡猾多诈，麾下精锐，房琯以其为御史大夫，牵制贺兰进明，使进明不敢分兵救张巡、许远。从郭子仪等攻邺，溃归。后许诺李光弼守汴州十五日，期未至而降史思明。旋为仆固怀恩所擒，被释。乾元二年（759年）九月，史思明命其子史朝清（史思明的幼子）镇守范阳，然后兵分四路大举南征。一路由将军令狐彰从黎阳（今河南浚县）渡过黄河，攻取滑州（今河南滑县）；他本人亲率一路出濮阳（今河南濮阳）、史朝义出白皋（今河南滑县北）、周挚出胡良（今河南浚县东），分别渡过黄河，相率围攻汴州（今河南开封）。汴州守将许叔冀战败，举城而降。史思明乘胜西进，直取洛阳。鲁炅（703—759年）：幽州蓟县（今北京城西）人。以荫补左羽林长，后隶安西节度使哥舒翰麾下。从破吐蕃石堡城，收河曲，迁左武卫将军，复拜右领军大将军。安禄山叛乱，鲁炅为山南节度使，立栅于滍水之南阻挡叛军，安禄山手下武令珣、毕思琛率大军来攻，鲁炅兵败退保南阳。叛军包围城池攻打一年多，鲁炅督率将士昼夜奋战，但日久食尽，救兵不至，只好率众突围，逃到襄阳，被封为襄邓十州节度使，封岐国公。759年，鲁炅参与九节度使会攻安庆绪于相州之役，被史思明击败，鲁炅身中流矢，惧罪服毒自杀。按：邺城之战发生在唐肃宗乾元元年（758年）九月至乾元二年三月。

（88）河阳桥：晋杜预建于古孟津的跨河浮桥。杜甫《后出塞》诗之二："朝进东门营，暮上河阳桥。"仇兆鳌注引《通典》："河阳县，古孟律，后亦曰富平津，跨河有浮桥，即杜预所建。"

（89）东畿：畿是京都四周的地区。怀、郑、汝、陕四州为东畿，设东畿观察使。山南东道：我国唐代的一级行政区，治所设于襄州（今湖北襄阳），管辖今湖北长江以北、河南西南部及重庆东部的万州地区。北宋初，在山南东道的大部地区改设京西南路，仍治襄州；重庆东部地区则划入陕西路，后改设夔州路，治所夔州；河南道：唐贞观元年（627年）置，辖境在黄河之南，故名，东尽海，西距函谷，南滨淮，北临河。领虢、陕、汝、郑、滑、汴、许、陈、蔡、颍、亳、宋、徐、泗、宿、海、濮、曹、登、莱、密、青、沂、兖、淄、齐、郓、棣、濠和河南府，共30个州府。辖境相当于现在的山东省、河南省全境，江苏省北部和安徽省北部。治洛州洛阳县（现在河南洛阳市东北）。开元中分置都畿道，治洛州洛阳县（现在河南洛阳市东北），辖河南府河南郡、汝州临汝郡。河南道遂改治汴州（今河南开封县治）。同时，河南道也是今河南省名的由来。

（90）中使：宫中派出的使者。多指宦官。凡诏所征求，皆令西园驺密约勒，号曰"中使"。

（91）芥蒂：本指细小的梗塞物，后用以比喻心里的不满或不快。特指心里对人对事有怨恨或不愉快的情绪。

（92）洛河：指洛阳。事在乾元二年。

（93）沮：阻止，败坏。

（94）邙山：位于河南省洛阳市北，黄河南岸，是秦岭山脉的余脉，崤山支脉。广义的邙山起自洛阳市北，沿黄河南岸绵延至郑州市北的广武山，长度百余公里。狭义的邙山仅指洛阳市以北的黄河与其支流洛河的分水岭。邙山是洛阳北面的一道天然屏障，也是军事上的战略要地。

（95）河阳：今孟州市，位于河南省的西北部，在焦作市的西南隅。

（96）河中：唐郡，治所在今山西永济。

（97）李国贞：本名若幽，历官安定录事参军、扶风录事参军、长安令、河南尹、京兆尹、成都尹、兼御史大夫、剑南节度使、为殿中监。上元二年（761年）八月，迁户部尚书、兼御史大夫，持节充朔方、镇西、北庭、兴平、陈郑等节度行营兵马及河中节度都统处置使，镇于绛，赐名国贞。既至绛，又加充管内河中、晋、绛、慈、隰、沁等州观察处置等使，余并如故。因军中素无储积，将士粮赐多缺而骚乱，最后被倡乱者王元振杀害。

（98）太原：太原郡，郡治晋阳（今山西太原）。共辖15县：晋阳、阳直、太原、榆次、太谷、祁县、文水、交城、受阳、盂县、石艾、乐平、和顺、平城、辽山。邓景山（？—762年）：官至河东节度使。宝应元年（762年），河东军作乱被杀。

（99）北庭：唐方镇名。唐玄宗先天元年（712年）始设，辖境在伊州以西，故称伊西（伊州地处瓜州，今甘肃安西东南），沙州（今甘肃敦煌市城西），治所在北庭都护府，节度使例兼北庭都护，故通称北庭，亦称伊西北庭。统辖伊、西、庭三州以及北庭都护府境内诸军镇。潞仪：上元三年（763年），河东太原、河中（今永济）等地叛乱，特封郭公汾阳郡王，与此同时改汾州隰城县为西河县，由于郡县弗成同名自然改称西河郡为汾阳郡。绛州：唐郡，辖正平、翼城、曲沃、闻喜、垣曲、太平、绛等7县。

（100）不豫：不治，命在旦夕。

（101）王元振：参阅注（97）。

（102）仆固怀恩（？—765年），唐朝将领。铁勒族仆骨部人。世袭金微都督。安史之乱初，任朔方左武锋使，骁勇果敢，随朔方节度使郭子仪在振武军（今内蒙古和林格尔西北）及其以东地区连败叛将高秀岩、薛忠义等部。唐天宝十五年（756年），配合李光弼战于常山（今河北正定）南北诸县，数次挫败史思明部。七月，随郭子仪赴灵武（今宁夏灵武西北），保卫唐肃宗。次年，因率回纥兵参加收复两京有功，封丰国公。随后在夺取愁思冈（今河南安阳西南）等地的作战中，常为先锋，勇冠军中。乾元二年（759年），任朔方行营节度，进封大宁郡王。宝应元年（762年），任领诸军节度行营，为天下兵马元帅雍王之副，领前锋发兵陕州（今河南三门峡市），再次夺取洛阳，歼史朝义部八万余人，并乘势追击，仅半年平定河北。因功升尚书左仆射兼中书令、河北副元帅、朔方节度使。广德元年（763年），因不满朝臣对他猜忌，起兵反唐，并联合回纥、吐蕃兵欲攻占长安。永泰元年（765年）九月丁酉（初八）日，于进军途中暴卒。铁勒：我国北方、西北方古代民族。又写作狄历、丁零、敕勒、高车。隋代起作为除突厥以外的突厥系民族的通称。语言、习俗均与突厥同。

（103）河朔：泛指黄河以北地区。《尚书·泰誓中》："王次于河朔。"孔安国传："渡河而誓，既誓而止于河之北。"

（104）辛云京（713—768年）：出身河西大族，兄弟数人，并以将帅知名。云京有胆略，志气刚决，不畏强御，每在戎行，以擒生斩馘为务。累建勋劳，官至北京都知兵马使、代州刺史，累加检校左仆射、同中书门下平章事。大历三年（768年）八月庚午去世，享年五十五岁，册赠太尉，辍朝三日，谥曰忠献。骆奉仙：宦官，诬陷仆固怀恩谋反的首要人物。

（105）原注："初回纥毗伽阙可汗为登里求婚，肃宗以仆固怀恩（女）妻之登里可敦。"

（106）奉天：唐高宗病逝后，葬于"乾陵"（今乾县境内的梁山上）。光宅元年朝廷将乾陵一带设为奉天县，县治定在今乾县城址。武功：武功地处关中平原西部，东迄兴平、西邻杨凌、扶风，北接乾县，南隔渭河与周至县相望。

（107）部曲：在汉代本是军队编制的名称，大将军营有五部，部下有曲。联称泛指统率下的军队。

（108）吐谷浑：鲜卑族慕容氏一支，东晋十六国时期控制了青海、甘肃等地，与南北朝各国都有友好关系。隋朝与之联姻。被唐朝征服，加封青海王。唐朝中期，被吐蕃驱赶至河东，五代时期开始收辽国统治。现已与各民族融合。党项：西羌族的一支，故有"党项羌"的称谓。汉代，羌族大量内迁至河陇及关中一带。唐朝，经过两次内迁，党项逐渐集中到甘肃东部、陕西北部一带，包括灵州、庆州、夏州、银州、绥州、延州、胜州等诸州，仍以分散的部落为主。唐中央多在党项民族聚集地设立羁縻州进行管理，有功的党项部落酋长被任命为州刺史或其他官职。氐：古族名。原在中国北部和西部的广大地区游牧。从东汉起陆续内迁，主要居住在今陕西、甘肃、四川等广大地区。唐代，吐蕃势力从西藏高原兴起，并逐步进据氐族地区。今四川松潘、文县、武都一带氐族地区长期为吐蕃据有，该地的氐族逐步与吐蕃人相融合。今四川平武、略阳一带未被吐蕃据有，该地的氐族则多与汉族融合。羌：当时西部（今陕西、甘肃、宁夏、新疆、青海、西藏、四川地区）的游牧民族。

（109）王延昌：乾元元年（759年）官监察御史、殿中侍御史知杂事，历度支员外郎、吏户二部郎中、京兆少尹加谏议大夫。

（110）程元振：唐代宗之宦官。京兆三原（今陕西三原东北）人。宝应末，闻张皇后废立阴谋，密告李辅国，使代宗得立，由此深获宠信，任右监门卫将军，知内侍省事。不久代李辅国判元帅行军司马，总率禁兵，升任骠骑大将军。操纵朝政，冤杀大将来瑱，斥逐宰相裴冕，诋毁李光弼等。广德元年（763年）罢官归乡里。继又私入京师，被放逐，行至江陵病死。

（111）便桥：便门桥。《三辅黄图·都城十二门》："武帝建元二年初作便门桥，跨渡渭水上，以趋陵，其道易直。《三辅决录》曰：'长安城西门曰便门，桥北与门对，因号便桥。'"《元和郡县志·咸阳》："便桥在县西南十里，架渭水上，武帝建元三年初作便门桥，在长安北。"

（112）陕州：即今三门峡市陕县，东据崤山关联中原腹地，西接潼关、秦川扼东西交通之要道，南承两湖，北对晋地锁南北通商之咽喉，是古来兵家的战略要地。

（113）御宿川：今为潏水，潏水由南山石鳖峪流下，北流至王曲之北皇甫村折向西流，其北是神禾原。御宿川在城南四十里，东至石鳖谷（今西安市长安区石砭峪），西尽沣水，东西五十里，南北十五里。周氏原注：在咸宁县南，武帝开上林，至昆吾御宿，即此。

（114）商州：因曾是商鞅封邑得名。地处陕西东南部，秦岭南麓，丹江源头。

（115）出潼关：潼关位于长安东，陕州西。当时吐蕃既占长安，唐代宗在陕州。如果吐蕃兵东出潼关，则陕州难保。

（116）蓝田：今属陕西省西安市，北部以横岭与临潼区为邻，西部与长安区、灞桥区接壤。自古为秦楚大道，是关中通往东南各地的要道之一。

（117）羽林大将军：羽林军又称羽林卫，是我国古代最为著名并且历史悠久的皇帝禁军。唐代"左右羽林军"屯驻于宫城以北，是以保卫皇帝和皇家为主要职责的皇帝私兵，所以说是唐朝第一支真正意义上的"北衙禁军"。"北衙禁军"指的是与国家军队"南衙府兵"相对。《新唐书》志第三十九《百官四》："左右羽林军设大将军各一员，正三品下。"长孙全绪：除了羽林大将军外，先后还任过左金吾大将军、羽林军使、歙州刺史、容州刺史、容管经略使、宁州刺史等职。长孙全绪生活在安史之乱后的乱世之中，一生南征北战，讨伐叛逆，为国尽忠，治军严格，勇谋兼备。

（118）张知节：其他事迹未详。

（119）韩公堆：原注："在西安府蓝田县横岭北。"

（120）太常博士，古官职名。太常寺属官有博士，掌教弟子，分经任职，如《诗》，分鲁、齐、韩三家，各置一人；国有疑事，则备咨询，秩四百石，汉宣帝增为比六百石。其职相当于后世的国子博士。唐从七品上。柳伉：唐代宗时任太常博士。柳伉上疏云："犬戎犯关度陇，不血刃而入京师，劫宫闱，焚陵寝，武士无一人力战者，此将帅叛陛下也。陛下疏元功，委近习，日引月长，以成大祸，群臣在廷，无一人犯颜回虑者，此公卿叛陛下也。陛下始出都，百姓填然，夺府库，相杀戮，此三辅叛陛下也。自十月朔召诸道兵，尽四十日，无只轮入关，此四方叛陛下也。内外离叛，陛下以今日之势为安邪，危邪？若以为危，岂得高枕？不为天下讨罪人乎！臣闻良医疗疾，当病饮药，药不当病，犹无益也。陛下视今日之病，何翅至此乎？必欲存宗庙社稷，独斩元振首，驰告天下，悉出内使隶诸州，持神策兵付大臣，然后削尊号，下诏引咎，曰：'天下其许朕自新改过，宜即募士西赴朝廷；若以朕恶不悛，则帝王大器，敢妨圣贤，其听天下所往。'如此，而兵不至，人不感，天下不服，臣请阖门寸斩以谢陛下。"

（121）原注："（郭子仪所奏）略曰：雍州，古称天府……用武之国……秦、汉所以成帝业也。先帝兴朔方，诛庆绪；陛下席西土，戮朝义。虽天道助顺，亦地势然然。比吐蕃凭陵而不能抗者，盖由六军皆市井窜虚名，逃实赋，一日驱以就战，有百奔无一前。又宦竖掩迷，庶政荒夺。遂令陛下彷徨暴露，越在陕服。斯委任失人，岂秦地非良哉？洛阳自大盗以来，焚埃略尽，百曹榛荒，寰服不满千户，井邑如墟。东薄郑、汴，南界徐，北绵怀卫及相，千里萧条，亭舍不烟。何以奉万乘之牲饩，供百官次舍哉？且地狭隘，裁数百里，险不足防，适为斗场。惟时迈亟还，见宗庙，竭（可能有误，疑为谒）园陵，再造王家以幸天下。"

（122）邠州：唐开元十三年（725年）改豳州为邠州。治所在新平（今彬县），辖境相当今陕西彬县、长武、旬邑、永寿四县地。

（123）携贰：离心，有二心。《国语·周语上》："其刑矫诬，百姓携贰，明神不蠲。"韦昭注："携，离；贰，二心也。"

刘向《说苑·辨物》："国将亡……百姓携贰，明神不蠲。"

（124）坚壁：加固城墙和堡垒。

（125）永泰元年：原注："代宗年号。"

（126）泾：指泾阳，位泾水之北，故名泾阳。奴剌：也作奴赖，是一个介于九姓铁勒与突厥之间的部落，居吐谷浑、党项之间。

（127）醴泉：醴泉县，位于陕西省关中平原西北部，1964年更名为礼泉县。

（128）六军：唐代禁军分为南北二衙，南衙禁军由十二卫（见十六卫）统率的府兵轮番充任，主要是作朝会时的仪仗以及守卫宫城南面的宫门官署。北衙禁军最初由随李渊起兵太原的元从军人及其子孙充任，称为"元从禁军"，负责守卫宫城的北门及随同皇帝在苑中游猎，是皇帝最亲近的侍卫军人。安史之乱中，肃宗即位灵武，至德二载（757年）置左右神武军，兵号为天骑，从跟随肃宗到灵武的官员子弟中选充。北衙禁军这时才有六军。自此以后，所谓六军即指左右羽林、龙武、神武军。

（129）经：当为泾。

（130）牙将：古代一种军衔。五人为一伍长，二十人为什长，百人为百夫长，五百人为小都统，一千人为大都统，三千人为正、偏将，五千人为正、偏牙将，一万人设正副将军。李光瓒：其他事迹未详。

（131）郭晞（？—794年）：原注："忠武子。"郭子仪第三子，随父征伐，屡建战功。代宗广德二年（764年），吐蕃侵边，郭晞奉命率朔方军支援邠州，时任御史中丞、转御史大夫，累封赵国公。逝世后于大历中追赠兵部尚书。

（132）郭子仪当时为中书令，故呼令公。

（133）药葛罗：回纥都督。

（134）注矢：将箭搭在弓上，作发射准备。

（135）罗拜：罗列而拜，围绕着下拜。

（136）可敦：回纥首领可汗的正妻。参阅注（105）。

（137）白元光：曾任讨击使戍奉天。其他事迹未详。

（138）灵台：汉鹑觚县地，天宝元年，更名灵台。位于甘肃省平凉市。西原：位于今石佛寺旧地以西。

（139）德宗：李适，780年即位。

（140）冢宰：《新唐书·郭子仪传》作"冢宰"，摄冢宰即代理宰相。

（141）尚父：用以尊礼大臣的称号。《三国志·魏志·董卓传》："卓至西京，为太师，号曰尚父。"太尉：秦汉时中央掌军事的最高官员，秦朝以"丞相""太尉""御史大夫"并为"三公"。后逐渐成为虚衔或加官。自隋撤销府与僚佐，太尉便成为赏授功臣的赠官。中书令：汉武帝时以宦官担任中书，称中书令，置令与仆射为其长，掌传宣诏命等。中书令是帮助皇帝在宫廷处理政务的官员，负责直接向皇帝上奏的密奏"封事"。司马迁曾兼任此职，是中国历史上第一位中书令，他以太史公的身份担任中书令，朝位在丞相之上。唐中书令为三省长官。真宰相，品级本为三品，大历中升至正二品。

（142）舒王：李谊，本名谟，唐代宗第三子昭靖太子李邈之子。以其最幼，德宗怜之，命之为子。大历十四年（779年）六月，封舒王，拜开府仪同三司。建中元年（780年），领四镇北庭行军、泾原节度大使，以泾州刺史孟皞为节度留后。因李谊爱弟之子，诸王之长，军国大事，欲其更践，必委试之。

（143）太师：又名太宰。与太傅、太保合称"三公"。建陵：位于咸阳城西北50公里处礼泉县五将山上。唐肃宗李亨（711—

762 年）墓。爆发"安史之乱"的次年（756 年），李亨即位于灵武。在位期间（756—762 年），为了平定藩镇的叛乱，借兵回纥，于至德二年（757 年）秋，收复长安、洛阳。由于任用宦官为观军容使，致使宦官势力进一步扩大。762 年，宦官李辅国、程元振杀张后等，拥立太子李豫（即唐代宗），李亨忧惊而死，葬于建陵。有汾阳王郭子仪、汧国公李怀让等陪葬墓。

（144）过：《新唐书》作送。

（145）部：《新唐书》作陪。

（146）谥：古代帝王、卿大夫、大臣等人死后，朝廷根据其生前事迹和品德，评定一个称号以示表彰，称为谥。忠武：谥法称"危身奉上曰忠""克定祸乱曰武"险不辞难；以兵征，故能定。

（147）配飨：飨当为飨。配飨即陪着享受祭祀，祭奠。

（148）著：《新唐书》作旧。是。

（149）虞：忧患，忧虑。

（150）纔间：《新唐书》为"谗间"，是。即谗言诬陷，挑拨离间。

（151）修具：馐具，指酒肴。

（152）元载（？—777 年）字公辅，凤翔岐山（今陕西凤翔县）人，天宝初，因熟读庄子、老子、列子、文子之学，而考中进士，后任新平尉，肃宗时，管理漕运。代宗时，为中书侍郎同平章事（即宰相），后又授予天下元帅行军司马。

（153）田承嗣（705—779 年）：平州卢龙（今属河北）人。开元末年，任安禄山卢龙军前锋兵马使，在和奚、契丹人的战斗中屡立战功，升至武卫将军。他治军严整，是安史之乱中的叛军干将，他骁勇善战，狡黠多谋，反复无常。降唐后，他又是藩镇众枭雄中的佼佼者，悍然劫夺他州郡，与朝廷分庭抗礼，首开河北三镇割据称雄之肇端。他生平桀骜不驯，唯服郭子仪。很：《新唐书》作狠。

（154）面：《新唐书》为西。

（155）除：任命官职。

（156）疑：通凝，固定，安定，安稳。

【译文】

第一章　至诚与权术

如今社会上谈论时世的人，动不动就说社会风气越来越不好，人心越来越险恶。生活在这个世道又想适应这个社会的生存环境而建立起全社会无与伦比的伟大功绩，不用权术办不到。这种说法一通行，就造成这样的社会环境：我用权术去对待别人，别人也用权术来对待我；与外界交往纠缠，整天钩心斗角；人人都把别人当仇敌看待，人人把别人当盗贼防范。这样，天下的祸变自然就越来越多了。

我认为人是营造风气的主体，不能被风气所改造；人是改变社会的主体，不能被社会所改变。用巧妙的方法进行欺诈越是造成社会风气败坏，我们就越不能不用世俗所认为最迂阔笨拙的手段来扭转它。那么，世俗所认为最迂阔笨拙的手段是什么呢？简单的回答：不过就是"至诚"罢了。

有人说："社会上既然用巧妙的方法进行欺诈成风，而我们却怀抱着诚意生活在这样的环境中。那么别人会利用我的迂阔蠢笨，企图让我由于诚挚而受害。这样还有谁高兴做这种蠢事呢？"我回答他说："这不对！只要属于人，没有谁不具有各自与生俱来的善良本性。不论是对小人，还是对别的民族，只要你用最诚挚的感情与他相处，就常常能使他产生不忍心欺骗你的情感。所以用巧妙的方法进行欺诈成风的社会，人们互相防范，往往是在同样的群体中，而那些最诚挚的人，遭受的祸害反而少些。这不是我在讲空话，这是常有的事实。"

唐代中叶，有一位姓郭，谥号忠武，名叫子仪的人，历史上称他为出类拔萃的将军。他率领强大的军队，天下靠他维系安宁排除危险接近三十年。功勋盖过天下所有人，但皇帝不怀疑他（会有篡位之心）；地位是人臣中最高的，但绝大多数官员不嫉妒他。那么，郭忠武究竟掌握了什么法术能达到这种境界呢？没有别的，只有至诚罢了。

第二章　安史之乱

郭忠武，名子仪，是华州郑县人。靠武举考试成绩优异选拔补左卫长史，不断升迁到天德军使兼九原太守。

唐玄宗天宝十四年（755年），安禄山发动叛乱。朝廷颁布命令：任命郭子仪为朔方节度使，率领军队开赴东边讨伐安禄山。

当初，安禄山任平卢讨击使，张守珪派他讨伐奚、契丹，安禄山打了大败战。张守珪将安禄山抓起来押送到京城。张九龄请求唐玄宗杀掉安禄山，唐玄宗没有同意，最后放了他。又有一个叫作史窣干的，和安禄山同乡，也因为骁勇有名气，张守珪奏请朝廷任命他为果毅郎，接着不断升迁为将军。其后入朝奏事，唐玄宗与他交谈，喜欢他，赏赐他一个名字叫作"思明"。这就是安禄山、史思明获得唐玄宗知遇的初始。其后安、史两人作乱，差点儿颠覆了唐王朝的政权。这实际就是缘起。

后来，安禄山任平卢兵马使。凡是唐玄宗的亲近人物到平卢，安禄山都馈赠厚礼，这些收受厚礼的亲近人物多在唐玄宗御前称颂安禄山。唐玄宗更加认为安禄山好，提升安禄山为营州都督并充任平卢军使。没有过多久，提升为平卢节度使，接着兼任范阳节度使，不久又兼任河东节度使。安禄山既已兼领平卢、范阳、河东三镇节度使，就一天比一天骄横随意。他又看出唐朝军队懈怠，防御废弛。于是产生了藐视朝廷的思想。孔目官严庄和掌书记高尚乘机怂恿他作乱。安禄山暗中为背叛朝廷，几乎进行了将近十年的准备。因为唐玄宗对他有厚恩，所以想等到唐玄宗去世后再作乱。适逢杨国忠与安禄山有矛盾，多次说安禄山将要反叛，多次制造事端刺激安禄山，希望他尽快反叛（以便证明自己的预见正确）来换取唐玄宗的信任。安禄山因此下决心立即反叛，发动所属军队和奚、契丹的军队共十五万在范阳叛乱。举行盛大的阅兵誓师仪式后，率领军队南下。步兵精干，战骑悍勇，烟尘滚滚，遮蔽千里。当时天下太平无事的时间太久了，人民不知道什么是战争。黄河以北各州县，一听到叛军到来的风声，官民都逃散了。

郭子仪一就任朔方节度使，立即攻占静边军，斩杀静边军守将周万顷。接着进击大同军使高秀岩，在河曲打败了高秀岩。于是收复云中郡，夺取马邑郡，打开了东陉关。适逢李光弼攻打常山叛军并占领了常山。郭子仪便率领军队攻下井陉，与李光弼一起打败史思明叛军几万人，平定了稿城。又南下攻取赵郡，俘虏了叛军四千人，并放走他们；斩杀了叛军赵郡郡守郭献璆。郭子仪回军常山，史思明率领着几万叛军追随在郭子仪后面，等到达行唐的时候，郭子仪挑选出骁勇的骑兵，轮番进行挑战三天，叛军只得撤退离开。郭子仪乘胜追击，又在沙河将史思明打得大败。史思明逃跑到常阳把守。安禄山又增派出精兵援助史思明。郭子仪赶到恒阳，深挖壕沟，高筑营垒来等着消灭叛军。白天显扬军威，夜间就去攻击骚扰叛军的营垒，叛军不能休息。没有过几天，等叛军疲惫了，郭子仪这才与李光弼等在嘉山攻击叛军，将叛军打得大败，史思明逃命到博陵郡。在这样大好的形势下，黄河以北各州郡，到处斩杀叛军守将迎接朝廷的军队到来。

郭子仪正在做向北夺取范阳的准备时，碰上哥舒翰与叛军在灵宝交战大败，叛军于是攻入潼关。唐玄宗逃亡到蜀地，太子李亨在灵武即位，就是唐肃宗。唐肃宗下命令要郭子仪等班师回朝护卫，郭子仪与李光弼率领步兵、骑兵五万军队奔赴灵武。当时，朝廷草创，没有军容。等到郭子仪与李光弼率领军队到灵武的时候，国威这才大大地显示出来。唐肃宗任命郭子仪为兵部尚书同中书门下平章事，负责朝廷军政的总节制与调度。唐肃宗对六军举行了盛大的阅兵仪式，然后擂鼓向南进兵到达彭原。宰相房琯主动请求亲自率领军队讨伐叛军，军队驻扎在陈涛斜，结果打了大败仗，官兵伤亡殆尽。所以唐肃宗只能依靠郭子仪的朔方军为复国的根本。郭子仪认为河东郡位于洛阳和长安东西两京当中，扼守住叛军的要路，只要占领了河东，那就有希望夺取两京。当时叛军将领崔乾祐守卫河东郡，郭子仪暗中派人潜入河东郡，与落入叛军中的唐朝官员密谋，相约作为内应。到各事准备好的时候，郭子仪就率领着军队攻打蒲城，河东郡司户韩旻等人斩杀了守卫矮墙的叛军士兵，打开城门迎入官军。崔乾祐翻越城墙逃出去，调动城北的叛军抵挡官军。郭子仪猛攻叛军，斩杀叛军四千人，就这样平定了河东郡。

唐肃宗下诏书命令要郭子仪返回凤翔，晋升为司空，充任关内、河东两郡副元帅。郭子仪率领军队奔赴长安，驻扎在滻水上。叛将安守忠等人的军队驻扎在清渠。双方大战，唐军失利，将士丢盔弃甲逃命。郭子仪收拢溃败的士卒，守住武功，等待朝廷治罪。唐肃宗将他降为尚书左仆射。不久，跟随元帅广平王李豫率领吐蕃和唐军共十五万部队出征收复长安。唐肃宗设宴慰劳出征各将领时，对郭子仪说："收复长安的事成功不成功，就取决于这一次军事行动了。"郭子仪回答说："这一次军事行动如果不取胜，我一定死在战场上。"郭子仪和广平王率领军队到达长安城，与叛军大战，斩杀叛军六万人，活捉二万人，叛军统帅张通儒趁夜逃命到陕郡。广平王整顿军队进入长安城，城中老幼夹道欢呼说："没有想到能在今天重新见到官军。"广平王让士卒休息三天，于是东征。

安庆绪听说官军到来，派遣严庄将洛阳的军队全部集中起来驻扎在陕郡，协助张通儒抵御官军，步兵、骑兵仍然有十五万。郭子仪率领军队在新店与叛军遭遇，叛军背靠着山布阵，回纥军从南山袭击叛军后背，在黄尘中接连发射了十多箭。叛军吃惊地回头喊道："回纥兵来啦！"于是溃败。郭子仪与回纥军两面夹攻叛军，叛军大败。严庄等人逃跑到洛阳，保护着安庆绪渡过黄河而守卫相州。唐军就这样收复了东京洛阳。于是河东郡、河西郡、河南郡所属各州县都被平定。郭子仪入朝，唐肃宗慰劳他说："国家获得新生，是靠您的力量啊！"郭子仪顿首谦让感谢。唐肃宗又有命令要郭子仪返回东都洛阳，准备向北讨伐叛军。乾元元年（758 年），在河上将叛军打得大败，活捉了安禄山大将安守忠献给朝廷，于是入朝京城，唐肃宗下诏晋升郭子仪为中书令。唐肃宗下命令（朔方郭子仪、淮西鲁炅、兴平李奂、滑濮许叔冀、镇西北庭李嗣业、郑蔡季广琛、河南崔光远、河东李光弼、泽潞王思礼等）九节度的军队全部出发，大举讨伐安庆绪。因为郭子仪和李光弼都是建有最大功勋的将军，难以相互统属，所以没有设元帅一职。只派了宦官鱼朝恩作为观军容宣慰使。

郭子仪率领军队渡过河东，与安庆绪交战，拿下卫州，就与各路军队会师围攻邺城。安庆绪向史思明求救，史思明从魏郡率领着军队来救。李光弼、王思礼、许叔冀、鲁炅的前军遇到史思明所率领的军队，在邺城南面交战，被叛军杀死杀伤的人差不多占军队总数的一半。郭子仪指挥后军，还没来得及布阵。恰在这时忽然吹起大风，飞沙走石，大树连根拔起，天昏地黑，在眼前的东西都分不清是什么。这样官军都在相州溃败了，叛军也逃跑了，辎重器械抛得满山遍野。各位节度使撤退回去了，郭子仪依靠朔方军阻断河阳桥，保卫着东京洛阳。

当时因为官军众多却没有统一指挥，再有一个宦官位居郭子仪、李光弼两位大功臣的上面，进退互相推诿张望，职责不明确，分工不专一，所以才导致失败。

唐肃宗任命郭子仪为东畿、山南东道、河南各道的行营元帅。鱼朝恩嫉妒郭子仪的功绩，由于邺城兵败，就在唐肃宗面前诬陷郭子仪。唐肃宗召郭子仪回京城，用李光弼接替他。士兵们流着眼泪挡住唐肃宗派来传达诏令的使者，请求留下郭子仪，郭子仪欺骗士兵们说："我不过是去为传达诏令的使者饯行罢了！我是不会走的。"于是鞭马腾飞离去。当自己被别人取代的时候，没有显现出丝毫不愉快的情绪。这也是普通人所难得做到的。

史思明杀了安庆绪，返回范阳，再度攻陷洛阳。唐肃宗这才委任郭子仪为各路兵马都统率领军队平定黄河以北地区。诏告已经颁发，但被鱼朝恩阻止而作废。接着，李光弼在邙山打了败仗，河阳郡失守。还有：河中郡发生变乱，杀害了朝廷使臣李国贞；太原郡发生变乱，杀害了河东节度使邓景山。朝廷担心河中、太原两郡的骚乱军队与史思明叛军结合，想派人去整顿两郡的军队，但年轻的新将领资望低，不能派用。于是委派郭子仪为朔方、河中、北庭、潞仪、泽沁等州节度行营，兼任兴平、定国等军副元帅，加封汾阳郡王，在绛州屯驻。当时，唐肃宗已经命在旦夕，所有官员没有谁能够晋见。郭子仪请求说："老臣我领受了命令，将要死在外地，不见陛下，死了也不会闭上眼睛。"唐肃宗令人将郭子仪带入卧室内，对他说："河东的事全部拜托您了。"郭子仪一到河东军中，就处决了带头作乱的王元振等几十人。从此，河东各镇的军人，统统都遵纪守法了。

第三章　仆固怀恩叛乱

仆固怀恩是铁勒族仆骨部落人，跟随郭子仪，多次作战，立有战功，等到平定河朔地区之后，就任命仆固怀恩为河北副元帅。唐代宗即位的初期，河东节度使辛云京和朝廷使臣骆奉仙都与仆固怀恩有隔阂，就上奏折诬陷仆固怀恩谋反。仆固怀恩自认为从平定安史之乱的战争开始以来，无论到哪里都尽力作战，全家为国家战死的有四十六人。为联合回纥一起帮助唐朝，将女儿嫁到了回纥。说服了回纥，帮助唐朝收复了洛阳、长安两京，平定了黄河南北，功劳大得无人可比，但却被人捏造罪名诬陷，愤怒怨恨非常深。于是暗中召集回纥、吐蕃的军队，深入到奉天、武功地区抢掠，京城震动惊骇。唐代宗下诏任命郭子仪为关内副元帅，出兵镇守咸阳。郭子仪自从在相州罢职归家，部下将士早已分离走散。到这时，只招募得二十名骑兵带到咸阳。而吐蕃率领着吐谷浑、党项、氏、羌各族士卒二十多万人已经渡过了渭河，逼近咸阳了。郭子仪派判官王延昌入朝上奏，请求增兵，被程元振阻挡，最终不被召见，朝廷没有增派一兵一卒。吐蕃渡过了位于长安城北的便门桥。唐代宗十分仓皇紧张，不知道该怎么办，出逃到陕州。满朝官吏和禁军逃离走散，吐蕃人进入长安，放纵士兵，焚烧抢掠。长安城中，一派萧条空荡惨景。郭子仪率领着三十名骑兵从御宿川沿山东下，派王延昌到商州取救兵，商州各将领正放纵暴兵抢劫，听说郭子仪来了，都非常高兴，乐意听从命令，共集中得官兵四千人，军队力量稍有增强。郭子仪流着眼泪向将士们说明一起洗雪国耻，收复长安的道理。人人都受到感动而激发出了斗志，愿意接受郭子仪的指挥。唐代宗害怕吐蕃兵东出潼关，召郭子仪到陕州护卫自己。郭子仪上表说："我如果不收复京城，没有颜面见陛下。如果我从蓝田出兵，吐蕃也不敢往东面骚扰。"唐代宗采纳了他的意见。郭子仪于是派羽林大将军长孙全绪率领骑兵二百从蓝田出发，向长安进军，又命令宝应军使张知节率领军队跟随着进发。长孙全绪率领军队到达韩公堆，白天战鼓擂响震天，旗帜高张蔽日，夜间就点燃很多柴火来迷乱吐蕃。吐蕃很害怕，百姓又恐吓吐蕃说："郭令公从商州率领着大军就要到了！"吐蕃惶恐惊骇，所有人马悄悄逃跑了。唐代宗颁诏任命郭子仪为西京留守。

由于吐蕃入侵长安的祸乱突然发生，靠郭子仪重新收复安定。天下人都归罪程元振。太常寺博士柳伉上疏请求将程元振斩首来向天下赔罪。程元振生怕唐代宗采纳柳伉的请求，就建议唐代宗在洛阳建都，唐代宗认为他的建议可行。郭子仪则上奏请求回京都长安。

唐代宗阅览郭子仪的奏疏后，说："郭子仪真是一位使国家巩固的臣子啊！我下定往西返回京都长安的决心了。"于是返还长安。郭子仪率领百官各军迎接唐代宗，拜伏在地等着训示。唐代宗向他表示歉慰说："没有早些重用您，所以才遭大祸成这样子。"

唐代宗广德二年（764年），仆固怀恩带领着回纥、吐蕃十万多人入侵，京城震动惶恐。适逢郭子仪从河东郡入朝。唐代宗诏郭子仪率领军队出发镇守奉天，召问退兵的策略，郭子仪回答说："仆固怀恩作战勇敢，但不会关心部下，士兵并不真心服从他。仆固怀恩之所以能入侵的原因，不过是依靠这些希望归乡士兵的力量罢了。仆固怀恩原本是我的偏将，他部下那些辅佐他的人，也都是我的老部下，一定不愿意在战场上刀兵相杀。所以，只要有我在，仆固怀恩就无能为力了。"接着，仆固怀恩占领了邠州，进而威胁奉天。各将领请求立即出战，郭子仪说："敌人深入内地，快速进行战斗对他们有利。仆固怀恩的下属平素感戴我，我缓缓地等待着他们，他们自己会渐渐产生二心的。"于是传下令："有敢再讲出战谁，斩！"一面加固城墙堡垒。没有过几天，仆固怀恩果然带着人跑掉了。

唐代宗永泰元年（765年），仆固怀恩将回纥、吐蕃、吐谷浑、党项、奴剌的三十万军队全部说服追随自己强掠了泾阳、邠州一带，蹂躏凤翔郡，侵入了醴泉县、奉天县，京城官民十分震惊恐慌。唐代宗亲自带领禁军驻在长安苑中，颁发紧急命令召郭子仪率领军队到泾阳驻防，郭子仪率领的军队只有一万人。等郭子仪进入泾阳的时候，仆固怀恩入侵的三十万各族军队对泾阳的包围圈已经合拢。郭子仪就严加防范而不出战。适逢仆固怀恩中途得暴兵死去，回纥、吐蕃人听说仆固怀恩的死讯，争着当首领而产生矛盾。郭子仪于是派出牙将李光瓒去劝说回纥，说郭令公想与回纥人共同攻击吐蕃。回纥人不相信，说："如果郭令公真的在这里，可以见到他吗？"李光瓒回来报告郭子仪，郭子仪说："如今我们寡不敌众，难得靠武力取胜。过去我们与回纥契约交情非常深厚，不如让我挺身前往说服他，就可不战而攻下他们了。"
各将领要求挑选五百名铁骑跟着护卫他。郭子仪说："这样做不
仅无益，恰恰只会招惹祸害罢了。"郭子仪的儿子郭晞紧紧拉住
他的马头劝阻说："大人！您是国家的元帅，怎么能用自己的身
体去作为强盗的钓饵呢？"郭子仪说："现在如果交战，我们父
子将同时战死，这事小，但国家危亡，这事大；如果前往回纥军
中用最真诚的心与他们谈判，有可能听取并与我们合作，这就是
为国家造福了。前去谈判如果不成功，那么我自己虽然死了，但
国家还得以保全。"说完，用鞭子抽打郭晞的手，叫一声："让
开！"于是带着几名骑兵出城，派人在前面高声传唤呼喊着："郭
令公来啦！"回纥人听到呼喊声，十分吃惊。回纥军队的大帅药
葛罗是可汗的弟弟，他将军队摆开阵势，自己手持住弓，将箭搭
在弓上，在军阵前面挺立着。郭子仪取下头盔解下铠甲，抛下手
中的铁枪，才走上前去。各位酋长回头相互传告说："真的是郭
令公来啦！"统统下马围绕着郭子仪下拜。郭子仪也下马，上前
来拉着药葛罗的手，指责他说："你们回纥为唐朝立有大功，唐
朝回报你们也不薄，为什么你们要背叛先前的誓约侵入我们的领
土？为什么要抛弃先前建立的功勋而与唐朝结下深仇？为什么要
背弃唐朝的功德去帮助叛臣仆固怀恩呢？况且仆固怀恩那种背叛
国君抛弃母亲的人，对你会有什么恩德？现在我挺身来到你这里，
让你杀掉。我的各级将领和全部士卒，都一定会舍命和你战斗到
底。"药葛罗说："仆固怀恩欺骗我，说天可汗已经去世，郭令
公您也不在了。中国无人治理，所以我才跟着来。如今证明他说
的都不对，仆固怀恩又被天杀了。我们这些人怎么还会和郭令公
您交战呢？"郭子仪接着劝他说："吐蕃没有道德，他们所抢掠
的财货多得不能载走，赶着抢掠来的马、牛和各种牲畜绵延几百

里，这是老天爷用来赏赐您的啊！保全我们双方的军队并继续交好，乘机打败吐蕃获取那么多财富。我为您考虑：哪里还会有比现在更容易的时机呢？千万不要错失这良机啊！"药葛罗说："我被仆固怀恩所欺骗而犯错，实在太对不起令公您啦！如今请让我为您用尽自己的全部力量来谢罪。不过，仆固怀恩的儿子是可敦（可汗妻）的兄弟，希望不要杀他们。"郭子仪答应了他的请求。于是设酒宴与回纥的各位酋长同饮，药葛罗要郭子仪先端起酒杯发誓。郭子仪端起酒杯，将酒洒在地上，起誓说："大唐天子万岁！回纥可汗也万岁！两国将相也万岁！如果我有背叛今天誓约的言行，让我自己在阵前身死，让我的家族灭绝！"酒杯传到药葛罗的时候，他也将酒洒在地上，起誓说："我的誓言和郭令公的誓言一样！"于是各位酋长十分高兴地说："我们军队中的巫师说：'这次行军安全稳妥，不会和唐军交战，会见到一位大人化解战事，然后返还。'如今果真是这样啊！"郭子仪就这样与回纥定下交好盟约而返还到泾阳。吐蕃人听到郭子仪与回纥定约的消息，连夜撤军离去。郭子仪派将领白元光率领着军队会合回纥军队一起追击。郭子仪亲率大军跟随在后，在灵台西原打败了十万吐蕃军队，杀死和抓获的人数用万来计算。消除了京城长安的危险。

第四章　郭子仪的光荣和他的遗事

唐德宗继位，下诏命令郭子仪从河中返还朝廷，代理宰相职务，赐号"尚父"，升职位为太尉、中书令。

建中二年（781 年），郭子仪病重。唐德宗派遣舒王李谊到他家传达诏令探视慰问。没有过几天，郭子仪去世，享年八十五岁。

唐德宗沉痛哀悼，为向郭子仪致哀，停朝五天。追赠名誉职务太师，在建陵安葬他。在安葬郭子仪那天，唐德宗亲自到安德门哭泣送丧，所有朝官陪着流泪。朝廷赐郭子仪谥号为忠武，他的灵位安放在唐代宗灵庙中陪着享受祭祀。并专门颁布诏令：一品朝臣的坟墓高一丈八尺，特别再为郭子仪的坟墓增高一丈来彰显他无与伦比的大功。

郭子仪为国君做事心诚，对下属宽厚，奖赏惩罚一定说到做到。虽然遭遇到唐肃宗的宠臣程元振、鱼朝恩的百般诋毁诬陷，而且恰恰是很多人怀有野心的时候，郭子仪拥兵在外。但只要诏令一到，当天就上路，没有丝毫瞻前顾后的表示。所以谗陷和离间对他都不起作用。鱼朝恩还曾经邀约郭子仪赴宴。元载派人提醒郭子仪要披甲带剑，还必须有随身卫队，不这样，将有危险。他的部下整装愿意跟从护卫。郭子仪没有同意，只带着家僮十几名前去。鱼朝恩说："为什么您的随行车骑那么少？"郭子仪将自己所听到的传言告诉他。鱼朝恩流下眼泪说："如果不是您这样一位德行高上的长者，怎么会不产生怀疑心呢？"

田承嗣傲慢凶狠，行为不守规矩。郭子仪曾经派使者到魏去见田承嗣。田承嗣面向西方遥望而拜，指着自己的双膝对使者说："我这双膝不向别人弯曲的时间很久了，今天专对郭公跪拜一次。"

郭子仪曾经上奏朝廷任命一批州、县官，其中有一人没有被任命，左右官员将这事告诉他。他说："战乱以来，各地方官员霸道蛮横，提出的一切要求，朝廷一定委曲应承。可能是为了稳住他们吧。如今我所奏请任命的人，朝廷认为不胜任而不用他，这是不把我当武臣看待而特别亲厚的缘故。各位应该相贺才对啊！又有什么值得奇怪的呢？"听了这话的人都佩服他。郭子仪的遗事相当多，这里只选取他推诚待人，受人尊敬佩服的事，抄录下来罢了。

岳武穆事略⁽¹⁾

【原文】

第一章　南宋之时势

亚洲之东，环汉族而处者，种类甚繁，历代以来，常受其祸。北宋之季，⁽²⁾辽、金、夏三国分峙于西、北、东三方，⁽³⁾虽同为黄种而开化较迟，残忍好杀。三国唯一之目的，皆思并吞南朝。⁽⁴⁾宋之君臣因应失宜，往往丧师失地，至于岁奉金缯结为兄弟，⁽⁵⁾何其衰也！

钦宗靖康二年，⁽⁶⁾武穆生二十五年矣。⁽⁷⁾其年三月，为赵宋一朝最可怜之时期，而亦我国历史上未有之奇祸也。徽、钦二宗与其后妃皇子见虏于金。⁽⁸⁾以一国之元首负辱至此，国民之悲痛为何如？

武穆怀报国之忱，励雪仇之志，前后约十年。惜高宗贪拥皇位，忍耻事仇，宁愿割地求和而不思恢复。⁽⁹⁾武穆处此事与愿违之境，虽无秦桧，亦必惨遭奇祸而死。此后世所以叹息痛恨于专制之朝也。

第二章　武穆之少年

武穆姓岳，名飞，字鹏举，相州汤阴人。⁽¹⁰⁾少负气节，沉厚寡言，天资敏悟，书传无所不读，尤好《左氏春秋》及孙吴兵法，⁽¹¹⁾昼夜诵习，达旦不寐。家贫，不能常得烛。昼拾枯薪，夜以代烛云。

武穆生有神力，尝学射于乡豪周同，⁽¹²⁾同以所爱弓二为赠，由是，益自练习，能左右射。未几，同死，武穆悲痛不已，每值朔望则鬻一衣，[13] 设卮酒鼎肉奠于同墓而泣，又即所遗弓发三矢而后反。父觉而诘之，对曰：“射三矢者，识艺之所由精也；祭毕而酹酒瘗肉者，[14] 周君所享，飞不忍食也。”闻者皆奇其言。父抚其背曰：“使汝异日得为时用，其殉国死义之臣乎！”武穆应声曰：“惟大人许，飞得以遗体报国家，何事不敢为？”其父叹曰：“有子如此，吾无忧矣。”

徽宗十九年，武穆年二十。[15] 时金人已起于北方，日夜出锐师以攻辽。宋人不自强，转幸辽之灭亡，取还燕云十六州，[16] 以取快于一时，而唇亡齿寒之隐忧已伏其中。[17] 时真定府路宣抚使刘韐募敢战士备胡，[18] 武穆往焉，韐一见，大奇之，命为小队长。相州剧贼陶俊、贾进攻剽县、镇，[19] 杀掠居民，官军屡败。武穆率步骑二百，用奇计擒杀俊、进，余党悉散。此武穆崭然露头角之始。

武穆以少年即平巨寇，人皆仰之。忽连遭大故，徒跣奔还汤阴，执丧尽礼，哀毁骨立。[20] 及终制出山，则已属高宗南渡之年，事势仓皇，[21] 山河破碎，时局之盼望武穆亦已亟矣。

第三章 武穆之与宗泽[22]

武穆初投刘韐，中事杜充，[23] 皆不过战士蓄之，而未尝以非常之人破格相待也。未几，乃与宗泽相遇于东京。[24]

高宗元年，[25] 武穆以偏裨与金人战于开德，[26] 两矢殪其二酋，[27] 纵骑冲突，败之。又战于曹州，[28] 披发挥四刃，直犯虏阵，士皆奋击，遂得大胜。宗泽大奇之，谓之曰：“尔智勇才艺，虽古良将不能过，然好野战，非古法，今为偏裨尚可，他日为大将，此非万全计。因以阵图相授，武穆一览即置之。"⁽²⁹⁾后复以问，武穆曰："阵而后战，兵法之常，运用之妙，存乎一心。"忠简称善。⁽³⁰⁾康王即位，⁽³¹⁾下诏求言，武穆上书数千言，皆切中时弊，朝廷非惟不用，反以越职夺官。⁽³²⁾时青州张所方为河北招抚使，⁽³³⁾武穆往焉，所一见，待以国士，武穆因说之：谓"国家都汴，⁽³⁴⁾恃河北以为固。必令金人不能窥河南，⁽³⁵⁾而京师根本之地方固。"所深然之，⁽³⁶⁾即令从王彦渡河至新乡。⁽³⁷⁾

金兵甚盛，武穆独引所部鏖战，夺其纛而舞，⁽³⁸⁾诸军争奋，遂拔新乡。夜屯石门山下，⁽³⁹⁾或传金兵复至，一军皆惊，武穆坚卧不动。金兵卒不来，粮尽，走王彦处乞粮，彦不许。则引兵益北，尝单骑持丈八铁枪刺杀金酋号黑风大王者，敌众败走。因不为王彦所容，复归宗泽，为留守司统制。⁽⁴⁰⁾泽卒，杜充代之，武穆仍居故职。

高宗三年，⁽⁴¹⁾金人约反寇曹成攻东京，⁽⁴²⁾盖以汉人残汉人之策。时贼众五十万，武穆所部仅八百，众惧，不敢前。武穆曰："吾为诸君破之。"左挟弓，右运矛，横冲其阵。贼乱，大败之。杜充将还建康，武穆争之曰："中原地，尺寸不可失，今一举足，此地非我有，他日欲复取之，非数十万众不可。"充不听。

第四章　黄天荡之战⁽⁴³⁾

高宗即位之初，内有李纲，⁽⁴⁴⁾外有宗泽、张俊、韩世忠，⁽⁴⁵⁾内外协力，不难驱除胡虏，报仇雪恨。未几，而李纲罢，黄潜善、汪伯彦辈用。⁽⁴⁶⁾金兵横行山东，群盗蜂起。而汪、黄诸人既无谋略，专权自恣，言事者不纳其说，请兵不以上闻。既而金兵日南，高宗不得不弃中原用武之地，而移都杭州避之。⁽⁴⁷⁾金人遣其将

家军来矣。"即分道而遁。武穆潜师袭之，成大败，遂奔连州。[88]武穆遣其将张宪追之，[89]临行，戒之曰："成党散走，追而杀之，则胁从者可悯，纵之则复聚为盗。今遣若等诛其酋而抚其众，慎勿妄杀。"张宪等受命而去，李成走降伪齐。[90]

伪齐刘豫遣李成挟金入侵，破襄阳、唐、邓、随、郢诸州及信阳军。[91]湖寇杨么亦与伪齐通，欲顺流而下；李成又欲自江西陆行，趋两浙与么会。[92]此时内忧外患，一时俱集，而中原诸将惟恃武穆为重。

武穆奏："襄阳等六郡为恢复中原基本，今当先取六郡，[93]以除心膂之患。[94]李成远遁，然后加兵湖湘，以殄群盗。"高宗以问赵鼎，[95]鼎曰："知上流利害，[96]无如飞者。"遂以此事委之武穆。武穆渡江中流，顾幕属曰："飞不擒贼，不涉此江。"

当时李成据襄阳迎战，左临襄江。武穆笑曰："步兵利险阻，骑兵利平旷。成左列骑江岸，右列步平地，虽有众十万，其何能为？"举鞭指王贵曰：[97]"尔以长枪步卒击其骑兵。"指牛皋曰：[98]"尔以骑兵击其步卒。"既战，敌马应枪而毙，后骑皆拥入江，步卒死者无数，成夜遁，复襄阳。又败刘豫、刘合、孛堇之师于湖广，[99]江襄皆安。[100]武穆受武昌郡开国侯之封，[101]时年仅三十二岁。

杨么，名太，鼎州妖贼钟相之余党。[102]钟相败死，么率其余部居湖湘间，[103]兵至数万，自称楚王。武穆受诏讨捕，先遣使持檄往湖中招杨么。使者捧檄至其境，望见贼营，即厉声呼曰："岳节使遣我来。"诸寨开门延之，使者以檄投贼，贼捧檄钦诵。或问："岳节使安否？"于是么部将黄佐等潜来降。[104]不战而屈人之兵，非武穆之声望安能有此？[105]

杨么部将多降，而么负固不服。方浮舟湖中，往来如飞，其船以轮激水，不用帆舻，[106]旁置撞竿，官舟迎之辄碎。武穆乃伐君山之木为巨筏，塞诸港汊，[107]又以腐木乱草浮上流而下，择水浅处，遣善骂者挑之。贼怒，来追，则草木拥积，[108]舟轮不行。遣兵击之，贼奔港中，为筏所拒。官军张牛革以蔽矢石，举巨木撞其舟，尽坏。么投水，牛皋擒斩之。余酋尽降。武穆亲行诸砦慰抚之，[109]纵老弱归田，籍少壮为军，仅八日而么平。

第六章　武穆郾城之捷[110]

高宗十年，[111]金人叛盟。先是，宋与金议和，仍以河南还宋。此事盖秦桧主之。[112]武穆力争，由此大为秦桧所忌。武穆虽处南北和平之日，而教练士卒囤积钱粮，未尝一日忘复仇也。

金人又来伐宋。刘锜告急，[113]高宗命武穆驰援，武穆乃遣王贵、牛皋、董先、杨再兴、孟邦杰、李宝等分布要隘，[114]以经略西京、汝、郑、颍、昌、陈、曹、光、蔡诸郡；[115]又命梁兴渡河，纠合忠义社取河东北州县。[116]又遣兵东援刘锜，西援郭浩，[117]自以其军长驱以规中原。[118]驻于颍、昌，[119]兵势甚锐。乌珠大惧，会龙虎大王议。[120]以为诸帅易与，[121]独岳家军不可当，欲诱致其师，并力一战。中外闻之，大惧。武穆夷然，若不以为意者。[122]盖其胸中早有成算，故能临大事而不惧也。

武穆分军驻颍、昌，而自以轻骑屯郾城。乌珠合龙虎大王、盖天大王、伪招武大将军韩常之兵逼郾城。[123]武穆乃遣子云领背嵬马军直贯房阵，[124]谓之曰："必胜而后还，如不用命，吾先斩汝矣！"云，武穆长子也，年十二，即从军。郾城之战，出入房阵，甲裳为赤，敌尸布野。

初，乌珠有劲旅，号"拐子马"，[125] 皆女真人为之，亦号常胜军，宋军不能当，所至屡胜。是战也，以万五千骑来，诸将惧。武穆笑曰："易与耳！"乃令步军以麻札刀入阵，[126] 勿仰视，但斫马足。拐子马本相连，一马仆，二马不能行，宋军奋击，僵尸如山。乌珠大恸曰："自海上起兵，皆以此胜，今已矣！"事后武穆语人曰："某之士卒，真可用矣！郾城之战，人为血人，马为血马，无一人肯回顾者。[127] 复中原有日矣！"此诚有史以来吾族与他族之大战役也。

乌珠又益兵攻郾，武穆时出视战地，望见黄尘蔽天，众欲少却，武穆曰："不可！汝等封侯取赏之机正在此举，岂可后时？"自以四十骑驰出突入贼阵，左右驰射，士气增倍，无不一以当百，呼声震天，金人大败。

郾城方再捷，武穆遣岳云以背嵬军援王贵。既而乌珠果以十万骑来。于是，贵将游奕、云将背嵬战于城西。虏骑列阵十余里，其势极盛。云以骑兵八百挺前决战，步军张左右翼而进，自辰至午，[128] 战方酣，董先、胡清继之，[129] 虏大败，死者五千余人，擒获无算。[130] 乌珠狼狈遁去。自胡人入寇以来，曾未闻以孤军抗劲敌如此次之大胜者，武穆之名遂震于中外。

第七章　直抵黄龙之快语[131]

武穆进军至朱仙镇，[132] 乌珠悉取汴京之兵十万来对垒，[133] 武穆按兵不动，仅遣骁将以背嵬五百骑迎，大破之。宋帝陵寝多在汴京，自南渡以来，祭礼久废。至是，武穆始遣官行视诸陵，备申洒扫。[134] 父老见之，皆为泣下。

武穆知燕、云之人久陷虏中，受其蹂躏，[135] 人心思宋，乃密遣家将梁兴渡河，败金人于太行，破平阳府；⁽¹³⁶⁾遣张横败金人于宪州；⁽¹³⁷⁾遣高岫、魏浩破怀州。⁽¹³⁸⁾又密令梁兴等布朝廷德意，招纳两河忠义豪杰之士，相与犄角破敌；⁽¹³⁹⁾又遣张俊、李善渡河抚喻，申固其约。⁽¹⁴⁰⁾

此时河北人心思归宋，有即日举兵来降者，以至金主之腹心禁卫亦密受武穆旗牓率其众自北方来降。于是，金人动息及其山川险易，宋人尽得其实。自磁、相、开德、泽、潞、晋、绛、汾、湿，豪杰期日兴兵，⁽¹⁴¹⁾所揭旗皆以"岳"为号，闻风响应。

自朱仙镇之捷，武穆欲乘胜深入，两河忠义各齐兵仗粮食团结以待，父老百姓，争挽车牵牛，载糗粮以馈义军。⁽¹⁴²⁾虏所置守，熟视莫敢谁何。⁽¹⁴³⁾自燕以南，号令不行。乌珠以败，故复募军，河北无一人应者。武穆大喜，语诸将曰："直抵黄龙府，⁽¹⁴⁴⁾当与诸君痛饮耳！"

时秦桧力主和议，欲画淮以北弃之，称臣于金，而令武穆班师。武穆以时机不可失，累次上表，力争班师之命。桧必欲败其事，乃先矫诏召韩世忠、张俊、刘錡、杨沂中各以本军归，⁽¹⁴⁵⁾而后言于高宗，谓武穆孤军不可久留，乞姑令班师。一日而奉金字牌者十有二。武穆已功在垂成而朝命不可违，愤惋泣下久之，而后班师。班师之时，父老人民大失望，皆遮马首恸哭曰："我等戴香盆、运粮草以迎王师，虏人悉知之。今日相公去此，我辈无噍类矣。⁽¹⁴⁶⁾"武穆亦悲，痛取诏书示之曰："吾不得擅留！"哭声震野。武穆留五日以待其徙，从而南者如市。亟奏以汉上六郡闲田处之。⁽¹⁴⁷⁾

方乌珠弃汴，将渡河，有宋时之太学生叩马曰：⁽¹⁴⁸⁾"太子勿走，岳少保兵且退矣。⁽¹⁴⁹⁾"乌珠曰："岳少保以五百骑破吾精兵十万，京城之人日夜望其来，何谓可守？"生曰："不然！

自古未有权臣在内，而大将能立功于外者。以愚观之，岳少保祸且不免，况欲成功乎？"乌珠亦悟，遂留。翌日，果闻班师。从此，河南新复府州，皆复为金有。

第八章　武穆之结局

武穆还朝，力请解兵柄，[150]不许。高宗十二年，[151]金人分道渡淮，至于庐州，高宗以十七札趣武穆应援。[152]金人闻岳家军至，又遁。既而和议又起，桧患武穆异己，乃召还，诬以谋反。武穆裂裳以背示何铸，[153]有"精忠报国"四大字，深入肤理。铸白其无罪。而秦桧与张俊必杀之，顾系狱两月，虽欲罗织其罪而无从。至岁暮，狱竟不成。桧一日以手书小纸令老吏付狱中，遂报武穆死矣。盖高宗十五年十二月二十九日，距民国前约八百五十年也。年三十有九。云弃市，籍家资，徙岭南。[154]妻李氏历授楚国夫人，有贤德，亦留岭表。时洪浩在金国中，[155]蜡书驰奏，[156]以为金人所畏服者惟飞，诸酋闻其死，酌酒相贺。

武穆三十岁时作《满江红》[157]词以见志曰："怒发冲冠，[158]凭栏处，潇潇雨歇。抬望眼，[159]仰天长啸，壮怀激烈。三十功名尘与土，[160]八千里路云和月。[161]莫等闲，[162]白了少年头，空悲切。靖康耻，[163]犹未雪；[164]臣子恨，何时灭？[165]驾长车，踏破贺兰山缺。[166]壮志饥餐胡虏肉，[167]笑谈渴饮匈奴血。待从头，收拾旧山河，[168]朝天阙！[169]"武穆虽一军人，而其文字激昂慷慨，爱国保种之心溢于言表，寤寐不忘，乃壮志未酬，卒死于权臣之手，英雄遗恨，岂有穷哉？孝宗即位，诏复其官，以礼改葬，追封鄂王。[170]

武穆生平持躬接物，皆非常人所能及。身为大将而家无姬侍，吴玠饰名姝遗之。⁽¹⁷¹⁾武穆曰："国家多难，岂大臣安乐时？"却不受。高宗欲为营第，武穆辞曰："金虏未灭，何以家为？"或问："天下何时太平？"武穆曰："文臣不爱钱，武臣不惜死，天下太平矣。"待士卒有恩礼，而军令极严。有取民麻一缕以束刍者，立斩以徇。⁽¹⁷²⁾卒夜宿，民开门愿纳，无敢入者。军号："冻死不拆屋，饿死不卤掠。⁽¹⁷³⁾"士卒有疾，躬为调药；诸将远征，遣妻问劳其家；⁽¹⁷⁴⁾死事者哭之而育其孤，或以子婚其女。凡有颁犒，均给军吏，秋毫不私。张俊尝问用兵之术，武穆曰："仁、智、信、勇、严，阙一不可。⁽¹⁷⁵⁾"每调军食，必蹙额语将士曰：⁽¹⁷⁶⁾"东南民力竭矣。"自奉甚薄，庖人供鸡，戒其后勿多杀物命。爱焚香，然仅取瓦炉烧柏香耳，后来亦屏之。⁽¹⁷⁷⁾每曰："大丈夫欲立功业，岂可有所好耶？"

【注释】

（1）岳武穆：岳飞（1103—1142年），字鹏举，北宋相州汤阴县永和乡孝悌里（今河南省安阳市汤阴县菜园镇程岗村）人。中国历史上著名战略家、军事家、民族英雄、抗金名将。岳飞在军事方面的才能被誉为宋、辽、金、西夏时期最为杰出的军事统帅、联结河朔之谋的缔造者。同时又是两宋以来最年轻的建节封侯者。南宋中兴四将（岳飞、韩世忠、张俊、刘光世）之首。被秦桧诬陷杀害，淳熙六年，即岳飞遇害37年（1179年）后，平反昭雪，谥武穆。（《谥法》："克定祸乱曰武。以兵征，故能定。""布德执义曰穆。"）追封鄂王。

（2）北宋：原注："从太祖至钦帝，凡九主，建都大梁，称北宋。"

（3）辽：始于太祖耶律阿保机，定都上京（今内蒙古巴林左旗南）。其疆域东临北海、渤海，西至金山（今阿尔泰山）、流沙（今新疆白龙堆沙漠），北至克鲁伦河、鄂尔昆河、色楞格河流域，东北迄外兴安岭南麓，南接山西北部、河北白沟河及今甘肃北界。辽代与北宋对峙，是统治中国北部的一个王朝，1125年为金所灭。金：朝代名，由女真族完颜部首领阿骨打创建于公元1115年，建都会宁（今黑龙江省阿城南），先后迁都中都（今北京）、开封等地。共历九帝，统治中国北部120年。在蒙古和宋的联合进攻下，于1234年灭亡。夏：指西夏，中国历史上由党项人在中国西部建立的一个封建政权（1038—1227年）。唐中和元年（881年）拓跋思恭占据夏州（今陕北地区的横山县），封夏国公，建国时便以夏为国号，称"大夏"。又因位于西方，故宋人称之为"西夏"。1227年，蒙古军队击败西夏，在西夏王陵附近挖地三尺，尽皆破坏，按成吉思汗的遗训，将俘获的夏末帝和所有西夏皇族杀尽，西夏灭亡。1288年，元世祖忽必烈改中兴府为宁夏路，宁夏者，安宁夏地也！此名一直沿用至今。

（4）南朝：原注："时称宋为南朝。"

（5）奉金缯：奉赠黄金、缯帛为贡品。结为兄弟：宋对金，实际是臣属关系。在宋金对峙时期，金朝则处于宗主国的中心和主动地位。在整个宋金和战过程中，宋朝只有宋孝宗时期和韩侂胄北伐两次主动进攻，其余时间基本上是金朝说和就和，说战就战，都处于被动屈从地位。从宋金双方签订和约的条款来看，宋朝也处于被动屈从地位。比如，1141年宋金所签订的最重要、影响最大的和约"绍兴和议"就规定，南宋向金称臣，世世子孙，谨守臣节；南宋每年要向金输纳"岁贡"银25万两、绢25万匹；宋朝皇帝要亲自起立接受金朝皇帝的交聘"国书"，金朝皇帝则不须起立接受宋朝的交聘"国书"。宋朝向金朝称臣，金朝成了宗主国，宋朝成为臣下之国，实际上是宋朝变成了金朝的附属国。1164 年，宋孝宗又和金世宗重新签订了"隆兴和议"，规定南宋皇帝对金朝皇帝不再称臣，改称侄皇帝，金宋双方由原来的"君臣之国"改为"叔侄之国"，原来的"岁贡"改称"岁币"，数量由原来的银绢各 25 万两匹减为各 20 万两匹。到了 1208 年，宋宁宗和金宣宗再次签订"嘉定和议"，双方规定，金宋的"叔侄之国"改为"伯侄之国"，"岁币"由原来的银绢 20 万两匹增加到银绢各 30 万两匹。宋朝的地位始终低于金朝，直至金末也没有改变。

（6）钦宗：宋钦宗，名赵桓（1100—1161 年），原名宣，又名烜。徽宗长子。金人南下时，徽宗禅位于他，在位 2 年，靖康之变时被金人所俘，多年后病死，终年 57 岁，葬于永献陵（今河南省巩市）。原注："民国纪元前八百二十五年。"靖康：宋钦宗年号。靖康二年：1127 年。

（7）二十五年：原注："据梁玉绳《岳王年谱》，则武穆以徽宗崇宁二年癸未二月十五日生。"

（8）徽：宋徽宗，名赵佶（1082—1135 年），神宗第 11 子，哲宗弟。先后被封为遂宁王、端王。哲宗于 1100 年正月病死，无子，太后立他为帝。在位 25 年，靖康之变，被俘后受折磨而死，终年 54 岁，葬于永佑陵（今浙江省绍兴县东南 35 里处）。

（9）高宗：宋高宗（1107—1187 年），名赵构，字德基，北宋皇帝宋徽宗第九子，宋钦宗之弟，曾被封为"康王"。南宋开国皇帝，1127—1162 年在位 35 年。赵构政治上昏庸无能，然精于书法，善真、行、草书。

（10）相州：州治在邺（在今河北省临漳县西）。宋代地理志仍称相州、邺郡、彰德军。建炎二年（1128 年）九月，东京留守统制薛广于相州战死，知州赵不试城破自杀。安阳即为金兵所据。天会七年（1129年）金只置彰德军节度，不再用相州、邺郡的旧名。汤阴县位于河南省北部，今汤阴城内小南门里岳庙街存有明代初年所建岳飞庙。

（11）《左氏春秋》：《左传》原名为《左氏春秋》，汉代改称《春秋左氏传》，简称《左传》。旧时相传是春秋末年左丘明为解释孔子的《春秋》而作。起自鲁隐公元年（前722年），迄于鲁悼公十四年（前453年），以《春秋》为本，通过记述春秋时期的具体史实来说明《春秋》的纲目，是儒家重要经典之一。孙吴兵法：孙武与吴起，后世连称孙吴，孙武著有《孙子》，吴起著有《吴子》，《吴子》与《孙子》又合称《孙吴兵法》。

（12）周同：岳飞的启蒙老师，岳飞年少时曾随周同学习武术。见于《宋史·岳飞传》："生有神力，未冠，挽弓三百斤，弩八石，学射于周同，尽其术，能左右射。"

（13）鬻：卖。

（14）瘗（yì）：掩埋。

（15）徽宗十九年：可能有误，徽宗在位25年，使用过建中靖国、崇宁、大观、政和、重和、宣和等六个年号，最长者八年，最短者一年。如果从登基起连续纪年，那么徽宗十九年应为1119年，但这时岳飞只有16岁，不是20岁。《宋史·岳飞传》载"宣和四年（1122年），真定宣抚刘韐募敢战士，飞应募"。则与"武穆年二十（虚岁）"相符。

（16）燕云十六州：又称"幽云十六州""幽蓟十六州"，是指后晋天福三年（938年）石敬瑭割让给契丹的位于今北京、天津以及山西、河北北部的十六个州。"燕云"一名最早见于《宋史·地理志》。936年，后唐河东节度使石敬瑭反唐自立，向契丹求援。契丹出兵扶植其建立晋国，辽太宗与石敬瑭约为父子。作为条件，两年后，即938年，石敬瑭把燕云十六州之地献出来，使得辽国的疆域扩展到长城沿线。燕云十六州是幽州（今北京）、顺州（今北京顺义）、儒州（今北京延庆）、檀洲（今北京密云）、蓟州（今天津蓟县）、涿州（今河北涿州）、瀛州（今河北河间）、莫州（今河北任丘北）、新州（今河北涿鹿）、妫州（今河北怀来）、武州（今河北宣化）、蔚州（今河北蔚县）、应州（今山西应县）、寰州（今山西朔州东）、朔州（今山西朔州）、云州（今山西大同）。

（17）唇亡齿寒：嘴唇没有了，牙齿就会受寒被冻。比喻彼此利害密切相关。《左传·僖公五年》："谚所谓'辅车相依，唇亡齿寒'者，其虞虢之谓也。"《左传·哀公八年》："夫鲁，齐晋之唇，唇亡齿寒，君所知也。"

（18）真定府路：北宋庆历八年（1048年）置，为河北四安抚使路之一，治真定府（今河北正定县）。辖境相当今河北省阜平、行唐、藁城、宁晋、新乐、广宗、邱县、肥乡、临漳以西地区和河南省安阳、鹤壁、林州、汤阴等市县地。宣抚使：官名。唐后期派大臣巡视战后地区及水旱灾区，称宣先安慰使或宣抚使，掌宣布威灵、抚绥边境及统护将帅、督视军旅之事，以二府大臣充。宋不常置。刘韐（1067—1127年），字仲偃，崇安（今福建武夷山市）人。哲宗元祐九年（1094年）进士。调丰城尉、陇城令。迁陕西转运使，擢集贤殿修撰。徽宗宣和初，提举崇福宫，起知越州。四年（1122年），召为河北、河东宣抚参谋官。五年，知建州，改福州。寻知荆南。复守真定。钦宗靖康元年（1126年），充河北、河东宣抚副使，继除京城四壁守御使。京城不守，遣使金营，金人欲用之，不屈，於靖康二年自缢死，年六十一。高宗建炎初赠资政殿大学士，谥忠显。事见《宋名臣言行录续集》卷三，

《宋史》第 446 卷有传。

（19）陶俊、贾进：他事无考。

（20）徒跣：赤足光着脚，不穿鞋袜徒步。

（21）仓皇：也作"仓黄""苍皇""苍黄"等，匆促而慌张。

（22）宗泽（1060—1128 年）：北宋末、南宋初抗金名臣。进士出身，历任县、州文官，颇有政绩。宗泽在任东京留守期间，曾 20 多次上书高宗赵构，力主还都东京，并制定了收复中原的方略，均未被采纳。他因壮志难酬，忧愤成疾，七月，三呼"过河"而卒。著有《宗忠简公集》传世。

（23）杜充（？—1141 年）：字公美，南宋大臣。北宋末南宋初相州（今河南省安阳市）人。靖康初，知沧州（今河北沧州）。时金入南侵，因恐流之燕人为敌内应，尽杀之。1128 年（南宋高宗建炎二年），代宗泽为东京（今河南开封）留守，建炎二年（1128 年）冬，金兵南下，杜充弃城南逃时，扒开黄河大堤，使今河南、山东、安徽、江苏一带的百姓至少淹死二十万以上，因流离失所和瘟疫而造成的死亡数倍于此，近千万人无家可归。建炎三年（1129 年），拜尚书右仆射同平章事，旋为江淮宣抚使驻守建康（今南京）。不久，金兵渡江，杜充弃城逃往真州（今江苏仪征）。旋即降金。1137 年（高宗绍兴七年）金命其为燕京（今北京）三司使。九年为行台右丞相。

（24）东京：开封府（今河南开封）；西京河南府（今河南洛阳）；南京应天府（大中祥符七年 1014 年），建（今河南商丘）；北京大名府，庆历二年（1042 年）建（今河北大名）。

（25）高宗元年：1127 年。

（26）偏裨：偏将与裨将，将佐的通称。古代佐助大将的将领称偏裨，亦称副将。开德：开德府旧名澶州，今为河南濮阳。

（27）殪（yì）：杀死。酋（qiú）：（盗匪、侵略者的）首领。

（28）曹州：今山东省菏泽市，位于山东、江苏、河南、安徽四省交界处。

（29）置：搁置。

（30）忠简：宗泽谥号。

（31）康王：宋高宗。参阅注（9）。

（32）越职：超越职权行事。夺官：撤职，罢官。

（33）青州：为《尚书·禹贡》"九州"之一，大体指泰山以东至渤海的一片区域。因地处海（东海）岱（泰山）之间，位于中国东方，"东方属木，木色为青"，故名青州。宋青州（治今山东益都），寇准、范仲淹、宗泽、张叔夜等朝廷重臣都曾居官青州。张所（？—1127年）：宋青州人。徽宗朝进士，累官至监察御史。靖康元年（1126年），金兵围汴京，他以书信招募河北兵民，应者17万之众。靖康二年（1127年）四月，受康王赵构派遣按视陵寝。高宗即位，为兵部员外郎，曾上书劝高宗还都汴京，收复河北、河东等地。李纲入相，除龙图直学士、充河北西路招抚使。置司北京（今河北大名），以王彦为都统制，并破格提升岳飞为统制。李纲罢相，张所被谪居广南，后北还，入潭州界被叛军杀害。河北：河北路，宋至道三年（997年）置，其地东滨海，西临太行，南临河，北据三关，即今霸州以南河北省之全境，及河南、山东黄河以北地区。治大名府，今河北省大名县治，统辖大名府及镇、瀛、贝、博、德、沧、棣、深、洺、邢、冀、赵、定、莫、相、怀、卫、澶、磁、祁、滨、雄、霸、保凡二十四州，德清、保顺、定远、破虏、平戎、静戎、威虏、乾宁、顺安、宁边、天威、承天、静安、通利等十四军。庆历中分河北为四路，熙宁六年（1073年）定为东西两路，东路仍治大名府，西路治镇州（今辖河北正定）。招抚使：宋官名，不常置。是战时临时设立的掌管军政的官职，战后即废除。

（34）汴：汴州，北周改梁州置。治所在浚仪（今开封）。五代梁建都于此，升为开封府。五代之晋、汉、周以及北宋也以汴州为都。常称汴梁，又称汴京。今为开封市的简称。

（35）河南：泛指黄河以南地区。

（36）然之：认为他说的对。

（37）王彦（1090—1139年），字子才，上党（今山西长治）人。建炎元年（1127年），王彦率7000兵渡河抗金，入太行山创建八字军，发展至十多万人，屡创金兵。后在川陕地区与金兵及伪齐军作战。绍兴七年（1137）解兵权出知邵州。新乡：西汉为获嘉县的新中乡。西晋太和五年（370年）在今新乡市建新乐城。《史记志疑》："乐者村落之谓，古字通用。"新乐亦即新乡之意。隋置新乡县。新乡县位于黄河北岸，太行山南麓，河南省北中部。

（38）纛（dào）：古时军队或仪仗队的大旗。

（39）屯：驻扎。石门山：新乡县城东面约八宋里（1宋里折合今0.96华里）处，有一土丘，土丘旁官道两侧，各有一块大石，当地人称为石门山。

（40）统制：北宋时，凡遇战事，则在各将领中选拔一人给予"都统制"的名位，以节制兵马。南宋建炎六年（1127年），设置"御营司都统制"，始成为禁军将官之职衔。南宋禁军高级指挥官都统制下有统制、同统制、副统制等官。此后，边要地区亦设"都统制"，并加"御前"二字，以示并非地方军事长官而属于朝廷的直属军队。

（41）高宗三年：原注："建炎三年（1129年）。"

（42）曹成：汝南贼寇，与其弟曹亮于两淮间兴兵作乱，手下拥有杨再兴、何元庆等猛将。后被岳飞、韩世忠征剿，曹成、曹亮归降韩世忠，杨再兴、何元庆归降岳飞。

（43）黄天荡：长江下游的一段，在今江苏省南京市东北。古时江面辽阔，为南北险渡。宋高宗建炎四年（1130 年），韩世忠败金兀术于此。

（44）李纲（1083—1140 年）：字伯纪，号梁溪先生，祖籍福建邵武，宋徽宗政和二年（1112 年）进士。历官太常少卿。宋钦宗时，授兵部侍郎、尚书右丞。靖康元年（1126 年）金兵侵汴京时，任京城四壁守御使，团结军民，击退金兵。但不久即被投降派排斥。宋高宗即位初，一度起用为相，曾力图革新内政，仅七十七天即遭罢免。绍兴二年（1132 年），复起用为湖南宣抚使兼知潭州，不久，又罢。多次上疏，陈述抗金大计，均未被采纳。后抑郁而死。

（45）张俊（1086—1154 年）：字佰英，凤翔府成纪（今天水）人，16 岁时以三阳弓箭手投身行伍，征南蛮，攻西夏，御金兵，累立战功，授武功大夫。与岳飞、韩世忠、刘光世并称南宋中兴四将，后转主和，成为谋杀岳飞的帮凶之一，并以此博得宋高宗深宠。晚年封清河郡王，显赫一时。张俊贪婪好财，大肆兼并土地，年收租米达六十万斛。死后追封为循王。韩世忠：（1089—1151 年），字良臣，延安（今陕西延安市）人（一说是绥德人）。是南宋著名的民族英雄。18 岁应募从军。在抗击西夏和金的战争中为宋朝屡建奇功，在平定各地的叛乱中也做出了重大的贡献。逝世后被拜为太师，追封通义郡王；孝宗时，又追封蕲王，谥号忠武，配飨高宗庙廷。

（46）黄潜善（1078—1130 年）：字茂和，邵武（今福建邵武）人，宣和六年（1124 年）甲辰科进士，靖康元年（1126 年）为副元帅。宋室南渡后，任右仆射兼中书侍郎，主和议，遭李纲等人驳斥。建炎元年（1127年）与汪伯彦贬逐李纲。官至广州刺史、尚书左仆射、知河间府、左丞相。建炎三年（1128年）十二月癸卯卒。汪伯彦（1071—1144年），祁门县城北人，秦桧之母舅。宋崇宁二年（1103年）进士，靖康初年（1126年），钦宗召见，授直龙图阁，知相州（治所在今河北临漳县境）。同年十月，金兵破真定（今河北正定）。十一月，康王赵构奉使赴金军，至磁州（今河北磁县），金兵数百至城下索要康王，汪伯彦遣兵二千迎康王还相州。自此，深得康王信任。靖康之变后，康王授汪伯彦为显谟阁待制，升元帅，不久进显谟阁直学士。高宗即位后，汪伯彦历任同知枢密院事、知枢密院事、右仆射等。当时，汪伯彦主和，反对抗金，促高宗南迁扬州。第二年二月，金兵陷扬州，汪伯彦被黜。绍兴元年（1131年）复职，任池州知州、江东安抚使。四年复被革职，九年（1139年）春以观文殿学士知宣州。后以献《中兴日历》授检校少傅、保信军节度使。十一年（1141年），赐开府仪同三司，赠太师。绍兴十四年（1144年）卒于家，终年73岁。

（47）杭州：原注："时改杭州曰临安府。"

（48）乌珠：原注："旧作术尤。"按："术尤"当为兀术，又作斡出、晃斡出等，完颜宗弼（?—1148），金朝名将，开国功臣。本名斡啜，女真族。太祖完颜阿骨打第四子。有胆略，善射。初从完颜宗望追击辽天祚帝于鸳鸯泊（今河北张北安固里淖）。天会三年（1125年），随军攻宋，克汤阴，参加围攻东京（今开封）。六年，率军攻山东，击败宋军数万，连克青州、临朐（今均属山东）等城。七年，复率军攻宋，先后在大名（今河北大名南）、和州（今安徽和县）击败宋军。此后一直是金国主攻派的代表，并领导了多次南侵，战功赫赫。迫宋称臣，以功进太傅。七年（1129年）

为太师，八年（1130 年）卒。本书译文采用常用名"兀术"。

（49）河朔：地区名，泛指黄河以北。

（50）第一湖山：指杭州。丑夷：指金人。临安：临安即临安府，今杭州市，为南宋首都，有临时安家之意。越：越州，今绍兴市，建炎四年（1130 年）四月癸未，宋高宗驻跸越州，于第二年正月改元绍兴，于同年十月升越州为绍兴府。明：明州，唐长庆元年（821 年）置，五代吴越称明州望海军。北宋建隆元年（960 年）称明州为奉国军。南宋庆元元年（1195 年），升明州为庆元府，明州州治迁到了三江口（今宁波城区）。

（51）卒逃至海中：建炎元年（1127 年），高宗南逃到扬州，金人于次年兵锋指向扬州。三年，自扬州逃到镇江，再逃到杭州，又北上建康府（今南京）致书金人，表示愿意削去宋朝国号称臣。金人拒绝高宗投降，再次南进。高宗又从建康逃经镇江、杭州、越州、明州、定海，直到乘船逃入大海。金人也入海追击，因遇大风雨只得作罢。

（52）广德县：位于安徽省东南部，苏、浙、皖三省八县（市）交界处，为安徽省的最东地。

（53）常州：隋文帝开皇九年（589 年）于常熟县置常州，后割常熟县入苏州，遂移常州治于晋陵，常州之名由此始，常州有"中吴要辅，八邑名都"之称。

（54）镇江：即今江苏镇江市。宋徽宗政和三年（1113 年）改润州为镇江府。据说，当时统治者认为镇江的地理位置优越，背山面江，形势雄险，为镇守江防之地，故取名镇江。

（55）建康：原名金陵。故城即南京市。

（56）牛首山：位于今南京市中华门外 13 公里处，在江宁区东善乡西北。山高 242.9 米，面积约 500 公顷。

（57）淮西：一般指淮河上游一带，今安徽、湖北（部分）长江北部和河南东南部分地区为淮西。其名称来源于唐代划分的淮南西道，简称淮西。

（58）江阴：即今江阴市，简称澄，位于江苏省南部，长江三角洲太湖平原北端。

（59）焦山寺：位于长江之中，离镇江市中心四公里左右。

（60）金山：位于镇江市西北，海拔43.7米，占地面积41.6公顷。

（61）龙虎大王：事未详。

（62）沂流：难通。按今镇江与今南京市的地理环境，再参阅《宋史·韩世忠传》等，"沂流"作"沿流"或"溯流"较确。即沿着长江河道西上。

（63）艨艟：一种战舰，以速度著称。《武经总要》说："此不用大船，务在捷速，趁人之不备。此船用生牛革蒙船背，舷两侧开棹孔。舱室前后左右开孔洞，可用弓箭长矛攻击。""蒙冲者，以生牛革蒙战船背，左右开棹空，矢石不能败。"

（64）析：当为析。

（65）老鹳河：原注："亦名老鹳嘴，在黄天荡南。"

（66）秦淮：秦淮河，建康（南京）第一大河，秦淮河分内河和外河，内河在南京城中，是十里秦淮最繁华之地。

（67）厉兵秣马：厉：同"砺"，磨；兵：兵器；秣：喂牲口。磨利兵器，喂饱马。形容准备战斗。典出《左传·僖公三十三年》："郑穆公使视客馆，则束载厉兵秣马矣。"

（68）新城：宋代建康新城大致位于建康故城东南，即今南京市鼓楼区一带。

（69）龙湾：今南京市鼓楼区人和街附近之龙湾，离长江约

2 公里。

（70）两宫：指徽宗、钦宗。

（71）闽人王姓者：其他事无考。

（72）棹桨：摇桨，指行船。

（73）箬篷：用箬叶编的船篷。张四维《双烈记·献计》："无风则出，有风则止。无风，他大船难动，我船疾快，仍用火箭射他箬篷，不攻自破，此为上策。"

（74）乌珠千万之众：《宋史·韩世忠传》作"兀术兵号十万"。

（75）刘豫（1073—1146 年）：原注："金人封为齐王。"按：刘豫为北宋著名叛臣，金傀儡政权伪齐皇帝，字彦游，景州阜城（今属河北）人。北宋时历任殿中侍御使、河北提刑等职。金兵南下时弃官潜逃。建炎二年（1128 年）杀宋将降金。四年九月，被金人立为"大齐"皇帝，建都大名（今属河北），后迁汴京（今河南开封）。统治河南、陕西之地，配合金兵攻宋。七年为金帅挞懒黜为蜀王，后改封曹王。绍兴七年（1137 年）被废黜，迁居临潢（今内蒙古巴林左旗附近）而死。

（76）李成：字伯友，宋雄州（今河北雄县）人。弓手出身，以勇悍闻名。金兵占河北，他在淄川聚众，辗转南下，在江淮之间活动。两次接受南宋官职，不久又企图割据。后投伪齐。绍兴三年（1133 年）进占襄阳等郡，次年被岳飞击溃。伪齐废后，为金将。绍兴十年从兀术攻陷洛阳等地，任河南尹，后因事解职。完颜良时，起为真定尹。六十九岁死。张用：其人其事见下文。

（77）殄：灭尽，灭绝。

（78）是之：认为他说的对。

（79）高宗元年：原注："绍兴元年。"按：《宋史·朱胜非传》：

"绍兴元年，马进陷江州。"《宋史·岳飞传》："绍兴元年，张俊请飞同讨李成。时成将马进犯洪州，连营西山。"

（80）马进：其他事未详。洪州：今江西省南昌市。洪州西山：即今南昌西山，该山绵延三百余里。

（81）生米渡：在江西新建县西南四十里，相传为西山天宝洞之南门，上有市名生米市。

（82）筠州：以地产筠篁得名，治高安（今江西高安市）。

（83）南康：故址即今江西省南康市，因"地接岭南，人安物阜"而得名。古称"南野"，宋属南安军。又名"南安"。

（84）武乡：当为武穆。

（85）江、淮：指长江、淮河中下游地区。

（86）李成：据《宋史·岳飞传》李成乃曹成："（绍兴）二年，贼曹成拥众十余万，由江西历湖湘，据道、贺二州。"李成既已投降张用，连张用自己都投降岳飞了，李成继续独立为寇的可能性极小，所以是曹成的可能性更大。道州：即今道县，位于湖南南部，与两广毗邻。贺州：故地即今广西壮族自治区贺州市，位于广西壮族自治区东部，北接湖南省永州市，东达广东省清远市、肇庆市，南临梧州市，西靠桂林市。

（87）荆湖：指荆江和洞庭湖。荆湖东路辖今武汉为中心的地区。

（88）连州：即今广东省连州市，位于广东省西部，地处粤、湘、桂三省（区）交界。

（89）张宪（？—1142年）：字宗本。岳飞部下，和岳飞同时被害。

（90）伪齐：参阅见前注（74）。

（91）挟：携带，带领。襄阳：今湖北襄阳市襄城区中心古称襄阳城。唐：唐州，唐武德五年（622 年）因昌州境内有唐子山，改昌州为唐州，治枣阳。北宋唐州属京西南路，金唐州属南京路。邓：今邓州市故地，地处豫、鄂、陕交界，素有"三省雄关""豫西南门户"之称。北宋初，设武胜军，治穰。宋乾德（963—968 年）年间，复称邓州，统于京西南路。1141 年，邓州归属金朝，属南京路。随：随州，位于湖北省北部，地处长江流域和淮河流域的交汇地带。郢：郢州，以今钟祥为治所，西魏始置。地处武汉、襄樊两大城市间。信阳军：北宋太平兴国元年（976 年）改义阳军置，治信阳县（今河南信阳市）。属京西北路。辖境约当今河南省信阳、罗山等市县地。

（92）杨么（？—1135 年）：名太，南宋初洞庭湖地区农民起义中最年轻的首领，楚语称幼为么，故他被称为"么郎"或"杨么"，后来起义首领钟相战死，杨么成为起义军领袖。绍兴五年（1135 年）春，宋高宗调岳飞前往镇压，起义军中黄佐、杨钦投降，内部分化瓦解，杨么力战不屈，被俘而死。两浙：北宋至道三年（997 年），置两浙路，是北宋时期的一个地方行政区，领十四州：苏、常、润、杭、湖、秀、越、明、台、婺、衢、睦、温、处，和江阴、顺安二军。

（93）六郡：即上文所言襄阳、唐、邓、随、郢五州及信阳军。

（94）心膂之患：义与心腹之患略同。

（95）赵鼎（1085—1147 年）：字元镇，自号得全居士。南宋解州闻喜（今属山西）人。宋高宗时的宰相。崇宁五年（1106 年）进士，累官河南洛阳令。高宗即位，历官户部员外郎、御史中丞、签书枢密院事、建州知州、洪州知州。绍兴年间几度为相，后因与秦桧论和议不合，罢相，出知泉州。不久，谪居兴化军，移漳州、潮州安置。再移吉阳军，吉阳三年，知秦桧必欲杀己，自书铭旌曰："身骑箕尾归天上，气作山河壮本朝。"不食而卒，年六十三。孝宗朝，谥忠简。

（96）上流：原注："两湖据长江上游，故曰上流。"

（97）王贵：相州汤阴人，从岳飞起兵。战宜兴，败郭吉；平定虔州盗贼；进军郴州、桂阳监讨曹成；在袁州击败高聚、张成；战汉上，收复襄阳、邓州；击伪齐卢氏县、唐州、直逼蔡州；北伐，克复郑州、西京洛阳；在顺昌大败金兀术。累建战功，历官承宣使，提举岳家军一行事务，中军统制，岳家军归隶枢密院，任鄂州御前诸军都统制。绍兴十二年（1142年）引疾辞职，改侍卫步军副都指挥使、福建路副总管等闲职。

（98）牛皋：字伯远，汝州鲁山人（今属河南鲁山县熊背乡石碑沟村人）。南宋初年聚集人民抗金。绍兴三年（1133年）牛皋加入岳家军，对金作战中屡立战功。岳飞被害后，因始终反对宋金议和，被秦桧以毒酒害死。南宋景定二年（1261年），被追封为辅文侯。

（99）孛堇：原注："金将名。"按：实为女真小部落首领称号。金建国前后称小部落首领为孛堇，即乡长、邑长之意，管理本部军民，为世袭官制。湖广：指今湖北、湖南地区。

（100）江襄：江指长江。襄指襄江。汉江（又称汉水，古代也称沔水），位居长江水系各流域之首，发源于陕西省汉中市。汉江古时曾与长江、黄河、淮河一道并称"江河淮汉"。汉江流经襄樊城区这一段俗称襄江。

（101）武昌郡开国侯：宋朝的封爵。宋初的封爵增加到十二级，为王、嗣王、郡王、国公、郡公、开国公、开国郡公、开国县公、开国侯、开国伯、开国子、开国男。公、侯、伯、子、男都带本郡县"开国"两字，如岳飞被封为武昌郡开国侯。

（102）鼎州：大中祥符五年（1012 年），朗州改鼎州。据说是因武陵县境在沅澧二水汇合处有鼎水，"昔有神鼎出乎其间"，故改名。南宋孝宗即位，鼎州升格为常德府，治所在今湖南常德市。钟相：鼎州武陵（今湖南常德）人，在金兵南下时，曾经组织过抗金民兵，未获朝廷支持，就回家乡组织农民自卫。后起义自称楚王，附近各县的农民纷纷参加起义军，起义军攻占城池，焚烧官府，打击豪强大户，一月内，占领了洞庭湖周围十九个县。1130 年 3 月被孔彦舟打败，钟相及其子钟子昂被杀。

（103）湖湘间：洞庭湖与湘江地区。

（104）黄佐：湖南人，参加钟相、杨幺起义，系杨幺手下主要将领之一，后降岳飞，忠心为岳飞效力。

（105）不战而屈人之兵：语出《孙子兵法·谋攻篇》："凡用兵之法，全国为上，破国次之；全军为上，破军次之；全旅为上，破旅次之；全卒为上，破卒次之；全伍为上，破伍次之。是故百战百胜，非善之善者也；不战而屈人之兵，善之善者也。""不战而屈人之兵"即不经过战斗就使敌人的军队屈服投降。

（106）帆舻：帆，船帆，船篷。舻，舳舻也。此帆舻为偏义复合词，词义重点在帆，舻只作陪衬。

（107）港汊：港是可以停泊大船的江海口岸；汊（chà）为河流的分岔，如汊河即河流被沙洲或岛屿分成两股或两股以上的水流，其宽度、深度和流量较小。

（108）拥：当为壅。

（109）砦：同"寨"。

（110）郾城：郾城县，旧县名，西周初为郾子国，战国时为郾邑，西汉置郾县，隋开皇三年废，五年复置，称郾城县。原地现分属漯河市郾城区、源汇区和召陵区，位于河南省中部，黄河南岸，属漯河市。

（111）高宗十年：原注："绍兴十年。"

（112）秦桧（huì；1090 — 1155 年）：字会之，宋朝江宁府（今江苏南京）人。中国历史上十大奸臣之一，因以"莫须有"的罪名处死岳飞而遗臭万年。宋徽宗政和五年（1115 年）登第，补密州（今山东诸城）教授，曾任太学学正。北宋末年任御史中丞，与宋徽宗、钦宗一起被金人俘获。南归后，任礼部尚书，两任宰相，前后执政十九年。

（113）刘锜：字信叔。秦州成纪（今甘肃天水）人。南宋抗金将领。

（114）董先：河南洛阳人，建炎中从京西制置使翟兴抗金，权任商虢镇抚使，后伪降刘豫，旋归南宋。诏隶岳飞军，任踏白军统制，从岳飞后攻京西，克邓州；与王贵取卢氏县；战唐州、蔡州，皆大捷；随岳飞北伐，从牛皋、傅选等战汉上，与王贵、岳云等战颍昌，再克金兵。先后任鄂州御前诸军统制、侍卫亲军步军统制等职。杨再兴（？—1156 年）：初为流寇，后成为岳家军的骨干，为岳飞破伪齐立下大功，大破金兀术于郾城下，史称"郾城大捷"。最后壮烈战死，从其遗体中取出的箭头重达"二斗"。孟邦杰：岳家军将领，原为刘豫政权辖下权河南府尹，绍兴八年（1138 年）率众归降岳飞。绍兴十年（1140 年）七月岳飞北伐，遣孟邦杰经略西京、汝、郑、陈、光、蔡诸州，以为应援。孟邦杰统制忠义军马收复南城军，杀金兵 3000 余人，夺得器械无数，又乘胜收复永安军，功高劳著。李宝：乘氏（今山东菏泽）人。绍兴九年（1139 年），在濮州（今山东鄄城北）聚众抗金。失败后，南下投奔岳飞，奉命以河北路统领忠义军马名义，潜回山东联络抗金义军。次年，金军背盟南下，李宝为配合岳飞反攻，在山东多次袭击金军，钳制了金朝南下之师。后从韩世忠守卫海州（今江苏连云港西南）。三十一年（1161年），金帝完颜亮分兵四路大举攻宋，李宝被授为浙西路马步军副总管，率水军3000人，战船120艘，由江阴（今属江苏）入海北上，迎击金军舟师。一举全歼金军舟师。因功授静海军节度使、沿海制置使。隆兴元年（1163年），兼御营统制官。次年，升沿海御前水军都统制。

（115）西京：洛阳。汝：汝州，位于今河南省中西部。郑：郑州，地处中原腹地，九州通衢，北临黄河，西依嵩山。颍：今河南省临颍县，地处中原腹地，因濒临颍水而得名。昌：昌邑，今为河南省昌邑市。陈：陈州，故地即今河南省淮阳县。曹：曹州，今山东省菏泽市，位于山东、江苏、河南、安徽四省交界处。光：光州，即今河南省潢川县，位于河南省东南部，北临淮河，南依大别山，地处淮河平原，地势南高北低，略向东倾，南部、东南部为低山丘陵地带。蔡：蔡州，治所上蔡，唐名汝阴，即今河南汝南。

（116）梁兴、忠义社：北宋末年，金军攻破太原府后，梁兴、赵云、李进等人组织太原府和绛州（治正平，今山西新绛县）的"忠义人兵"，抗击金军。他们曾先后克复河北路的怀州和河东路的泽州、隆德府、平阳府等地。梁兴投奔宋朝被伪齐军拦，只得在太行山建立根据地，组织"忠义保社"，四出游击，还引军东下，攻击磁州、相州一带的金军。八九年间，梁兴等人所率抗金义军，同敌军大小战斗几百次，杀死金军头目即有三百多人。绍兴六年（1136年），梁兴率忠义社百余名骑兵，突过黄河，取道襄阳府，抵达鄂州，投奔岳飞，成为岳家军中的勇将之一。

（117）郭浩（？—1145年）：字充道，德顺军陇干（今甘肃省静宁）人，南宋初期"蜀中三大将"之一。北宋徽宗时从军，

扫墓。

（135）踩蹦：践踏，踩。比喻用暴力欺压、侮辱、侵害。

（136）平阳府：今为山西临汾、运城两地级市辖境。治所在临汾市。平阳府在省治西南五百六十里，东界潞安府长子县，西界陕西延安府宜川县，南界绛州，北界霍州赵城县（今属洪洞县），东南界绛州垣曲县，西南界绛州稷山县，东北界沁州沁源县，西北界隰州蒲县，自府治至京师一千八百里，凡领州一县十。

（137）张横：岳家军将领，余事未详。

（138）高岫、魏浩：均岳家军将领，余事未详。

（139）朝延：当为朝廷。两河：宋代称河北、河东地区为两河。犄角（jījiǎo）：两个边沿成角形的地方，棱角，角落。

（140）李善：未详。

（141）磁：磁州，本名慈州，因县西九十里有磁山盛产慈石而名。唐永泰元年（765年）复置慈州，加石字旁，以与河东慈州相区别。开德：开德府旧名澶州，今为河南濮阳。泽：今泽州县，位于山西省东南部，太行山南端。潞：潞州，治所在今山西省上党县。晋：晋州，即今山西省晋州市区。绛：宋为雄州，置绛郡防御。辖正平、曲沃、翼城、太平、稷山、绛、垣曲等7县。汾：汾州，唐置浩州，改曰汾州，又改为西河郡，寻复为汾州，宋曰汾州西河郡，即今山西省汾阳市。湿：《宋史》作隰，是。隰州之名，始于隋，隋文帝开皇五年（585年），改西汾州总管府为隰州总管府，治所在长寿县（今隰县）。金太宗完颜晟天会六年（1128年）改称南隰州。金完颜亮天德三年（1151年），去"南"复为隰州。

（142）糇粮：干粮。

（143）谁何：没有谁敢怎么样。

（144）黄龙府：原注："辽之东京道黄龙州也，今奉天开原市境。"

（145）杨沂中：宣和末应募从军，靖康元年十二月，从信德（今河北邢台）知府梁扬祖勤王，隶属张俊部。建炎四年正月，从张俊抗击金军于明州（今宁波），以功升中军统制（领）。同年六月，改御前军为神武军。绍兴五年，神武军改为行营护军，杨沂中改任权主管殿前司公事，正式成为殿前司长官，所统神武中军改为殿前司军，常在前护军韩世忠、中护军张俊的节制下进行抗金战争。

（146）无噍（jiào）类：噍类：指能吃东西的动物，特指活人。无噍类即老百姓没有活路了。

（147）汉上六郡：汉上，是指荆襄，又称荆州，在今湖北、湖南一带。汉上六郡即魏郡、阳平、广平、汲郡、顿丘、清河。

（148）太学生：太学是我国古代教育行政机构和最高学府。魏晋至明清或设太学，或设国子学（监），或两者同时设立，名称不一，制度也有变化，但都是教授王公贵族子弟的最高学府，就学的生员皆称太学生、国子生。

（149）岳少保：绍兴五年（1135年）九月壬午，加岳飞检校少保。从此，岳飞虽然只是"检校"而不是真正的"少保"，但已经被称为"岳少保"了。

（150）兵柄：兵权。

（151）高宗十二年：原注："绍兴十二年。"按："十二年"《宋史》作十一年（1141年），可能有误。

（152）庐州：今合肥市，宋代庐州先属淮南路，熙宁五年（1072年），分淮南路为东、西两路，西路治寿州（今寿县城关镇），庐州改属淮南西路。南宋改淮南西路治庐州，为南宋抗金重镇和输送抗金物资的集散地。绍兴绍兴七年（1137年），淮西将郦琼以庐州叛降刘豫伪齐。十一年（1141年），为杨沂中收复。

趣：同趋，用作使动。趣武穆即要武穆趋赴……。

（153）何铸（1088—1152年）：字伯寿，余杭（今浙江余杭西南）人。徽宗政和五年（1115年）进士。历官州县。高宗绍兴五年（1135年），入朝，先后任秘书郎、监察御史，累迁御史中丞。绍兴初迁殿中侍御史，数奏论时政。绍兴十一年（1141年），何铸时任御史中丞，秦桧诬陷岳飞下狱，命何铸主持审讯，既而察其冤，转为岳飞伸张。因尝辨岳飞之冤，为秦桧所忌，大为不悦，托言皇上旨意。铸又晓之义："强敌未灭，无故戮一大将，失士卒心，非社稷之长计。"桧无话可答，改由万俟卨处理岳飞案，而命铸以端明殿学士签书、枢密院事，为报谢使出使金国。铸迎难而行，不辱使命。回来后，桧又指使万俟卨弹劾何铸与飞有私而庇护，不主和议，欲充军岭南。帝不允，降为秘书少监，谪往徽州。后有使者自金国返朝，说金人曾探问何铸近况，于是复起用为温州知府。不久授端明殿学士，提举万寿观兼侍读，力辞不就。再次使金，回国后任资政殿学士，出知徽州，不数月，十二年，提举江州太平兴国宫，又责徽州居住。二十二年卒，年六十五。生平孝友廉俭，无居所，寓佛寺。死后40余年，谥通惠，家属辞之。嘉定初（1208—1224年），改谥恭敏。《宋史》卷三八〇有传。

（154）弃市：死刑之一，用于处决某些罪大恶极者，在闹市执行死刑并将犯人暴尸街头的一种刑法。籍家资：造册登记没收家财。徙岭南：流放五岭之南。下文"岭表"也是岭南，赵翼题《岳忠武墓》诗："全家簿录赴岭表，仅有狱卒潜瘗尸。"还可称为岭外。

（155）洪浩：当是南宋住金使臣，余事未详。

（156）蜡书：封在蜡丸中的文书。《新唐书·郭子仪传》："大历元年，华州节度使周智光谋叛，帝间道以蜡书赐子仪，令悉军讨之。"

（157）满江红：词牌名。又名《念良游》《伤春曲》。格调沉郁激昂，宜于抒发怀抱，故为苏、辛派词人所爱用。双调，九十三字，仄声韵（南宋后始见于平韵体）。

（158）怒发冲冠：典出《史记·廉颇蔺相如列传》："相如因持璧却立，倚柱，怒发上冲冠。"

（159）抬望眼：抬头纵目远望。

（160）尘与土：谓功名犹如尘土，指报国壮志未能实现而言。

（161）八千里路：作者从军以来，转战南北，征程约有八千里。"八千"与前句中的"三十"都是举其成数而言。云和月：指披星戴月，日夜兼程。

（162）等闲：轻易，随便。

（163）靖康耻：靖康元年（1126年），金兵攻陷汴京，次年掳徽宗赵佶、钦宗赵桓北去，北宋灭亡。"靖康耻"指此而言。参阅注（6）。

（164）雪：洗雪，洗刷。

（165）灭：平息，了结。

（166）长车：战车。贺兰山：在今宁夏西，当时为西夏统治区。此处借指金人所在地。缺：指险隘的关口。

（167）飧：多作餐。

（168）从头：重新。收拾：整顿。

（169）天阙：宫门。朝天阙：指回京献捷。

（170）追封鄂王：宋孝宗诏恢复岳飞官职，以礼改葬，赐钱百万，求其后悉官之。建庙于鄂，号忠烈。淳熙六年，谥武穆。

嘉定四年，追封鄂王。鄂王是岳飞平反后被追封的爵位。关于受封的时间，有两种说法：其一个为宋宁宗嘉泰四年（1204 年）；其二为宋宁宗嘉定四年（1211 年）。岳飞谥号武穆，后改忠武。

（171）吴玠（1093—1139 年）：南宋抗金名将。字晋卿，宋时德顺军陇干（今甘肃省静宁）人，一说福建崇安（今武夷山市）人，年末二十参德顺军，后移居水洛（今甘肃庄浪）。早年从军御边，抗击西夏建功。后领兵抗金，和尚原之战中，大败金兵兀术部，破川陕路金兵进攻。因功官至四川宣抚使。名姝：著名的美女。

（172）徇：巡行示众。

（173）卤掠：同掳掠，劫夺别人的财物。

（174）问劳：慰劳，安抚。

（175）仁、智、信、勇、严：皆优秀传统道德，具体内涵，详见本书《道德要旨》。阙：通缺。

（176）蹙（cù）额：不高兴或全神贯注时皱眉头。

（177）屏：除去，排除。

【译文】

第一章　南宋的时势

亚洲的东部，环绕着汉族居住的民族十分繁多，自古以来，汉族常常受到来自周边民族的侵害。北宋末年，大辽、金国、西夏三个国家分别包围着北宋的西、北、东三面。这三国人虽然同属于黄种人，但开化较晚。性残忍，好杀伐。这三国人的唯一目的，都是想吞并宋朝。宋朝的君臣因为应付不得当，往往军队溃败领土被占，最后到了每年不得不向敌国贡奉黄金缯帛并与他们“结为兄弟"的地步，多么衰弱啊！

宋钦宗靖康二年（1127 年），岳飞出生二十五年了。这年三月，是赵宋一朝最值得哀怜的时候，同时还遭受了我国历史上从未遭受过的奇祸。宋徽宗、宋钦宗两位皇帝和他们的后妃、皇子都被金人俘虏了。一个国家的元首尚且遭受侮辱到这种程度，当时国民的悲痛怎么样？（可想而知了）。

岳飞心中装着报效国家的热忱，激励洗刷国家仇恨的意志，前后将近十年时间。遗憾的是宋高宗贪图坐稳皇位，忍受耻辱侍奉仇敌，宁愿割让领土求和却不想恢复被金人侵占的北方领土。岳飞处在这种事与愿违的环境中，即使没有秦桧，也一定会遭受大祸而悲惨死亡。这就是后世之所以对专制王朝叹息痛恨的原因。

第二章　岳飞的青少年时代

岳飞，字鹏举，谥号武穆，相州汤阴（今河南省汤阴县）人。自幼具有气节，沉稳敦厚不多说话，天资机敏悟性高，儒家经典无所不读，尤其喜欢读《左氏春秋》与《孙子兵法》《吴子兵法》，白天黑夜朗诵研习，夜间则诵读到天明不睡觉。岳飞家庭贫困，不能经常有烛照明。他就在白天捡拾枯柴，在夜间用来当烛照着读书。

岳飞天生一身超人的力气，曾经拜一位名周同的同乡豪侠为师，学习射箭，周同把自己所爱的两张弓赠送给他。从此，岳飞更加勤奋练习，能够左右开弓发射。不久，周同去世，岳飞悲伤哀痛不止。每逢初一十五就卖一件衣服，买酒煮肉在周同墓前洒泪祭奠，接着就用周同所赠的弓发射三箭，然后才返回。岳飞的父亲发现他这样做，就问他原因，他回答说："射三箭的原因，是明白自己射艺精熟的由来；祭奠结束把酒倒掉把肉埋掉的原因，由于是周先生所享用的饮食，我不忍心吃。"听到这些话的人都觉得他的话很不同常人。他父亲抚着他的脊背说："假使你以后能够被时代所用，你大概会成为一个为国家殉身，为守义死命的臣子吧！"岳飞回答说："只要大人答应，我能把大人的遗体奉献出来报效国家，还有什么事不敢做呢？"他父亲叹息说："有儿子能够这样，我没有什么值得担忧的了。"

宋徽宗十九年（实际应为宋徽宗宣和四年，即1122年），岳飞二十岁。这时金人已经从北方起兵，日日夜夜出动尖锐部队进攻大辽。宋朝不努力使自己强盛，反而庆幸可以乘着辽国灭亡的时候，收回被辽国强占的幽州、云州、顺州等十六个州，虽然在当时取得一时的高兴，但唇亡齿寒的忧患已经潜藏在其中了。当时真定府路宣抚使刘韐招募敢战的人才防御金人，岳飞前去应募，刘韐一见到他，就认为他是位出类拔萃的奇才，任命他当小队长。相州大盗陶俊、贾进攻击县、镇，抢劫杀害人民，官军前去攻剿，多次遭受失败。岳飞率领二百名步兵骑兵，用奇计捕杀了陶俊、贾进，他们的残余党羽全部遣散。这是岳飞崭露头角的开始。

岳飞仅仅是一个青年小队长就荡平了大盗，人们都景仰他。忽然，岳飞遭受父母先后病故的重忧，他赤脚徒步奔回汤阴，按照孝子应尽的礼仪料理丧事，悲哀过度，失去仪容，消瘦得皮包骨头。等到守孝期满出山，那已经是宋高宗南渡那一年。事变匆促，形势严峻，山河破碎，国家面临败亡的时局，盼望岳飞立即出来拯救也已经到了迫不及待的时刻。

第三章　岳飞与宗泽的情谊

　　岳飞当初投奔刘韐，中间随事杜充。刘韐和杜充都不过把他当作普通战士任用罢了，未曾将他当作超常的人破格对待。不久，岳飞就和宗泽在东京开封相遇。

　　宋高宗元年（1127 年），岳飞以副将的身份在开德（今河南濮阳）对金兵作战，他两箭射杀金兵两个首领。然后放开战马奔入敌阵冲杀，打败了金兵。接着又在曹州对金兵作战，岳飞披着头发挥舞着双刀四刃，直冲敌阵，士兵紧跟，都奋勇击杀，于是取得重大胜利。宗泽见了，认为岳飞是一位了不起的将才，对他说："你在智慧、勇气、才能、武艺方面，古代那些优秀将领也不能超过你。不过，你喜好野战，不是古代那些优秀将领遵循的法则。如今你作为偏将、裨将还行，将来当了大将，这就不是万全的法则了。"宗泽于是就将一份军事部阵图赠送岳飞。岳飞接过来随便看看就搁置一边。事后，宗泽再次拿部阵的法则来问岳飞，岳飞回答说："布阵然后开战，是兵法的常规，但运用兵法的奥妙，却藏在指挥者的心中。"宗泽称赞他说得好。

　　康王就位为帝，颁布诏书征求进言。岳飞上书几千字，都是切中时弊的良言。朝廷不但没有采纳，反而认为他超越职权范围说些不该他说的话而撤了他的职。当时，青州人张所正担任河北招抚使，岳飞前去投靠他。张所一见岳飞，就把他当作国家人才对待。岳飞于是向张所谈论时势：认为"国家把汴京作为国都，需要靠河北来巩固。就一定要叫金人不能窥视河南，那汴京的根基地才能够巩固。"张所认为他说的完全对。当即命令他跟着王彦渡过黄河到新乡迎击金兵。

　　金军兵强马壮，岳飞独自率领部下鏖战，夺过敌军的大旗挥舞着，其余各军争先恐后奋战，于是攻下新乡。夜间驻扎在石门山下，有人传说金兵又到了，全军都害怕，只有岳飞安稳地躺着一动不动。最后金兵并没有到来，军粮吃完了，岳飞跑去王彦那里要求军粮，王彦没有拨给。岳飞只得带领军队往更北边运动，他曾经单人独骑手持一丈八尺长的铁枪刺杀了称为黑风大王的金兵首领，敌军于是败退逃走。由此不被王彦所容，只好又去投奔宗泽，担任留守司统制的职务。泽去世后，杜充代行他的职务，岳飞仍然担任原来的职务。

宋高宗建炎三年（1129 年），金人勾结叛乱的强盗曹成攻打东京开封，大概采用汉人残杀汉人的策略。当时敌军达五十万众，岳飞所率领的部队只有八百人，大家都畏惧不敢向前，岳飞说：“我替各位破敌吧。”于是左手握弓，右手舞矛，从敌阵侧面冲杀进去，一下子冲乱敌阵，把敌军打得大败。杜充准备撤退回军建康，岳飞劝阻说：“中原地带，一尺一寸都不能放弃，我们如今撤走，这个地方就不属于我们所有了。以后想收复它，不动用几十万军队办不到。”杜充没有听岳飞的劝告而撤回了军队。

第四章　黄天荡战役

高宗登基为帝初期，朝内有李纲等，朝外有宗泽、张俊、韩世忠等。只要朝廷内外同心协力，就不难驱除金人而报仇雪恨。（遗憾的是，）没有过多久，李纲被罢免，黄潜善、汪伯彦之流被重用。金兵在太行山东部地区践踏，成群的盗贼蜂拥而起。可是黄潜善、汪伯彦等人既没有谋略，又专权跋扈，恣意放任。对上书进言的，不采纳他们的建议；对要求援兵的奏疏，则不上奏宋高宗。这样金兵就越来越向南进攻，宋高宗不得不丢掉中原可以用武的地方，而迁都到杭州躲避金兵。

金人派遣他们的将领兀术，将燕州、云州和黄河以北地区的军队全部调集起来大张旗鼓地出兵占领中原，

在这种形势下，临安（杭州）的小朝廷也不可能守住了，就不得不把第一湖山杭州抛在落后的异族金人手中而慌慌张张地逃避到越州（绍兴）、明州（宁波），也都不安全稳妥，最终逃到大海中。这是帝王从未有过的耻辱。国家的命运到这种地步，实在岌岌可危啦！如果没有岳飞，那谁能保护呢？

那时，兀术的军队从安徽广德侵入临安，所到的地方，军民都分披逃散。岳飞独自率领部下紧紧跟随着金兵追杀，六战都取得了胜利，抓获俘虏很多，考察俘虏中那些有利用价值的人，用恩德诚信与他们结交，然后仍旧将他们放回敌营。叫他们夜间砍斫营垒，纵火焚烧，宋军乘敌营混乱时出兵攻击，将敌军打得大败。兀术听到部下大败的消息，不敢长时间恋战，改道进入江苏境内，准备由这条路往北撤回去。

兀术攻打常州，朝廷命令岳飞转移驻防地方，（在转移途中）与金兵遭遇，进行四次交战都取得了胜利。然后尾追金兵在镇江府东面袭击他们，又获得重大胜利，敌人横尸十五里。兀术往建康奔逃，岳飞在牛头山设下伏兵等着他到来。又派出一百人穿上黑衣混杂在金兵营垒中扰乱金兵，金兵受了惊吓，自相攻击砍杀。兀术逃奔到淮西，岳飞就这样收复了建康。

当时，韩世忠从镇江撤退坚守江阴，等待兀术率军向西逃窜，准备拦截击杀他们。忽然又率领军队赶往镇江，金兵到达江上，韩世忠先布置了八千人驻扎在焦山寺，兀术打算渡江，就派使者通报问候，并且约定交战的日子。韩世忠同意了兀术的交战要求。

于是在金山布下了伏兵，伏兵抓获了兀术的两名骑兵，兀术本人则脱身逃遁了。宋金两军已经开战，一共交战几十个回合，宋军抓获了兀术的女婿龙虎大王。兀术吓坏了，请求归还所掠夺的全部财货来换取撤退回去的安全通道，韩世忠不答应；兀术又增加名马作为交换条件，韩世忠仍然不答应。于是两军从镇江沿着江流西上，金兵沿着南岸，宋军沿着北岸，一边战斗一边前行。韩世忠的快捷艨艟和大型战舰在金兵前后几里（扬威），梆子的敲击声与士兵们的喊杀声通宵达旦。将要到达黄天荡，兀术处境困难到了极点。有一个宋朝奸人告诉他说："老鹳河旧河道，如今虽然湮塞了，但如果挖凿它，仍然是可以通达秦淮河的。"兀术采取了他的办法，一夜之间，挖成渠道共三十里，于是就赶往建康。

兀术到达建康，原来岳飞已经磨好兵器，喂饱战马等着痛击他了。于是就带着三百骑兵、三千步兵在建康新城拦截痛击金兵，把金兵打得大败。兀术无计可施，只得又从龙湾退入长江中。韩世忠与兀术在黄天荡相持，将海舰推进停泊在金山下面（挡住兀术的退路）。兀术进退无路，要求会晤谈判，恳请哀求十分可怜。韩世忠说："将徽、钦两帝归还我，将占领我国的疆土归还我，那我就可以保证你的安全了。"

兀术看到海上的船只使用帆蓬，驾着风飞一样快速往来。就招募献破舟计策的人。于是有个姓王的闽（福建）人教他在船中装上泥土，用平板铺在泥土上边，将船板凿出洞穴来摇桨行船。等到风停就出海，船没有风是不会动的，就用带火的箭射他们的船蓬，那就不攻自破了！兀术采用了他的办法，等到天晴风停的时候，用小船出江，韩世忠横挡在江流上打击他们。海船无风就不能行进，兀术乘机下令擅长射箭的士兵乘坐着轻舟用带火的箭射宋军，（一时之间）浓烟烈焰遮蔽了天空，宋军于是遭受重大失败。韩世忠只身脱险，奔回镇江。兀术于是渡江离去。这一战，韩世忠靠八千人的军队对付兀术十万多人马，相持了共四十八天才失败。不过，金人从此也不敢再渡江南侵了。

第五章　岳飞平定内乱

南宋初年，内有被金人所利用的叛臣刘豫，外有李成、张用一帮大强盗。内乱不平定，最终就不能将全部心力集中对付外敌。在那时，张俊之流大多数都主张用安抚的方法来消除盗匪的祸乱，只有岳飞认为盗匪的力量强大就放肆逞暴，力量弱小就接受朝廷招安。如果不稍加剿除，蜂拥而起的盗群不可能很快被消灭。朝廷认为他说得对。

宋高宗绍兴元年（1131年），李成的将领马进侵犯洪州，洪州西山上军营连着军营。岳飞认为盗匪贪图眼前小利而不考虑将来，如果派骑兵从上流截断生米渡，出其不意，围攻他们，一定能够得手。于是披上重甲，跃上战马，暗中从马进军营的右面冲入军营，他的部下紧跟着他，马进被打得大败，逃往筠州。岳飞尾追击杀，马进又失败逃走。岳飞派人大喊道："不跟着盗贼找死的坐下来，我不杀你们！"坐下投降的达八万多人。李成听到马进失败的消息，从南康率领十多万军队赶来，又被岳飞打败了。李成逃到湖北向张用投降。

张用也是当时的一个大强盗，和李成一起骚扰江西。张用是相州人，与岳飞是同乡，岳飞于是就先写封信开导他说："我和你同乡里……现在我在这里，你想战就出来打仗，不敢战就出来投降。"张用就这样投降了。于是长江、淮河两岸的强盗都被平定了。只有李成顽抗作乱，他从江西渡过洞庭湖、湘江，占领了道州、贺州，当时朝廷任命岳飞为荆湖东路安抚都总管。李成听到这一消息，吃惊地说："岳家军来了。"立即分散从各路逃遁。岳飞暗中派军队袭击他，李成被打得大败，于是逃往连州。岳飞派出他的部将张宪追击他。张宪临出发时，岳飞告诫他说："李成的党徒逃散了，你追上李成杀了他，至于那些胁从的人值得怜悯，轻易放了他们的话，他们又会聚集起来当匪盗。现在派你们诛杀那些头目而安抚那些胁从的众人，千万不要乱杀。"张宪等人接受命令带着军队追杀李成，李成逃去投降了伪齐刘豫。伪齐刘豫派李成带领着金兵入侵南宋，攻下了襄阳、唐州、邓州、随州、郢州等州和信阳军。

洞庭湖的强盗杨么也和伪齐刘豫有往来，企图顺江流而下；而李成则企图从江西取道陆路行军，快速赶到两浙和杨么相会合，（一举灭掉南宋）。这时的南宋内忧外患，同时汇聚，而中原各将领只有依仗岳飞作为中心。

岳飞上奏说："襄阳、唐州等六郡是恢复中原的基础和根本，如今应当先收复这六郡来消除身心的祸患。等到李成逃远遁迹，然后再出兵到洞庭湖、湘江地区，歼灭杨么等盗匪。"宋高宗将岳飞的这些主张召问赵鼎，赵鼎回答说："熟知长江上游利害的人，谁都不如岳飞。"于是就把剿灭李成、杨么等贼寇的任务交给岳飞。岳飞渡江到中流的时候，回头对部属们说："我岳飞这一次如果不擒杀贼寇，不再回渡这条江。"

当时李成占据着襄阳迎战岳飞，左边面对襄江。岳飞嘲笑说："险阻对步兵有利，平旷对骑兵有利。李成左边在江岸上布置骑兵，右边在平地布置步兵，虽然有军队十万之众，他又能有什么作为呢？"举起鞭来指着王贵命令道："你率领步兵用长枪击杀他们的骑兵！"又指着牛皋命令道："你率领骑兵击杀他们的步兵。"

接着交战，敌人冲在前边的骑兵随着岳家军的枪刺而倒毙，后面的骑兵都冲进江中，步兵被杀死的无数，李成趁着黑夜逃脱躲藏起来，岳飞就这样收复了襄阳。然后又在湖广打败了刘豫、刘合、李董的军队，长江、襄江流域被平定。岳飞获得武昌郡开国侯的封号，这时他的年纪刚刚三十二岁。

杨么，名太，是鼎州妖人盗贼钟相的残余部属。钟相败死后，杨么率领他的残余人马留居在洞庭湖与湘江地区，有兵卒达几万，自封为楚王。岳飞奉朝廷的诏命去讨伐捕捉他，岳飞先派使者手持檄文前往洞庭湖中招杨么。使者捧着檄文到达他所控制的区域，远远望见盗贼的营垒，就厉声高喊道："岳节使派我来招抚你们。"各寨打开寨门迎接使者，使者将檄文掷在盗贼面前，盗贼们捧着檄文恭敬地诵读。有人问："岳节使安好吗？"于是杨么的部将黄佐等人就悄悄地前来投降。不战而屈人之兵，除了岳武穆的声望以外，哪能有这种情况？

杨么的部将们多数投降了，但杨么却顽固不降。还在洞庭湖中漂荡着船只，来来往往像飞一样。那些船只用船轮激水推动船行，不使用帆蓬，船边设置有撞竿，官船碰到撞竿就被撞碎。岳飞于是砍伐君山上的木料制作成大木筏，堵塞住洞庭湖的各个港口和河流的各个岔口。又用腐烂木头和各种乱草漂浮在上游流往下游。选择水浅的地方，派那些善于骂人的人大骂而刺激盗贼。盗贼被激怒了，来追他们，各路口早被草木壅积堵塞了，船轮被阻碍不能前进。这时，岳飞才派兵攻打他们。盗贼往港口逃奔，港口又被大木筏阻挡住。官军将船上的牛皮蓬张开来抵挡住飞来的箭和石头，举起大木头来撞击盗贼的船只，盗贼的船只全部被撞坏了。杨么投入水中（企图逃命），被牛皋抓住杀死。其余头目全部投降。岳飞亲自行视各寨慰抚投降的人们，将年老体弱的放走，让他们回去种田；登记年轻力壮的参加军队。只用了八天时间就平定了杨幺的祸乱。

第六章　岳飞郾城大捷

宋高宗绍兴十年（1140年），金国撕毁盟约。先前，南宋与金国议和，金国仍然把黄河以南地区归还给南宋，（双方罢兵）。这一事是由秦桧主持。岳飞极不赞成，因此秦桧非常憎恨他。岳飞即使处在南北和平的日子里，也教士卒练武，囤积钱粮，未曾有哪一天忘记为国家复仇。

金人撕毁盟约，又来攻打南宋。刘锜向朝廷告急，宋高宗命令岳飞奔赴前线援助，岳飞就派王贵、牛皋、董先、杨再兴、孟邦杰、李宝等将领分别把守要隘，以便保卫西京（洛阳）、汝州、郑州、颍州、昌邑、陈州、曹州、光州、蔡州各郡；又命令梁兴渡过黄河，联络并集合忠义社收复河东北各州县。再派兵东进援助刘锜，西进援助郭浩。亲自率领军队不停步地行军前去窥视中原。驻扎在颍、昌地区，他的兵势十分精锐。兀术十分恐惧，招龙虎大王来商议对策。都认为各将帅都容易对付，只有岳家军不能抵挡，想引诱到他的军队到阵地上，集中兵力决战。宋军内外听到这一消息，都十分害怕。岳飞却很平静，心中像没事一样。大概他胸中早就有了成熟的计划，所以面对大事才会一点也不慌张。

岳飞留下一部分军队驻扎在颍昌，他自己率领轻骑兵开赴郾城驻扎。兀术会集龙虎大王、盖天大王、伪招武大将军韩常等各部军队逼近郾城。岳飞于是命令岳云率领背嵬军和马军直穿敌人的阵营，他对岳云说："一定要取得胜利再回来，如果不执行这一命令，我就先砍你的头！"岳云是岳飞的长子，才十二岁，就从军打仗。在郾城这场战斗中，岳云几进几出敌人阵营，铠甲衣裳全都被血染红了，战地遍布敌人的尸体。

当初，兀术有一只强劲的部队，叫做"拐子马"，全部由女真人组成，还号称常胜军，宋朝军队不能抵挡，所到的地方经常取胜。郾城这一战，兀术带领一万五千"拐子马"来参加战斗。宋军各将领都恐惧，岳飞笑着说："容易对付嘛！"于是命令步兵手持麻札刀冲入敌阵，不要抬头看人，只砍马腿。拐子马本来是三匹马互相串联在一起，一马倒下去，另外两匹马就不能行走了，宋朝军队奋力击杀，金兵的僵尸堆积如山。兀术沉痛地说："自从海上起兵，都是靠这'拐子马'取胜，如今一下子全完啦！"战斗结束后，岳飞对人说："我的士卒，真的可用啊！郾城这一战，战士都成了血人，战马都成了血马，（人人向前）没有一个回头看后面的人。收复中原指日可待了！"这一战，真是有史以来我们汉族与异族的大战役。

兀术又向郾城增兵，岳飞当时出去巡视战地，远远望见黄色的尘土飞扬，遮蔽了天空，大家想稍稍撤退，岳飞说："不行！你们各位封侯取赏的时机恰恰在这次行动，怎么能够错失良机呢？"亲自率领四十名骑兵奔出营垒迅猛地冲入敌人阵营，一边奔驰，一边左右开弓射杀金兵，宋军士气倍增，没有谁不是一人对付一百个敌人，战场上响着震天的呐喊声，金兵被打得大败。

郾城正要再次打胜仗的时候，岳飞派岳云率领背嵬军增援王贵。接着兀术果然率领着十万骑兵到来。于是，王贵率领游奕军、岳云率领背嵬军在郾城西面与兀术交战。金人骑兵布阵十多里，那势头强盛到极点。岳云带着八百名骑兵挺身向前决战，步兵张开左右两翼前进，从清晨到午时，战斗正激烈，董先、胡清两部人马接着投入战斗，金兵被打得大败，战死的五千多人，被俘的无数。兀术狼狈地逃遁而去。自从胡人入侵中原以来，未曾听说过依靠孤军抵抗强敌像这一次那么获得重大胜利的战例。岳飞的名声于是响遍中外。

第七章　直捣黄龙府的快活语

岳飞进军到达朱仙镇，兀术将汴京的军队共计十万全部集中起来与岳飞对垒，岳飞却按兵不动，只派了勇将带领着背嵬军五百人马迎击，就将他打得大败。宋朝皇帝的坟墓大多在汴京，自从南渡以后，祭奠的礼仪长期被废弃。到这时，岳飞才派官员行视各位先帝的陵墓，完全遵循祭奠礼仪重新开始为先皇扫墓祭奠。汴京父老见了，都伤感得对着他们流泪。

岳飞知道燕州、云州的百姓长期沦陷在金人的统治下，受到金人欺压凌辱，人心向往宋朝，于是秘密派家将梁兴渡过黄河，在太行山打败金兵，攻破平阳府；派张横到宪州打败金兵；派高岫、魏浩攻破怀州。又秘密命令梁兴、张横、高岫他们宣布朝廷的恩惠和意愿，招募接纳黄河北部、东部一带的忠义豪杰人才互相配合支持击破金兵；还派出张俊、李善等人渡过黄河抚慰晓谕人民，反复说明朝廷的恩惠和意志不会改变。

这时黄河北部地区的人心都想着归附南宋，有当天就发动兵变脱离金人来投降宋军的人，甚至金国最高统治者的腹心，禁卫军的头目中也有秘密接受岳飞的旗帜标志率领着自己的人马从北方来投降的人。在这种情况下，金人的一切行为举措和他们的山川险易，宋军都了解得清清楚楚。从磁州、相州、开德、泽州、潞州、晋州、绛州、汾州，直到隰州，豪杰们都约定日子起兵反金归宋，他们所举的旗帜都以"岳"字为号，人们只要听到风声就立即响应。

自从朱仙镇取得胜利，岳飞打算乘胜深入金人占领区，黄河以北以东持忠守义的人们各自带着兵仗粮食团结在一起，等待岳家军的到来。各地父老百姓，争相挽着车牵着牛，装载着干粮来慰问宋朝义军。金人所封的郡守，眼睁睁地看着老百姓这些反金行为而没有谁敢怎么样。自燕州以南各地，金国的号令没有人听。兀术因为失败，所以重新招募兵卒，河北一带没有一个应招的人。岳飞非常高兴，对众将领说："等到我们直捣黄龙府的时候，和各位一起痛饮（共庆）吧！"

当时秦桧竭力主张南宋与金国议和，想以淮河画界，放弃淮河以北地区，向金国称臣，然后命令岳飞班师回朝。岳飞认为收复中原的时机不能失掉，多次上表朝廷，竭力请求朝廷收回班师成命。秦桧一定要破坏收复中原的战事，就先伪造诏命召韩世忠、张俊、刘锜、杨沂中等将领各自率领所部人马撤归，然后才对宋高宗陈述要岳飞班师的看法，认为岳飞孤军不能长期留在北方，要求宋高宗暂且下诏命令他撤回来。岳飞在一天之内竟然收到命令班师的金牌十二道。岳飞已经功在垂成，但朝廷的命令不能违抗，愤慨痛惜而流了好长时间眼泪，然后才班师。班师的时候，父老百姓非常失望，都来挡住马，恸哭说："我们头戴香盆、运送粮草来迎接朝廷的军队，金人都知道。如今你们离开这里，（无人保护我们）我们这些人都活不成了。"岳飞也很悲伤，沉痛地取出诏书来给他们看过，然后说："我不能擅自滞留啊！"军民的哭声响彻旷野。岳飞又留下五天来等待百姓们随军南迁，百姓像赶集一般接踵而至。岳飞多次上奏请求将汉上六郡的闲田用来安置他们。

兀术正准备放弃汴京，将要渡黄河北归，有个北宋时的太学生拉住他的马劝阻说："太子你别走，岳少保的军队就要退回去了！"兀术说："岳少保用五百骑兵就打败我的十万精兵，京城的汉人日日夜夜盼望着他到来，为什么说我还可以呆守在这里呢？"太学生说："不是这样的！自古以来，不曾有过权臣在朝内（作梗使坏），而大将却能在外立功的先例。在我看来，岳少保灾祸尚且不可避免，怎么还继续进军呢？"兀术一下子明白了，于是才留下来。第二天，果然传来岳飞班师的消息。从岳飞班师后，黄河南面那些刚收复的府州，又全部被金国占据了。

第八章　岳飞的结局

岳飞还朝后，竭力请求解除自己的兵权，朝廷不允许。宋高宗十二年（1142年），金人兵分多路，渡过淮河，到达庐州。宋高宗发出十七道命令催促岳飞赶赴庐州援救。金人听说岳家军到来，又逃跑了。接着与金人和议的声浪再次兴起。秦桧担心岳飞不赞成自己和议，于是召岳飞从庐州还朝，用谋反的罪名诬陷他，（并派何铸审问）。岳飞撕破自己的衣裳让何铸看他的脊背。原来他背上刺有"精忠报国"四个大字深入到皮肤腠理。何铸于是说岳飞无罪。而秦桧和张俊一定要害死岳飞，但已经关进监狱两个月，虽然想罗织他的罪名却无从罗织，直到年底，谋反案还是定不了。有一天，秦桧亲手写了一张小纸条派个老狱吏送到监狱中，于是就获得报告说岳飞已经死了。时间是宋高宗十五年（1145年）十二月二十九日，距离民国前约八百五十年，岳飞当时三十九岁。岳云被弃市，家产财物被造册没收，家属被流放到岭南。岳飞的妻子李氏曾获封楚国夫人，为人贤淑有妇德，也被流放到岭南留居。

当时洪浩正在金国内，写一封信藏在蜡丸中叫人快马奔回上奏：他说金人所畏惧佩服的人只有岳飞一个，金人大小头领听说岳飞下狱而死，都互相举酒庆贺。

岳飞三十岁的时候作了一首《满江红》词来抒发他的报国意愿，词意思如下：

气愤得头发直竖，冲起帽冠。登上高处，倚凭栏杆。萧萧雨阑，风静云散。抬头纵目，仰对高天。呼啸呐喊：胸中壮志填满，何时才得一展？三十年的功名，如同尘土一般；八千里路奔波，经历几多风骤月残。不要白白耗费时间，转瞬成为老年，枉自悲哀浩叹！

靖康年间遭受的奇耻深怨，至今未能洗涤雪湔。臣子心中遗憾，何时消除可安！驾上战车，碾破那贺兰山的险隘雄关。树立壮志，饥时敌肉为美餐，渴时敌血味更甘。等我从头整顿好昔日河山，再将捷报敬献到天子殿前。

岳飞虽然只是一介军人，但是他的文字激昂慷慨，爱国的情感洋溢在言语行动当中，白天夜里无时无刻不牢记在心上，可惜壮志未能伸展，最后死在权臣手中，在英雄心中留下的永久遗憾，难道有穷尽吗？宋孝宗即位做皇帝后，颁布诏令恢复岳飞的官职，按照礼仪重新安葬，追封他为鄂王。

岳飞一生待人恭敬，也不是一般人所能赶得上的。他身为大将但家中没有美女侍奉。吴玠曾将一位著名美女梳妆打扮后赠送予他，他拒绝接受说："国家多灾多难的岁月难道是大臣纵享安乐的时候吗？"宋高宗曾经想为岳飞建一套住宅，岳飞拒绝说："金国强盗还没有消灭，我要家干什么呢？"有人问他："天下什么时候太平？"岳飞回答说："到文臣不爱钱，武臣不怕死的时候，天下就太平了。"岳飞对待士卒既关心又尊重，但执行军令却极其严格。即使有违纪拿取百姓一缕麻来捆马草的士兵，也立即斩首巡回示众。士卒夜宿，百姓开门请他们进屋去宿，也没有敢进去的士兵。岳家军有号令："冻死不拆屋，饿死不掳掠。"岳飞不论知道哪位士兵生病，都会亲自给他调药；不论哪位部将远征，岳飞都会叫他妻子去探问慰劳他的家属；对阵亡的将士，岳飞会为他们哭泣并且抚育他们的孩子，对有的阵亡将士，岳飞则把他女儿娶过来做自己的儿媳妇。所有颁发犒劳的钱财物，全部分发给部下各级军吏，不独占一丝一毫。张俊曾经问岳飞用兵的方术，岳飞回答说："仁、智、信、勇、严五项，缺少一项都不行。"每当征调军粮的时候，岳飞一定会皱起眉头对官兵们说："东南一带的老百姓力量用尽了。"岳飞自己生活十分俭朴，厨师杀只鸡给他吃，他也告诫厨师说以后不要多杀禽畜生命。岳飞爱烧香，但只取瓦炉点燃柏香罢了，后来这一爱好也放弃了。他常常说："大丈夫既想建功立业，怎么能有个人的嗜好呢？"

王文成事略⁽¹⁾

【原文】

第一章　学问与事功之关系

明代奄有天下，⁽²⁾垂三百年，名将颇不乏人，而以文臣用兵制胜，则未有如王文成公者也。文成初任疆事，提弱卒从诸书生扫积年逋寇，平定孽藩，⁽³⁾其战功为最著。当危疑之际，神明愈定，智虑无遗，虽由天资高，然亦由学养之功有以致之欤！

文成学说，以致良知为宗，⁽⁴⁾所操者约而其感人也易，一经提撕，⁽⁵⁾虽妇孺亦能警觉。故当时海内翕然宗之，⁽⁶⁾称为"阳明学"。⁽⁷⁾而文成之功亦实成于此，盖其守于中者，定危疑震撼之地，不足以挠之。则虑事也能周，而任事也有力。且一时之承其风者，皆以道德气节相磨砺，一遇事变则有生死与共之义，而无势利相倾之风。此有学者之所以易于成功，而无学者之所以易于致败也。况今日兵器日利，战术日精，各国之军人均自学校中出。有保卫国家之责者，其可不相竞于学欤！

第二章　文成少时之脩养⁽⁸⁾

文成姓王，名守仁，字伯安，余姚人。⁽⁹⁾年十五岁时，访客居庸、山海关，⁽¹⁰⁾时阑出塞，⁽¹¹⁾纵观山川形胜。弱冠举乡试，⁽¹²⁾学大进。顾益好言兵，且善射。文成之武略，盖少时已植其基矣。弘治十二年，⁽¹³⁾成进士，时西北边事方亟，文成条陈八事上之。

（14）寻授刑部主事。（15）决囚江北，引疾归。起补兵部主事。

武宗即位之初，（16）刘瑾方用事。（17）正德元年冬，瑾逮南京给事中戴铣、御史薄彦徽等二十余人。（18）文成抗章救之，瑾怒，廷杖四十，（19）谪贵州龙场驿丞。（20）此在常人，则贬谪穷荒，未有不憔悴失志者，而文成不然，其生平学问之得力即在此。

龙场在万山之中，苗、獠杂居，（21）穷荒无可得书，文成居此，惟日绎旧闻。（22）忽悟格物致知，（23）当自求诸心，不当求诸事物。喟然曰："道在是矣。"遂笃信不疑。其学说之大旨有二：曰致良知；曰知行合一。（24）有明末年，传其学者盈天下。即今日本讲学者，犹多私淑之。（25）近世德国名儒康德氏之学说，（26）亦多与文成知行合一之说相符。即专以学说论，文成亦当为吾国之哲学大家。况其生平之功业皆由此修养而来。此张横渠所谓贫贱忧戚，玉汝于成者也。（27）

第三章　文成平南赣之盗（28）

凡用兵之道，固不宜贪功以肇衅，（29）尤不宜纵贼以贻殃。武宗正德年间，江西群盗蜂起，朝命右都御史陈金总制军务，（30）陈金讨桃源、华林诸贼，多所招抚，（31）未大示惩创。又民间父兄被杀者，不得报雠，时相诟詈，（32）诸凶不自安，转徙聚啸，不数年，仍起为盗。南安、横水、桶冈诸寨，（33）有贼首谢志山、蓝天凤等；（34）漳州、浰头诸寨有贼首池仲容等，（35）皆称王，攻剽府县。而大庾陈曰能、大帽山詹师富等复与之相应。（36）于是福建、江西、湖广、广东之界方千里皆乱。（37）

时刘瑾已诛，而文成亦屡迁至鸿胪卿矣。（38）兵部尚书王琼知文成才，（39）特荐任之。遂擢右佥都御史，巡抚南赣。（40）文成既至赣州，知左右多贼耳目，呼老黠隶诘之。隶战栗不敢隐。因赏其罪，令诇贼。⁽⁴¹⁾贼动静无弗知。乃檄福建、广东会兵，先讨大帽山贼。文成率锐卒屯于上杭，⁽⁴²⁾佯退师，出不意捣之，连破四十余寨，俘斩七千有奇，指挥王铠等擒师富。⁽⁴³⁾文成复进讨大庾、横水、左溪。⁽⁴⁴⁾谢志山等据险拒之，文成未至贼巢三十里驻兵。先遣四百人伏贼巢左右，进军逼之。贼方迎战，两山举帜。贼大惊，谓官军已尽夺其巢，遂溃。乘胜连克横水、左溪，谢志山及其党萧贵模等皆走桶冈。⁽⁴⁵⁾文成以桶冈险固，移营近地，谕以祸福。贼首蓝天凤等方震恐，见使至，甚喜，约期降。而横水、左溪贼持不可，迟疑未决。文成别遣邢珣、伍文定冒雨夺险入贼巢。⁽⁴⁶⁾贼皆震愕，阻水为阵，珣与文定诸军合势并击，大破之。贼首谢志山、萧贵模、蓝天凤等皆面缚降。凡破贼八十有四。⁽⁴⁷⁾文成出师凡两月而横水、左溪、桶冈之贼悉平。

当文成之平师富也，⁽⁴⁸⁾龙川贼卢珂、郑志高、陈英咸请降。⁽⁴⁹⁾及征横水、浰头，贼将黄金巢亦以五百人降，⁽⁵⁰⁾独池仲容未下。⁽⁵¹⁾横水破，仲容始遣其弟仲安来诣文成乞降，而严为战守备。诡言："龙川新民郑志高、卢珂欲仇杀掩袭，故备，非虞官兵也。"⁽⁵²⁾文成佯信其言，械系珂等置之狱，密使人至狱中谕以意，而阴遣珂弟集兵待，遂下令散兵。岁首，大张灯乐。仲容信且疑。文成赐以节物，诱入谢。仲容遂帅其徒数十入谒，文成厚遇之，贼意益安。⁽⁵³⁾文成留仲容观灯乐，正月三日大享，先伏甲士，引贼入，以次悉擒戮之。遂率亲兵抵贼巢，连破上、中、下三浰，斩馘二千有奇，余贼奔九连山。⁽⁵⁴⁾山四面险绝，惟一面得上，贼设礌石、滚木以拒之。文成乃简壮士七百人，衣贼衣，奔崖下，贼招之上。官军进攻，擒斩殆尽。至是，南赣之盗悉平。

第四章　文成平宸濠之叛 [55]

中国自古因争皇位同室操戈者，常数见不鲜，虽祸乱卒能削平，而国家已受其损。此亦君主世及之制所不可免之弊端也。

明正德年间，武宗内无储嗣，游幸不时。宁王宸濠遂蓄异志，与其党李士实、刘养正谋为乱，[56] 踪迹大露，而诸权奸受其重赂，匿不以闻。既而御史萧淮及给事中徐之鸾、御史沈灼等疏陈宸濠不法事，[57] 武宗命革其护卫，并发兵索宸濠侦卒于臧贤家。[58] 宸濠闻报，遂于正德十四年（1519 年）六月举兵反。[59]

是时，文成方奉命勘福建叛军。行至丰城，知县顾佖以宸濠反状告。[60] 文成急趋吉安，[61] 与知府伍文定征调兵食，治器械舟楫，传檄暴宸濠罪，俾守令各率吏士勤王。因集众议曰："贼若出长江顺流东下，南都不可保。吾欲以计挠之，少迟旬日，无患矣。"乃遣间谍，檄府县言与许泰、秦金、杨旦等各率所部，[62] 合十六万，直捣南昌。[63] 又为蜡书遗伪丞相李士实、刘养正，叙其归国之诚，令怂恿早发兵东下，而纵谍泄之。宸濠果疑，与士实、养正谋，则皆劝之疾趋南京即大位。宸濠益大疑，十余日，诇知中外兵不至，乃悟文成绐之。七月壬辰朔，[64] 留宜春王拱樤守城，而刜其众六万人攻安庆。[65]

文成闻南昌兵少，则大喜。趋樟树镇，[66] 临江知府戴德孺、袁州知府徐琏等各以兵来会，[67] 合八万人。己酉，次丰城，[68] 以文定为先锋。庚戌夜半，兵抵广润门，[69] 守兵骇散。辛亥黎明，诸军梯絙登，[70] 缚拱樤等，宫人多焚死。军士颇杀掠，守仁戮犯令者十余人，宥胁从，[71] 安士民，慰谕宗室，人心乃悦。

南昌既下，遣伍文定、徐琏、戴德孺各将精兵分道进，而使瑞州通判胡尧元等设伏以待。[72] 宸濠解安庆围，还救南昌，遇于黄家渡。⁽⁷³⁾伍文定与邢珣夹击之,尧元等伏发,贼大溃。宸濠连败,退保樵舍,⁽⁷⁴⁾联舟为方阵。方晨朝,官军奄至,⁽⁷⁵⁾以小舟载薪,乘风纵火,焚其副舟。妃娄氏以下皆投水死。宸濠易舟遁,为万安知县王冕所部兵追执之。⁽⁷⁶⁾士实、养正及降贼皆就擒。南康、九江亦下。⁽⁷⁷⁾凡三十五日而贼平。⁽⁷⁸⁾

第五章　文成之功高谤生

当宸濠之反也,诸边将各献擒濠之策,武宗亦欲假亲征南游。于是自称奉天征讨威武大将军镇国公,边将江彬、许泰、刘晖,中贵人张永、张忠俱称将军。⁽⁷⁹⁾方出师,驻跸良乡。⁽⁸⁰⁾而文成奏捷至,且请献俘。江彬、张忠等嫉其功,谋欲夺之。又诸嬖幸凤与宸濠通,⁽⁸¹⁾惧文成见天子发其罪,竟为蜚语,谓文成初附宸濠,虑事不成,乃起兵。又欲令纵宸濠鄱阳湖中,⁽⁸²⁾待帝自擒。文成乘张忠、许泰未至,先俘宸濠,发南昌。忠、泰等以威武大将军檄邀之,文成不与。乘夜过玉山,⁽⁸³⁾械系宸濠等取道由浙河以进,⁽⁸⁴⁾遇太监张永于杭州。永故与杨文襄公善,⁽⁸⁵⁾除逆阉刘瑾,天下称之。文成夜见永,颂其贤,因极言江西困敝,不堪六师扰。永深然之,曰:"永此来,为调护圣躬,非邀功也。公大勋,永知之,但事不可直情耳。"文成乃以宸濠付永。张忠、许泰已先至南昌,恨失宸濠。故纵京军犯文成,或呼名谩骂。文成不为动,务待以礼。疾,予药;死,予棺。遭丧于道,必停车慰问,良久始去。京军谓王都堂爱我,⁽⁸⁶⁾无复犯者。会冬至节,文成令城市设酒晡以奠死于乱者,悲号震野。京军闻之,无不泣下思归。忠、泰不得已班师。

忠、泰回至南都,见武宗,谗毁百端,谓:"王守仁必反!"

武宗问："以何为验？"对曰："试召之，必不至。"忠、泰等屡矫旨召文成，文成得永密信，不赴。及是，知出帝意，立驰至。忠、泰等计沮，不令见武宗。文成乃入九华山，日晏坐僧寺。帝觇知之，[87] 曰："王守仁学道人，闻召即至，何谓反？"乃遣还镇，令更上捷音。文成乃易前奏，言奉威武大将军方略讨平叛乱，而尽入诸嬖幸名，江彬等乃无言。然抑文成功未叙。至嘉靖初，[88] 始起为南京兵部尚书，封新建伯。[89]

第六章　文成之以死勤事

世宗即位，深知文成功，而廷臣多忌之。虽论功封特进光禄大夫、柱国、新建伯，世袭，岁禄一千石。[90] 然不予铁券，[91] 岁禄亦不给。文成屡疏辞爵，乞录诸臣功，皆不报。屡推兵部尚书，三边总督，提督团营，亦皆不果用。[92]

嘉靖六年，思恩、田州土酋卢苏、王受反。[93] 总督姚镆不能定，[94] 乃召文成以原官兼左都御史，总督两广兼巡抚。[95] 至是。文成复出。

文成在道，疏陈用兵之非，且言："思恩未设流官，土酋岁出兵三千，听官征调。既设流官，[96] 我反岁遣兵数千防戍。是流官之设，无益可知。且田州邻交趾，[97] 深山绝谷，悉猺、獞盘踞，[98] 必仍设土官，斯可借其兵力为我屏蔽。若改土为流，则边鄙之患，我自当之，后必有悔。"遂与巡按御史石金定计招抚，[99] 遣散诸军，只留永顺保靖兵一千，[100] 解甲休息。苏、受初求抚不得，至是率众乞降。文成数二人罪，杖而遣之。随入营，抚定其众，田州以安。[101]

文成平田州，还两江，[102] 父老遮道言：断藤峡猺复炽状。[103]

断藤峡猺贼上连八寨，^{（104）}下通仙营、花相诸峒，^{（105）}盘踞三百余里，郡县罹害者数十年。文成闻报，故留南宁。^{（106）}罢湖广兵，示不再用。伺贼不备，进破牛肠、六寺等十余寨。^{（107）}循横石江而下，^{（108）}攻克仙台、花相诸贼。复令苏、受捣八寨，于是峡贼皆平。

而桂萼长吏部，^{（109）}风文成取交趾，^{（110）}文成辞不应。萼大恚，遂诋文成征抚交失，赏格不行。时文成已病甚，疏乞骸骨，举郧阳巡抚林富自代，^{（111）}不俟命，竟归。行至南安卒，年五十七。丧过江西，军民无不缟素哭送者。卒后，为桂萼等诬奏，诏停世袭，恤典俱不行。至穆宗隆庆初，^{（112）}廷臣多颂其功。诏赠为新建侯，谥文成。^{（113）}神宗万历十二年（1584 年），^{（114）}诏从祀文庙。^{（115）}文成之学，详见《阳明集》及《传习录》。^{（116）}兹所讲者，多重其武功，故不赘述。

【注释】

（1）王文成：王守仁（1472—1529 年），字伯安，号阳明，谥文成。浙江绍兴人。明代著名的哲学家、文学家、政治家和军事家。王守仁提倡从自己内心中去寻找"理"，认为"理"全在人"心"，不可于心外以求理。"求理于吾心，此圣门知行合一之教。"其学术思想在中国、日本、朝鲜半岛以及东南亚国家乃至全球都有重要的影响。王守仁一生军事功绩殊多，平定福建、江西农民起义等均可圈可点，最大的功绩是平定南昌宁王朱宸濠之乱。本文述之已详。

（2）奄：覆盖。

（3）提弱卒：率领弱小军队。逋寇：逃寇，流寇。孽藩：藩是封建时代中央王朝的属国、属地或分封的土地，借指边防重镇。

尊藩即与中央王朝离心离德甚至分庭抗礼、背叛中央王朝的属国或边防重镇。

（4）良知：是人的一种天赋的道德观念，就是孟子所说的"不虑而知"，王守仁所谓"不假外求"，是生而知之，而且是"被圣灵充满"的优良智慧。良知"只是个是非之心"，也就是"天理""天则""道"。他说："鄙夫自知的是非便是他本来天则""良知即是道""良知即是天理"。

（5）提撕：教导，提醒。颜之推《颜氏家训·序致》："吾今所以复为此者，非敢轨物范世也，业以整齐门内，提撕子孙。"

（6）海内：全国。翕然：一致的样子。《汉书·杨敞传》："宫殿之内翕然同声。"

（7）阳明学：通常又称作王学、心学，即王守仁（阳明）从对宋代理学的继承中发展而来的学说。参阅注（1）。

（8）脩：通修。

（9）余姚：即今浙江余姚市，位于浙东宁绍平原。

（10）居庸关：是京北长城沿线上的著名古关城，关城所在的峡谷，属太行余脉军都山地，地形极为险要。山海关：又称榆关，素有"天下第一关"之称。与万里之外的"天下第一雄关"嘉峪关遥相呼应，闻名天下。

（11）阑：尽。出塞：到长城以北的地区。

（12）弱冠：古时以男子二十岁为成人，初加冠，因体犹未壮，故称弱冠。《礼记·曲礼上》："二十曰弱，冠。"孔颖达疏："二十成人，初加冠，体犹未壮，故曰弱也。"后遂称男子二十岁或二十几岁的年龄为弱冠。举乡试：考中举人。

（13）弘治：明孝宗朱祐樘的年号，由1488年至1505年，前后共十八年。明孝宗朱祐樘（1470—1505年），宪宗第三子，

成化十一年（1475 年）十一月八日立为皇太子，二十三年（1487 年）九月六日即皇帝位，次年改元弘治。弘治十八年（1505）五月七日逝于乾清宫，享年 36 岁，谥"达天明道纯诚中正圣文神武至仁大德敬皇帝"。

（14）条陈：逐条罗列出来。

（15）刑部主事：六部（吏部、户部、礼部、兵部、刑部、工部）各设尚书一人，直接对皇帝负责，尚书之下有左右侍郎、郎中、主事等。

（16）武宗：明武宗朱厚照（1491—1521 年），年号正德，1505—1521 年在位，庙号"武宗"，谥号"承天达道英肃睿哲昭德显功弘文思孝毅皇帝"。

（17）刘瑾（1451—1510 年）：陕西兴平人，本姓谈，明武宗时的太监，从正德元年到五年，操纵朝政。六岁时被太监刘顺收养，后净身入宫当了太监，遂冒姓刘。孝宗时，犯死罪，得免。后侍奉太子朱厚熜，即后来的明武宗。与马永成、高凤、罗祥、魏彬、丘聚、谷大用、张永合成"八虎"，正德五年（1510 年）被凌迟处死。

（18）给事中：明朝置给事中，掌侍从、谏诤、补阙、拾遗、审核、封驳诏旨，驳正百司所上奏章，监察六部诸司，弹劾百官，与御史互为补充。另负责记录编纂诏旨题奏，监督诸司执行情况；乡试充考试官，会试充同考官，殿试充受卷官；册封宗室、诸藩或告谕外国时，充正、副使；受理冤讼等。品卑而权重。初定为正五品，后数改更其品秩至从七品。戴铣：字宝之，江西婺源人，弘治九年进士。历任翰林院庶吉士、仕郎、兵科给事中。著有《朱子实纪》十二卷。《明史》卷 188 有传："与给事中李光翰、徐蕃、牧相、任惠、徐暹及御史薄彦徽等连章奏留刘健、谢迁，且劾中

官高凤。帝怒，逮系诏狱，廷杖除名。铣创甚，遂卒。世宗立，追赠光禄少卿。"薄彦徽：阳曲人。弘治九年进士。授四川道御史。尝劾崔志端以羽士玷春卿，有直声。至是，被杖归，未及起官，卒。

（19）廷杖四十：邵廷采《明儒王子阳明先生传》作"疏入，杖五十。"龙场驿：龙场，今贵州修文县县城，在明代为一乡场（交易集市）。明初，朱元璋封当地首领奢香为贵州宣慰使，并赐姓安氏，奢香为了表示对明王朝的忠心，主动开辟贵阳通往四川西南的驿道，内设九个驿站，龙场便是安氏领地的第一个驿站。从此，龙场成为龙场驿。

（20）驿丞：明清之制，各州县设有驿站之地，均设驿丞。掌管驿站中仪仗、车马、迎送之事，不入品。明各府、州、县，据不同情况置驿丞，或有或无，或多或少，掌驿站车马迎送。佗：当为侘。侘傺（chìchà）：失意而神情恍惚的样子。《楚辞·屈原·涉江》"忳郁邑余侘傺兮，吾独穷困乎此时也。"

（21）獠：僚族，分布在今广东、广西、湖南、四川、云南、贵州等地。亦泛指南方各少数民族。

（22）绎：抽出，理出头绪。由一般原理推出关于个别事物、现象的结论的推理方法叫演绎。

（23）格物致知：格：推究；致：求得。穷究事物原理，从而获得知识。格物致知是中国古代儒家思想中的一个重要概念，源于《礼记·大学》：八目（格物、致知、诚意、正心、修身、齐家、治国、平天下）所论述的"欲诚其意者，先致其知；致知在格物。物格而后知至，知至而后意诚。"

（24）知行合一：就是要将知识与实践、功夫与本体融为一体。

（25）私淑：没有得到某人的亲身教育而又敬仰他的学问并尊之为师的，称之为私淑。《孟子·离娄上》："予未得为孔子徒也，予私淑诸人也。"《尽心上》："君子之所以教者五：有如时雨化之者，有成德者，有达财者，有答问者，有私淑艾者。"《四书集注》："私，窃也。淑，善也。艾，治也。人或不能及门受业，但闻君子之道于人，而窃以善治其身，是亦君子教诲之所及。"因此，未亲自受业的学生称为私淑弟子。"今日日本讲学者，犹多私淑之"：参阅秦光玉讲演《名将事略·名将之讲学者》：日本海军大将东乡平八郎"尝自制一印章曰：'一生低首拜阳明。'"

（26）康德：伊曼努尔·康德（1724—1804 年），德国哲学家、天文学家、星云说的创立者之一，德国古典哲学的创始人，唯心主义哲学家，不可知论者，德国古典美学的奠定者。

（27）张横渠：张载（1020—1078 年），字子厚，大梁（今河南开封）人，徙家凤翔郿县（今陕西眉县）横渠镇，人称横渠先生，赐谥明公。宋仁宗嘉祐二年（1057 年）进士，北宋哲学家，理学创始人之一，理学支脉"关学"创始人。与周敦颐、邵雍、程颐、程颢，合称"北宋五子"。贫贱忧戚，玉汝于成：见张载《西铭》，原文为："贫贱忧戚，庸玉汝于成也。"意思是艰难困苦可以磨炼人，使人最后得到玉成，即完满的成功。

（28）南赣：巡抚名。全衔为巡抚南赣汀韶等处地方提督军务。明弘治十年（1497 年）始置，驻赣州（治今江西赣州市）。辖境屡有增减。嘉靖四十五年（1566 年）定制。辖江西南安、赣州，广东韶州、南雄，湖广郴州，福建汀州。王守仁于正德十二年被任命为南赣汀漳等处巡抚。

（29）肇衅：启衅，挑起争端。

（30）右都御史：为明代及清代前期都察院的职官。明代左都御史、右都御史均为都察院长官，均为正二品。下有左、右副都御史，正三品；左、右佥都御史，正四品。陈金：（1444—

1525 年）：字汝砺，号西轩，湖北应城西南乡（今陈河镇附近）人。成化八年（1472 年）进士。先后任江西婺源知县、南京山西道御史、巡按浙江、山西按察使副使、云南按察使、云南左布政使、右副都御史巡抚云南、户部左侍郎、右都御史总制两广军务、左都御史总制两广军务、户部尚书、都察院左都御史、八省（江西、福建、两广、江浙、两湖）总制、总制加太子少保、上柱国太子太保、左都御史掌都察院事。卒谥恭襄。

（31）桃源：《明史·陈金传》作"姚源"（位于今江西万年西南城厢镇东）。华林：华林山，在宜春高安市，俗称华林，是一座横跨高安、奉新两县的名山，主峰华林寨在高安境西北，距城约 62 公里。最高点华林寨，海拔 816.4 米，进可攻，退可守。华林寨遗址尚存，即现今华林乡东岗老居周村。村庄附近有六、七处藤蔓缭绕的草坪，是当年华林军演兵场。多所招抚：指招抚姚源王浩八等，王浩八伪降后又突围反叛。陈金因此被弹劾降职，并召还朝。

（32）诟訾（gòuzī）：也作"诟讪"。责骂诋毁。

（33）南安：即今江西省大余县南安镇，位于江西省南部，大庾岭北麓，漳水河畔，东与大余县黄龙镇交界，南与广东南雄交界，西与大余县浮江乡交界，北与江西崇义县相邻。横水：江西横水镇，是江西省赣州市崇义县城所在地。桶冈：也在今江西崇义县内。

（34）谢志山：《明史·王守仁传》："谢志山据横水、左溪、桶冈。"其他事未详。蓝天凤：《明史·王守仁传》作蓝廷凤。其他事未详。

（35）漳州：即今福建漳州市。浰头：浰头寨，在今广东和平县。县制及名均系王守仁平定池仲容之乱后所设定。池仲容：原注：

"亦名池大鬓。"《明史·王守仁传》："浰头贼池仲容尤悍黠，擅拟官号，以畲瑶既殄，益增机险阱毒，虞王师。"费宏《阳明先生平浰头记》"惠之龙川北抵赣，其山谷贼巢，亡虑数百，而浰头最大。浰之贼肆恶以毒吾民者，亡虑数千，而池仲容最著。仲容之放兵四劫，亡虑数十年，而龙川、翁源、始兴、龙南、信丰、安远、会昌以迤巢受毒无数。"

（36）大庾：即今江西大余。陈曰能：被王守仁俘斩，其余事迹未详。大帽山：在福建南靖县（古称兰水县，今福建省漳州市辖县）境。詹师富：被王守仁俘斩。其余事迹未详。

（37）湖广：明朝设湖广承宣布政使司，也简称湖广、湖广行省、湖广省，辖湖北、湖南和河南小部分。

（38）鸿胪卿：明洪武三十年（1397年）设鸿胪寺。正四品衙门。设卿一人，左、右少卿各一人。

（39）兵部尚书：别称为大司马，统管全国军事的长官，明代正二品。王琼（1459—1532年）：字德华，号晋溪，别署双溪老人，山西太原（今太原市刘家堡）人。成化二十年（1484年，时年二十六岁）进士。历事成化、弘治、正德和嘉靖四朝。由工部主事六品之官，直做到户部、兵部和吏部尚书一品大员。特别在正德十年到正德十五年间的五年中，因执掌兵部，有特殊功勋，连进"三孤"（少保、少傅、少师）、"三辅"（太子太保、太子太傅、太子太师）。历史上称他和于谦、张居正为明代三重臣。卒谥恭襄。

（40）王守仁为巡抚南赣：事在正德十一年（1516年）七月。

（41）贳（shì）：宽纵，赦免。诇（xiòng）：密告；侦察；探听。

（42）上杭：上杭县位于福建省西南部。

（43）王铠：任三团哨委官。其余事迹未详。

（44）横水、左溪：在今江西崇义县境内。

（45）萧贵模：事迹未详。

（46）邢珣：当涂人，弘治六年（1493年）进士，正德元年（1506年）授南京户部郎中，转任南京刑部郎中。因得罪权贵太监刘瑾而一度被夺职。刘瑾受诛后，复任南京工部员外郎。不久，转赴赣州任职知府。招降剧盗满总等，授庐给田，抚之甚厚。后讨他盗，多依靠力。王守仁征横水、桶冈，邢珣常为军锋。功最，增二秩。伍文定（？—1581年）：字时泰，松滋人。弘治十二年（1499）进士。历任常州推官、广东右布政使、兵部右侍郎、右都御史、兵部尚书。天启初，追谥忠襄。

（47）破贼八十有四：《明史·王守仁传》作："凡破（贼）巢八十有四，俘斩六千有奇。"是。王守仁《横水桶冈捷音疏》述之甚详。

（48）师富：原注："大帽山贼。"参阅注（36）。

（49）龙川：即广东省今龙川县，位于广东省东北部，是广东最早立县的四个古邑之一。卢珂、郑志高、陈英：据王守仁《浰头捷音疏》："八哨统兵赣州卫千户孟俊呈称：'统领义官陈英、郑志高、新民卢珂等兵，于正月初七等日，会同指挥余恩、推官危寿，攻破上、中、下三浰大巢；初十等日，攻破大门山等巢；共六处。"可知，此三人投降后在平定浰头匪乱中立有战功。

（50）黄金巢：据王守仁《浰头捷音疏》等："金巢等至，臣乃释其罪，推诚厚抚，各愿出力杀贼立效。"可知后来黄金巢真为明王朝效力。

（51）池仲容：广东和平县浰头（浰源）曲潭村人，弘治年间，池仲容率领农民起义，自称"金龙霸王"，封池仲安、池仲宁、李鉴、高允贤、高飞甲、黄尚琦为元帅，下设都督、总兵，据守浰头三十八寨。正德十二年（1517年），大年初三晚上，被王守仁剿灭。今曲潭村仍存有池仲容祖屋楼阁遗址前的半月形池塘，保存完好。

（52）新民：广东龙川农民起义军首领卢珂、郑志高、陈英等投降明军成为"新民"。在其驻地设新民村，疑新民村故地即今江西大余县南安镇新民村。

（53）《明史·王守仁传》："悉引入祥符宫，厚饮食之。贼大喜过望，益自安。"

（54）馘：古代战争割取敌人的左耳，用以计数报功。引申为俘馘。《尔雅》"馘，获也。"九连山：位于江西省最南端与广东接界处、南岭东部。主峰黄牛石海拔1430米。

（55）宸濠：朱宸濠（1479—1521年）安徽凤阳人。明太祖朱元璋五世孙。初，封上高王，弘治十二年（1499年），袭封宁王。正德十四年（1519年），以明武宗荒淫无道为借口，朱宸濠集兵号十万造反，略九江、破南康、出江西，率舟师下江，攻安庆。四十三天之后，朱宸濠被王守仁打败，与诸子、兄弟一起被俘，押送北京，废为庶人，伏诛，除其封国。

（56）李士实：字若虚，南昌人，一作丰城（今江西丰城）人。成化二年（1466年）进士，正德中为右都御史，工诗、善画而一时声著。朱宸濠反，封李士实为左丞相。朱宸濠败而伏诛。刘养正：为朱宸濠的右丞相，笔杆子，从其为朱宸濠所起草的《讨正德檄》一文可见其文笔确非常人可比。一般读者不容易读到，特录如下："先祖创立大明，至今已历百年。不意祖宗血脉，孝宗驾崩而断。厚照竖子，乃民间野种。奸宦李广，抱入宫中。张后视如己出，爱如拱璧。遂使草莽无赖，俨然天皇贵胄。半岁韶龄，立为太子。十四少年，荣登大宝。此君昏庸无道，不唯豹房纵情声色，斗鸡玩狗。更于宣府营建'家里'，俨然淫窟。滥认义子，一日百名之多；广选美女，载以十辆大车。权柄下移，钱宁猖狂。信任边帅，江彬跋扈。祖制荡然，新法不立。朝廷如市肆，神州苦板荡。时艰如此，厚照浑然不觉。天象迭变，群臣依旧恬然。一二老臣谏而不听，成群小臣劝则震怒。宁王宸濠，乃太祖皇帝正统血脉。现奉太后诏书，起兵讨伐昏君奸臣。大军到处，秋毫无犯；老益相迎，少益从军。革除正德，民心所向。上下同心，共建勋业；昭彰日月，无愧天地。草檄此文，咸使闻之。"

（57）御史：我国古代官名。专门为监察性质的官职。明清专设监察御史，隶都察院，另有派遣监察御史巡察地方者，明称巡按。萧淮：正德十四年（1519年），上疏揭发宁王朱宸濠各种罪行称："宁王不遵祖训，包藏祸心，招纳亡命，反形已具。"皇帝将萧淮奏章交内阁处理。大学士杨廷和主张派遣勋戚大臣去宣读圣旨，让宁王改过自新。徐之鸾：正德年间言官、给事中。沈灼：正德年间巡按御史。

（58）臧贤：明武宗伶人，朱宸濠在京城收买的内奸。《明史纪事本末·宸濠之叛》："给事中徐之鸾、御史沈灼各上疏宸濠不法事，诏发兵大索宸濠侦卒于臧贤家。时宸濠侦卒林华匿贤家，家多复壁，外钥木厨，开则长巷，人无觉者。华以是得脱归，不获。"侦卒：名林华。

（59）《明史纪事本末》："六月丙子（十四日），宁王宸濠反。"

（60）丰城：故城在今江西丰城市南六十里，名称代有更改，依次为富城、丰城、广丰、丰城、吴皋、富州、丰城。以"丰城"之名使用时间最久。顾似：南直隶（江苏）吴县人，正德九年（1514年）进士，刚踏上仕途不久就遇上宁王之乱，顾似没有从贼或弃城而逃，而是积极筹划布防事务。王守仁误入丰城，顾似急告宁王之叛并协助王守仁脱险逃至临江府（今樟树市临江镇）筹划平叛事宜。使叛军只捕获王守仁所乘的官舟。

（61）吉安：位于江西省中部。古称庐陵、吉州，元初取"吉泰民安"之意改称吉安，沿用至今。

（62）许泰：字号不详，江都（今江苏）人。弘治十七年（1504年）甲子科武会试第一人。此科共取中武进士35名，许泰等8人答策俱优，马、步射共中六箭以上，升署职二级。在大明朝现有史料可考的52名武状元中，许泰是官职最高的一位（左都督，正一品）；也是唯一被皇帝收为义子、唯一被赐国姓（朱）、唯一被封爵（安边伯，永定伯）的武科状元。秦金（1467—1534年）：字国声，号凤山，无锡胡埭镇人。弘治六年（1493年）中进士。官至明两京五部尚书，太子少保、太子太保。谥端敏。著有《凤山奏稿》《抚湘政要》《凤山诗集》《通惠河志》等。杨旦：曾官都御史、吏部尚书。

（63）搞：通搞。

（64）七月壬辰朔：七月初一。

（65）宜春：古称袁州，江西中心城市之一，位于江西省西北部。参阅注（67）。王拱橁：朱宸濠党徒，朱宸濠发动叛乱时留守宜春。刦（jié）：同劫。劫持，胁迫而使人跟从。安庆：今安徽省安庆市，东与安徽省池州市、铜陵市隔江相望；南靠长江，与江西省九江市相连；西界湖北省黄梅、蕲春、英山三县；北接安徽省六安市、巢湖市。安庆位于宁汉长江黄金水道之要津，历来是长江中下游重要的军事战略要地。有"万里长江此封喉，吴楚分疆第一州"之美称。

（66）樟树镇：原注："在临江府清江县东北，亦曰清江镇。道通丰城，为南北津要。"

（67）临江：今江西樟树市临江镇。戴德孺：临海人。弘治十八年进士。历工部员外郎、临江知府。朱宸濠叛乱，戴德孺与家人誓曰："吾死守孤城。脱有急，若辈沉池中，吾不负国也。"即日戒严。接着，协助王守仁平定朱宸濠叛乱。明世宗以德孺驭军最整，独增三秩，为云南右布政使。舟次徐州，覆水死。后赠光禄寺卿。袁州：袁州也称宜春，明初改袁州路为袁州府，宜春县仍为治地。明洪武二年（1369 年），宜春县隶属江西布政使司袁州府，仍为府治。今宜春市（地市级），原县级宜春市为袁州区。徐琏：朝邑（今陕西省大荔县朝邑镇）人。弘治十二年进士。由户部郎中出为袁州知府。从讨朱宸濠，获首功千余。迁江西右参政。明世宗录功，增秩二等。

（68）己酉：七月十八日。

（69）庚戌：七月十九日。广润门：古南昌七门之一。位于今南昌市船山路、棋盘街、直冲巷交叉处。其余六门为章江门（今章江西路与榕门路交接处）、惠民门（今船上路与南浦路间）、进贤门（今永淑路、系马桩交汇处）、德胜门（今胜利路与阳明路交汇处，八一桥旁）、顺化门（今八一大道、儒子路交汇处）、永和门（今八一大道、叠山路、南京西路交汇处）。

（70）辛亥：七月二十日。梯緪：使用梯子、绳子攀登。

（71）宥：宽容，饶恕，原谅。

（72）瑞州：江西省高安市古名，所辖区域包括为现在的高安市、上高县、宜丰县，明清两朝改路为府，高安归瑞州府治。府治为高安，现今所说的瑞州多指高安市。通判：宋为加强控制地方而置于各州、府，辅佐知州或知府处理政务，凡兵民、钱谷、户口、赋役、狱讼等州府公事，须通判连署方能生效，并有监察官吏之权，号称"监州"。明、清各府置通判，分掌粮运、水利、屯田、牧马、江海防务等事。胡尧元：福州人。历官桐庐教授、参议、广西布政司右参政等。

（73）黄家渡：也叫黄溪渡，位于今南昌市城东北三十里处。十里有生米渡（今称生米街）。

（74）樵舍：今新建县樵舍镇，地处江西省南昌市北郊，居赣江之滨，距南昌市30公里。

（75）奄：忽然，突然。

（76）万安：今江西省万安县，隶属吉安市。王冕：其余事迹未详。

（77）南康：即今江西省南康市，因"地接岭南，人安物阜"而得名。九江：即今江西九江市，古称江州、浔阳、柴桑、汝南、浥城、德化，有江西北门之称。明代改路为九江府。

（78）三十五日：王守仁《顺生录之五·重上江西捷音疏》述之甚详：朱宸濠六月丙子（十四日）发动叛乱，至七月二十六日被平定。实际作乱时间为四十二日。

（79）江彬（一作瀕，？—1521年）：字文宜，北直隶宣府前卫（今张家口宣化）人。初为蔚州卫指挥佥事，明武宗建立豹房，江彬为皇帝物色民间美女，充斥其中，供武宗淫乐，受明武宗召见，出入豹房，与武宗同起卧。武宗收为义子，赐姓朱，任命他为宣府、大同、辽东、延绥四镇的统帅，封之平虏伯，提督东厂兼锦衣卫。江彬任情倾陷廷臣，大肆贪污受贿，培植私党，重用家人。正德十六年三月武宗去世，世宗即位，江彬被逮，处以磔刑。籍其家，得黄金七十柜，每柜一千五百两、银二千二百柜，金银杂首饰一千五百箱，其他珍宝不可胜计。刘晖：明武宗正德曾任过左都督、左都督刘晖充总兵官、副总兵，平定朱宸濠叛乱期间，称平贼将军。中贵人：显贵的侍从宦官。张永（1465—1529年）：

字德延，别号守庵，保定新城人。明武宗宦官，司礼监太监，仕武宗前，还曾仕宪（成化）、孝（弘治）二朝。武宗朝张永、刘瑾、马永成、高凤、罗祥、魏彬、丘聚、谷大用并称为"八虎"。武宗先后赐给张永蟒衣、玉带，准许在宫中骑马、乘轿，每年给禄米十二石，并命督显武营兵马。正德元年（1506 年）十月，命张永督十二团营兼总神机营。其后又与边将江彬共同掌管四卫勇士。在宫内则掌管乾清宫、御用监诸事，兼提督尚膳、尚衣、司设、内官诸监，整容、礼仪、甜食诸房及豹房、浣衣局、混堂司、南海子事，成了兼职最多的内臣。后来与杨一清等连手在平定真镰叛乱，清除宦官刘瑾等重大事件中，颇有功。张忠：霸州人。正德时御马太监，与司礼张雄、东厂张锐并侍豹房用事，时号三张。

（80）驻跸："跸"：古代王出行时，先要派兵沿路戒严，禁止行人经过称为"跸"。"跸，止行者"。后来引申为帝王出行时车驾驻扎的地方或"行幸"到的地方。良乡：即今位于北京西南 20 公里的良乡镇，是北京的西南门户。因"人物俱良"而得名。

（81）嬖幸：指被皇帝宠爱的姬妾或侍臣。《后汉书·杨震传》："方今九德未事，嬖幸充庭。"

（82）鄱阳湖：我国最大的淡水湖。古称彭蠡泽、彭泽、彭湖或彭蠡，在江西省北部。汇集赣江、修水、鄱江（饶河）、信江、抚河等水经湖口注入长江。

（83）玉山：即今玉山县，位于江西省东北部，东邻浙江省开化县、常山县及江山市。

（84）浙河：即钱塘江，因江流曲折，称之为折江，又称浙江。是浙江省内最大的河流，省以江命名。

（85）杨文襄公：杨一清（1454—1530 年），字应宁，云南安宁人。幼聪颖，7 岁能文，以奇童蜚声四乡。11 岁随父迁居巴陵，

14 岁乡试中解元，18 岁（成化八年，1472 年）中进士。历侍成化、弘治、正德、嘉靖四朝，官至兵部、户部、吏部尚书，武英殿、谨身殿、华盖殿大学士，左柱国，太子太傅，太子太师，两次入阁预机务，后为首辅，官居一品，位极人臣。卒，赠太保，谥文襄。史称"其才一时无两"。

（86）都堂：明代称都察院长官都御史、副都御史、佥都御史。还有派遣到外省的总督、巡抚都带有都察院御史衔，亦称都堂。

（87）觇（chān）：窥探。

（88）嘉靖：朱厚熜（cōng，1507—1566 年），兴献王朱祐杬长子。武宗于公元 1521 年 3 月病死，无子，又是单传，因此皇太后和内阁首辅杨廷和决定，由最近支的皇室，武宗的堂弟朱厚熜弟继承皇位，第二年改年号为嘉靖。嘉靖四十五年（1566 年）十二月十四日卒。谥钦天履道英毅圣神宣文广武洪仁大孝肃皇帝。庙号世宗。

（89）新建伯：只是封号。

（90）特进光禄大夫：官名。大夫为皇帝近臣，分为中大夫、太中大夫、谏大夫，无固定员数，亦无固定职务，依皇帝诏命行事。明朝光禄大夫为从一品，特进光禄大夫正一品。柱国：明代为十二阶武勋第二阶，从一品。

（91）铁券：我国封建时代皇帝赐给功臣，重臣的一种带有奖赏和盟约性质的凭证，类似于现代普遍流行的勋章，允其世代享有优厚待遇及免死罪的一种特别证件，民间俗称"免死牌"。

（92）三边总督：明弘治十年（1497 年），设置延绥、甘肃，宁夏三边总制（即总督），并明确诏令"总督文武，自总兵，巡抚而下皆听节制"。明朝总督具有广泛的权力，为一方军政之首，巡抚、总兵、地方三司俱听节制。提督团营：明朝兵部官职，永乐初，设三大营，总于武将。景泰元年（1450年）始设提督团营，命兵部尚书于谦兼领之，后罢。成化三年（1468年）复设，率以本部尚书或都御史兼之。可知提督团营的级别相当于兵部尚书或都御史。

（93）思恩：明置府，治所在今广西武鸣北旧思恩。田州：明田州土州治所在今广西田阳县境内。土酋：少数民族首领。卢苏、王受：王守仁《行右江道犒赏卢苏王受牌》："看得思、田头目卢苏、王受等，率领部下兵夫，征剿八寨，搜屯日久，劳苦实多，合行量加犒劳。为此牌仰右江道分巡官……以见本院犒赏之意。"可见卢苏、王受投降朝廷后功劳不小。

（94）姚镆：字英之，浙江慈谿人。弘治六年（1493年）进士。历任礼部主事、员外郎、广西提学佥事、福建副使、督学政、贵州按察使、右副都御史、工部右侍郎、右都御使史、提督两广军务兼巡抚、太子少保。著有《锦囊琐缀》八卷等。

（95）左都御史：我国古代官职。明代设左、右都御史各一人，为都察院长官，正二品。负责监察、纠劾事务，兼管审理重大案件和考核官吏。

（96）流官：指明、清两代朝廷派任四川、云南、广西等少数民族集居地区的地方官，有一定任期。相对于世袭的土官而言。

（97）交趾：今越南。参阅《马伏波事略·平交趾》章。

（98）猺（yáo）、獞（zhuàng）：今瑶族、僮（壮）族。

（99）巡按御史：明清两代中央政府均设有监察机关即都察院。明代都察院下属有十三道监察御史，监察御史平时在京城都察院供职称为内差或常差，如奉命出巡盐务即为巡盐御史，奉命出巡漕运即为巡漕御史，奉命巡按地方即为巡按御史，均称外差或特差。石金：石金，字仲南，号莲峰府君。黄梅县黄梅镇苗竹林（今属湖北省）人。正德六年（1511年）进士，官拜监察御史。卒后赠光禄少卿。

（100）永顺：故地即今湖南永顺县，位于湘西州北部偏西。明初置永顺军民安抚司，不久升为永顺军民宣慰使司，辖"三州""六长官司"，时永顺境地有南渭、施溶二州、腊惹洞、麦著黄洞、驴迟洞、田家洞、施溶洞五长官司。保靖：保靖故地即今湖南保靖县，位于武陵山脉中段，保靖建县较早，变迁较多，明代为保靖军民宣慰司。兵一千：《明史·王守仁传》作"留永顺保士兵数千"。

（101）抚定其众：《明史·王守仁传》："亲入营，抚其众七万。"

（102）两江：原注："谓左右江也。"按：左江是珠江的一条支流，位于广西壮族自治区境内；右江为流经广西壮族自治区境内的另一河名。因与左江形成一左一右而得名；又因左右江流域是壮族最集中的聚居区，史籍常以"左右江"或"左右江溪峒""左右江羁縻州"代表壮族或壮族先民地区。

（103）断藤峡：本名大藤峡，位于今广西桂平市境内黔江下游。全长14公里，其出口处距桂平市城区约8公里，峡内险滩遍布，水流湍急，岸奇峰耸峙，危崖奇突，乱石嵯峨，水下暗礁四伏，漩涡回环，狂澜倒卷，险象环生。明朝初年，这里爆发了瑶民起义，坚持武装斗争近200年，瑶民用大藤为桥，便于两岸通行，故称大藤峡。后大藤桥被明军将领韩雍砍断，大藤峡改称为断藤峡。正德年间，王守仁平定瑶民起义后，又改峡名为"永通峡"，现山上还存巨幅石刻"敕赐永通峡"。

（104）八寨：原注："今广西思恩府上林县北有周安镇，明时为八寨之一，八寨者：思吉、周安、古卯、古蓬、古钵、都者、罗黑、刹丁，后又益龙哈、咘咳为十寨。猛、獐占据于此。"按：《徐霞客游记》："八寨：西界者曰寨垒、东与后营对。都者、东与周安对。剥丁，东与苏吉对。东界者曰罗洪、西与左营对。那良、西与后营对。古卯、古钵、何罗。"峒：同洞。

（105）仙营、花相诸峒：原注："在浔州府平南县北，回环相属。"按：平南县今属于广西壮族自治区。"仙营"下文作"仙台"，"仙营"当是"仙台营"之省略。

（106）南宁：即今广西南宁市。

（107）牛肠、六寺：原注："在藤峡迤西。"

（108）横石江：原注："在浔州府武宣县东南，柳州江上源，诸水至此合流而东，即大藤峡。"

（109）桂萼（？—1531年）：字子实，号见山，余江县锦江镇人。明正德六年（1511年）中辛未科进士。历任丹徒、武康、成安等县知县、南京刑部福建司主事、翰林院学士、詹事府兼学士、礼部侍郎、礼部尚书、吏部尚书、太子少保兼武英殿大学士等职，升迁之快，史不多见。所经各任都能端正风俗，抑制豪强，政绩颇著。嘉靖九年十二月告老还乡，不久病死私第，朝廷追赐太傅，谥"文襄"。誉"均平赋役，屡忤官吏"。著有《历代地理指掌》《明舆地指掌图》《桂文襄公奏议》等。

（110）风：婉转地建议。

（111）郧阳：现在的十堰地域，古称郧阳，位于鄂、豫、渝、陕毗邻地区，秦巴山区腹地，汉江中游，属湖广行省下荆南道（监察区）管辖。林富（1475—1540年）：字守仁，号省吾，莆田（今福建莆田）城内赤柱巷人。弘治十五年（1502）进士，授南京大理评事，忤刘瑾下狱。刘瑾伏诛，复官，累迁广东、广西布政使，右副都御史巡抚郧阳，兵部左侍郎兼右佥都御史督兵两广，改总

督住其地。卒年六十六。著有《广西通志》六十卷，《少司马奏议》
二卷，《狱中与王阳明讲〈易〉》等。

（112）穆宗：明穆宗朱载垕（1537—1572年），因生母杜康
妃失宠，又非长子，很少得到父爱。16岁出居裕王邸，开始独立
生活。使他较多接触到社会生活各方面和明王朝的各种矛盾和危
机，对他登极后处理政务产生了较大的影响。为隆庆至万历初年
的改革奠定了思想基础，但仅在位七年便去世。

（113）新建侯：比原先的新建伯高一等，比王低一等，是爵
位中最高者。文成：按《谥法》："经纬天地曰文。成其道。""道
德博闻曰文。无不知。""学勤好问曰文。不耻下问。""慈惠
爱民曰文。惠以成政。""愍民惠礼曰文。惠而有礼。""安民
立政曰成（政以安之）"王守仁获此谥号时已经去世了39年。

（114）神宗：明神宗朱翊钧（1563—1620年），明穆宗第三子。
六岁立为太子，10岁即位，次年改年号万历。明神宗1573—1620
年在位凡48年。

（115）从祀文庙：王世贞《弇州四部稿·文部第四首山西第
三问》："太庙之有从祀者，谓能佐其主，衍斯世之治统也，以
报功也。文庙之有从祀者，谓能佐其师，衍斯世之道统也。"可
见所谓从祀文庙就是朝廷让对儒学发展贡献大者去世之后，在文
庙中跟着孔子享受祭祀。王守仁获此殊荣时已经去世了56年之久。
广东和平县《和平县重修王文成公祠碑记》称："新建伯文成王
公实集孔、孟以后诸儒之成。"

（116）《阳明集》：《王阳明全集》，全四卷：卷一《知行录》
（包含《传习录》）、卷二《静心录》、卷三《悟真录》、卷四
《顺生录》。《传习录》包含了王守仁的主要哲学思想，是研究
其思想及心学发展的重要资料。上卷经王守仁本人审阅，中卷里

的书信出自王守仁亲笔，是其晚年的著述，下卷虽未经本人审阅，但较为具体地解说了他晚年的思想。

【译文】

第一章　学问和事功的关系

明朝拥有天下，传了三百年，著名的将军还真不少，但凭着文臣的身份带兵打仗夺取胜利，那却没有人能赶得上王守仁了。王守仁刚担负边防平叛重任的时候，率领着弱小的军队带着几个书生扫荡作乱多年的流寇，平定背叛中央王朝的藩王。他的战功是最显赫的，面对朝廷疑惧的局面，他的精神更加镇定，考虑周全而没有疏漏。这虽然是靠他的天资高，但是也还得靠他的学养深厚才可以达到这种境界吧！

王守仁的学说，以致良知作为归依，他的学说所要掌握的内容简约，而且教育人也容易。只要用他的学说对人一教导，即使是妇女、小孩也能够明白醒悟。所以当时天下人不约而同地宗奉他的学说，称他的学说为“阳明学”。王守仁的功勋也实在是靠他的学说而取得，大致是坚守中道的人，即使面对使人疑惧震撼的局面也能安定而不退缩。于是考虑事情能够周详，承担事情又有能力。况且在一个时期具有良好风范的人，都用守道德讲气节的精神来互相磨砺鼓舞，当遇到事变的时候就会有生死与共的高风，却没有势利相倾的邪气。这就是有学养的人之所以容易获得成功，而没有学养的人之所以容易招致失败的原因。何况今天打仗，兵器越来越锋利，战术越来越精湛，各国军人都是从学校中走出来的。负有保卫国家责任的人，难道可以在掌握学问修养方面不互相竞争吗?

第二章　王守仁青少年时代的修养

王守仁,字伯安,文成是他去世后的谥号,余姚人。王守仁十五岁那年,曾经到居庸关、山海关考察并小住,考察两关结束,又走出塞外,放眼观察长城以北地区的山川形势胜景。二十岁那年考中举人,学业大有长进。而且更加喜欢谈论军事,还善于射箭。王守仁的军事才能,大概是青少年时代就已经打下了基础。弘治十二年(1499年),王守仁考中进士,当时西北边疆战事频繁,王守仁逐条列举八桩事项呈上朝廷。不久被任命为刑部主事。到江北地区判决囚犯,因病而回家修养。(病愈后)补任兵部主事。

明武宗刚就位当皇帝时,刘瑾正专权。正德元年(1506年)冬天,刘瑾逮捕了南京给事中戴铣、御史薄彦徽等二十多人。王守仁上疏救戴铣、薄彦徽等人,触怒了刘瑾,被当庭打了四十大棒,并被贬谪到贵州龙场驿为驿丞。如果一般人遭遇到这种事,这样被贬谪到穷壤荒野的地方,就没有不神情恍惚而丧失意志的。但王守仁不这样,他一生的学问获得成功的力量恰恰就在这里。龙场地处崇山峻岭当中,苗族、僚族杂居在一起,穷壤荒乡没有地方可以获得书来读,王守仁住在这里,只好天天对先前读到听到的道理进行思索清理。忽然想到《大学》中"格物致知"(推究事物,获得知识)这句话,他认为应当从自己心中去寻求道理,不应当从事物中寻求道理。然后长长地叹了一口气,说:"道理就在这里了!"(从此,对这一结论)就深信不疑。王守仁的学说的要旨有两个:第一个叫做"致良知";第二个叫做"知行合一"。明朝末年，传王守仁学说的人布满天下。就是到了如今，日本研究学问的人，仍然有很多人敬仰他的学问并尊他为师。近世德国著名学者康德的学说，也大致与王守仁知行合一的学说相符合。就算只从学说方面来看，王守仁也应当算是我国的哲学大家。何况他平生的功业都由他的学说修养获得。这就是张载所说的"贫贱忧戚，玉汝于成"（艰难困苦可以使人获得完满成功）的典型了。

第三章　王守仁平定南赣匪乱

所有用兵的道理，当然不能为了贪功而引发事端，但更不能纵容盗贼使人民遭殃。明武宗正德年间，江西成群的土匪像蜂群一样轰起。朝廷任命右都御史陈金总负责军务，陈金征讨姚源、华林一带的土匪，多用招抚的方法，没有充分显示出惩处打击土匪的威严。他又规定民间有父兄被土匪杀害的人，不许报仇。所以时常互相责骂诋毁，那些凶狂的人不能自我安分，转而换个地方又啸聚一处，没有过几年，仍然起来当土匪。南安、横水、桶冈各寨，有土匪首领谢志山、蓝天凤等人；漳州、浰头等寨有土匪首领池仲容等人。都各自称王，进攻抢劫府县。而大庾的陈曰能、大帽山的詹师富又与他们互相来往勾结。于是福建、江西、湖广、广东地界方圆千里之内都处于混乱中。

当时刘瑾已经被除掉，而王守仁也经过多次升迁坐到了鸿胪卿的位上。兵部尚书王琼知道王守仁的才能，特别推荐他担负平定土匪的重任。朝廷于是提拔他为右佥都御史出任南赣巡抚。王守仁到达赣州后，知道身边有不少人是为土匪通风报信的耳目，就叫了一个上了年纪又有点狡黠的仆人来追问。这老仆人颤抖着不敢隐瞒。王守仁就赦免他的罪，要他探听并密告土匪的情况。这样王守仁对土匪动静就无所不知了。于是发出檄文命令福建、广东两省的军队会合，先进剿大帽山的土匪。王守仁亲率精锐部队驻扎在上杭，假装退兵，趁土匪不注意的时候直捣匪巢，接连攻破四十多个营寨，杀死与俘虏者共七千多人。指挥王铠等人活捉了詹师富。接着，王守仁又进剿大庾、横水、左溪。谢志山等土匪凭借地势险峻抗拒他。王守仁则在离谢志山巢营三十里处驻扎下来，先派四百人埋伏在土匪巢穴左右两侧，然后进军逼近。谢志山正要迎战，两侧忽然举起官军的旗帜。土匪非常惊恐，以为他们的老窝已经完全被官军端掉了，于是溃散。王守仁乘胜接连进剿横水、左溪。谢志山和他的余党萧贵模等人都逃到桶冈。王守仁认为桶冈地势险峻，城墙坚固，（不能硬攻）就将军营向桶冈移近，派使者向盗贼们宣讲祸福。首领蓝天凤等人正在惊恐当中，见使者到来，十分高兴，约定了投降的时间。但横水、左溪的土匪坚持不投降，迟疑不定。王守仁另派邢珣和伍文定冒雨夺取险阻，攻入土匪巢穴。土匪都震恐惊愕，在河中设坝阻断流水作为防守阵地。邢珣与伍文定各军会合一起，乘势猛攻，将土匪打得大败。匪首谢志山、萧贵模、蓝天凤等人都当场捆起来投降。这次总共攻破土匪的营寨八十四个。王守仁出兵共两个月，横水、左溪、桶冈的匪乱全部平息。

正当王守仁平定大帽山土匪詹师富的时候，龙川的土匪卢珂、郑志高、陈英等人都请求投降。等到王守仁进剿横水、浰头的时候，土匪将领黄金巢也带着五百人来投降，只剩下池仲容没有攻下。横水被攻破后，池仲容才派他弟弟池仲安来见王守仁请求准降，但暗中却严密进行作战防守的准备。并欺骗说："龙川的新民郑志高、卢珂是仇人，他们想暗中偷袭我们，所以才做防备，并不是为了防备官兵。"王守仁假装听信了他的话，立即将卢珂等人戴上刑具关进监狱，秘密派人到狱中向他们说明这样做的用意，并暗中派卢珂的弟弟集合军队等待着。（一切准备停当）就命令解散军队。年初，举行盛大的灯会音乐会，池仲容半信半疑。王守仁派人赏赐他们节日礼物，并带着他们入祥符宫内感谢。池仲容于是率领他的部下几十人进祥符宫谒见王守仁，王守仁用丰盛的酒食热情地款待他们，他们更加安心了。接着王守仁留池仲容参观灯会，欣赏音乐。正月初三那天，王守仁又举办盛大的宴会请池仲容等人，事先埋伏好甲士，当土匪入宴的时候，依次一一全部擒杀了他们。王守仁于是率领亲兵直捣土匪巢穴，接连攻破上、中、下三浰，总共斩杀、俘获二千多人。残余的土匪逃奔到了九连山。九连山四面险陡峻绝，只有一面可以上去，土匪设置了礌石、滚木来阻挡官兵。王守仁于是挑选出七百名壮士，穿上土匪的衣裳，逃奔到悬崖下面，土匪就招他们上山。官军进攻九连山时，（先化装成土匪上山的七百名壮士在内接应）将九连山的土匪几乎全部擒拿、斩杀干净。到这时，南赣的土匪全部被平定。

第四章　王守仁平定朱宸濠叛乱

因为争夺皇位而同室操戈厮杀的情况，在中国古代经常发生，见多不怪。虽然祸乱最终能够平定，但国家已经受到了它的损害。这也是君主世袭制度所不可避免的弊端。

明朝正德年间，明武宗没有儿子，出游没有固定的规律。宁王朱宸濠于是暗暗滋长夺取皇权的野心，和他的党羽李士实、刘养正谋划叛乱。谋反踪迹暴露，但朝中执掌权力的各奸臣接受了他的厚资贿赂，都严密封锁朱宸濠准备叛乱的消息而不让皇帝知道。接着，御史萧淮和给事中徐之鸾、御史沈灼等人上疏陈述朱宸濠违法的事实，明武宗下命令撤除朱宸濠的护卫，并发兵讨伐朱宸濠，朱宸濠的侦探藏在伶人臧贤家，（逃回去报信）朱宸濠听到朝廷要讨伐的消息，就在正德十四年（1519 年）六月正式发动武装叛乱。

这时，王守仁正奉命平定福建的叛军。行军到达丰城，丰城知县顾佖向他报告了朱宸濠发动武装叛乱的情况。王守仁急忙赶到吉安，与吉安知府伍文定征调军粮，准备军械战船，发出檄文公布朱宸濠发动武装叛乱的罪行，要求各州、府、县的太守、知府、知县各自率领官员士卒保卫皇帝。于是集合起众人商议说："叛贼朱宸濠如果出长江顺江流东下，南京保不住。我想用计阻止他，稍稍推迟十来天，就没有祸患了。"就派出间谍带着通报府县的檄文，与许泰、秦金、杨旦等各人率领自己的部属，共计十六万军队，直接进击南昌。同时，又写一封信用蜡封好送达朱宸濠的丞相李士实、刘养正，假称自己有归顺朱宸濠的诚意，要他们鼓动朱宸濠早些发兵东下进攻南京，并叫间谍故意将这些话泄露出去。朱宸濠果然怀疑，与李士实、刘养正谋划，李士实、刘养正都鼓励他疾趋南京登上皇位。朱宸濠更加怀疑，过了十多天，探听到中外的军队都没有到来，这才明白是王守仁骗了他。七月初一，留下宜春人王拱檊守南昌城，而胁迫着部众六万人马跟随自己攻打安庆。

王守仁听说南昌守兵少，非常高兴，赶到樟树镇。临江知府戴德孺、袁州知府徐琏等各自率领军队来与他会合，共计有八万人。七月十八日，军队驻扎在丰城，任命伍文定为先锋。七月十九日夜半，军队抵达广润门，守门的士兵惊骇逃散。七月二十日黎明，各参战军队用木梯绳缒攀登攻入城内，抓捕了宜春留守官王拱橶等人，朱宸濠宫人多数被烧死了。入城军士中不少人有杀人抢掠行为，王守仁杀了十多个违犯军纪的人，饶恕了胁从的人。安抚士民，慰问晓谕宗室，南昌人心这才欢喜起来。

王守仁攻下南昌后，派伍文定、徐琏、戴德孺各人率领精兵分道前进，同时派瑞州通判胡尧元等设下伏兵等待朱宸濠。朱宸濠解除对安庆的围攻，回兵救南昌，在黄家渡与官军相遇。伍文定与邢珣从两侧夹击他，胡尧元等人的伏兵奋起挡住前路，叛军大败。朱宸濠接连失败，只得退兵保樵舍，他将船只联在一起布置成为方形阵势。正在清晨，官军突然降临，用小船装载着柴草，乘着风势放火，焚烧朱宸濠的副船。宁王妃娄氏以下一千人都投水淹死。朱宸濠换了一张船逃遁，被万安知县王冕所率领的士兵追上活捉住。李士实、刘养正和其他投降的人都被抓捕。南康、九江也被官军占领。总共三十五天，朱宸濠叛乱被平定。

第五章　王守仁功高谤生

在朱宸濠发动叛乱的时候，各边将都进献捉拿朱宸濠的计策。明武宗自己也想假亲征之名，行南游之实，于是自称奉天征讨威武大将军镇国公。边将江彬、许泰、刘晖和太监张永、张忠等人都算随征将军。刚出师，在良乡暂驻的时候。王守仁报捷的奏疏就到了，并且请求献上俘虏。江彬、张忠等人嫉妒王守仁的功劳，策划如何冒功。还有，明武宗身边那些宠臣，早就和朱宸濠有交往，生怕王守仁朝见皇帝时揭发出他们的罪行，于是争相制造诬陷王守仁谣言。说王守仁先前依附朱宸濠，后来考虑到朱宸濠的事情不会成功，这才（不得已而）起兵攻朱宸濠。还说王守仁企图下令放走朱宸濠，让他逃入鄱阳湖中，等待皇帝自己去捉拿。王守仁在张忠、许泰等人还没有到来的时候，先俘获了朱宸濠，从南昌出发。张忠、许泰等人用威武大将军的檄文要王守仁将朱宸濠交给他们。王守仁没有照办，而乘夜途经玉山，用刑具绳索拘系着朱宸濠等人取道沿着浙江北进，途中在杭州遇上太监张永。张永原来与杨文襄公（一清）友好，一起铲除贪忤宦官刘瑾，天下人都称颂他们。王守仁夜里前去谒见张永，颂扬他德厚才高。接着极力陈述江西民生困苦凋敝，不能承受六军的惊扰。张永认为他说得很对，回答说："我这一次，是为调养护理皇上的身体而来，不是为邀功而来。您立了大功，我都知道，只是事实不能直接表露罢了。"王守仁就将朱宸濠交给张永。张忠、许泰等人已经先到南昌，为朱宸濠没有弄到自己手中而遗憾。所以唆使京城的军队对王守仁挑衅，甚至有人呼喊着王守仁的姓名谩骂。王守仁丝毫没有因此动火，完全用礼节来对待他们。生病的，给医药治病；死亡的，给棺材安葬。在路上遇到送丧的，一定停下车来慰问，久久地致哀后才离去。这样，京城的军队都说："王都堂很关心我们。"没有人再对王守仁挑衅了。适值冬至节，王守仁下令在城中街道上摆出酒食果品来祭奠因战乱而死的人，悲哭号啕声震动原野。京城的军队听了，没有不下泪思归的人。张忠、许泰等人不得已才班师回南京。

张忠、许泰等人回到南京，拜见明武宗，对王守仁百般谗陷诋毁，说："王守仁必定造反！"明武宗问："靠什么来证明他一定会造反？"张忠、许泰回答说："陛下召他试一试，必定不会奉召到来。"张忠、许泰等人曾多次假传过圣旨召王守仁，王守仁收到张永的密信，没有应召前去。到这时，知道是出自皇帝的召唤，立即奔赴到来。张忠、许泰等人的毒计破产，不让王守仁去见明武宗。王守仁只好上九华山，白天晚上坐在佛寺中。明武宗窥探知道了这回事，说："王守仁是学道的人，听到召唤立即到来，根据什么说他会造反？"明武宗于是派他返回军中，命令他重新上报捷音疏。王守仁这才更换了上次的奏疏，说是遵奉威武大将军的方略讨平了叛乱，但功勋却完全记在各位宠臣的名下。江彬等人这才无话可说。但是朝廷一直扣压着王守仁的功勋不宣布。直到嘉靖初年，才起用王守仁为南京兵部尚书，封为新建伯。

第六章 王守仁勤事去世

明世宗就位为帝，他非常了解王守仁的功劳，但朝廷中臣子大多嫉妒他。虽然按功勋封他为特进光禄大夫、柱国、新建伯，世袭，岁禄一千石。但是没有赐给铁券，一千石岁禄也没有如数拨付给他。王守仁多次上疏请求辞去封爵，请求给各位有功臣子记功，朝廷都没有答复。多次被推荐为兵部尚书、三边总督、提督团营，最后也都没有被任用。

嘉靖六年（1527年），思恩、田州少数民族首领卢苏、王受叛乱。总督姚镆不能平定，这才召王守仁并任以他原官（南京兵部尚书）兼左都御史，总督两广兼巡抚的官职。直到这时，王守仁才重新出来任事。

王守仁在出任两广总督兼巡抚的途中，上疏陈述过去用兵的错误所在，并且说："思恩没有设置流官，土著民的首领每年出兵三千，听从官方征用调遣。已经设置了流官，朝廷反而每年还要派出几千兵去防守卫戍。这种流官的设置，没有益处是可以看出来的。况且田州与交趾相邻，到处是高山深谷，又都被瑶族、僮（壮）族所盘踞，一定要重新设置土官，这样才可以依靠他们的兵力作为国家的屏障。如果改土官为流官，那么边地鄙远的祸患，只能由国家自己对付，将来一定要后悔的。"于是与巡按御史石金制定招抚卢苏、王受的计划。遣散各军，只保留永顺和保靖兵一千人，并且让他们放下武器休息。卢苏、王受当初请求招抚没有获准，到现在只有率领着部众要求投降。王守仁历数了他们两人的罪状，杖击一顿后遣返他们回营地。他亲自跟随着他们进入营地，抚慰安定他们的部众。田州从此安定。

王守仁平定了田州，返回两江的时候，父老们堵在路上讲述断藤峡地区的瑶族闹腾的炽烈状况。断藤峡的土匪上连思吉、周安等八寨，下通仙营、花相等各山洞。盘踞着三百多里地方，邻近的郡县遭受了几十年祸害。王守仁听了这些话，就留下来住在南宁。解散湖广的军队，表示不再用兵。窥探到土匪没有防备的时机，进军攻破了牛肠、六寺等十多个营寨。沿着横石江顺流而下，攻下仙台、花相各地土匪。又命令苏定、王受直捣八寨，于是断藤峡的土匪全部被平定。

当时桂萼为吏部尚书，建议王守仁乘势攻取交趾，王守仁没有同意。桂萼很生气，就诋毁王守仁，说他征伐与招抚都有错误，公布的赏格也没有兑现。当时王守仁的病已经很严重，上疏请求退休，推荐郧阳巡抚林富替代自己。没有等到朝廷的诏命，就自己上路归家，走到南安就去世了，享年五十七岁。他的丧车路过江西的时候，军人士民没有谁不穿上孝衣哭着送他。

王守仁去世后，被桂萼等人诬告，朝廷下诏终止了世袭，抚恤待遇也完全取消。直到明穆宗隆庆初年，朝廷臣子们有很多颂扬他的功绩，穆宗皇帝这才下诏追封他为新建侯，谥号文成。明神宗万历十二年（1584 年），又下诏让王守仁从祀文庙。

王守仁的学说，详见《阳明集》及《传习录》两书。现在所讲的内容，重点主要在他的武功方面，所以就不赘述他的学说了。

名将事略（下）

古晟秦光玉讲演

【讲演者简介】秦光玉（1869—1948年），字璞安，号瑞堂，云南昆明呈贡古晟（城）人。1904—1906年赴日本学习师范兼考察学务，回国后曾先后担任过云南高等学堂、省优级师范教员、省学务处职员、学务公所图书科长、教育练习所长、省两级师范学堂监督（校长）兼教务长。民国时历任教育司科长、巡按使署教育科佥事、云南第一师范学校校长、云南省教育厅厅长、政府顾问等。1909年秦光玉与钱用中一起参与创办《云南日报》，任编辑、采访、发行等职。1911年开始担任云南图书馆馆长。1913年二度出任云南图书博物馆馆长，以及辑刻《云南丛书》处总经理。云南通志馆成立以后，秦光玉任《新纂云南通志》编纂、顾问、审定委员会主任等职。1927—1948年秦光玉三度出任云南图书博物馆馆长，以及后来改名的云南省立国学图书馆馆长、省立昆华图书馆馆长，历时21年。1948年12月19日病逝于任内。秦光玉先生积极参与创办了成德、求实、五华等中学，以及五华文理学院、东陆大学等，其"及门生徒数千计"，我省许多著名人物如李根源、李曰垓、罗佩金、徐嘉瑞、陈一德、方树梅、谢显琳、杨春洲等都是他的学生。秦光玉一生著述颇多，约有180余卷，主持编辑

《滇文丛录》106 卷、《续云南备征志》32 卷等。参编《云南丛书》
205 种 1402 卷、《新纂云南通志》266 卷等，为云南的文教事业，
特别是云南省图书馆的建设做出了杰出的贡献。

【原文】

今之世界，一变迁之世界也。学术之变迁也，日进不已；事
势之变迁也，转瞬改观。故勿论政界、学界、实业界中人，皆当
于办事之暇，阅看书报，研究学问，乃足以应世界之变迁而力图
长足之进步。各界如此，军界亦然。将校讲学会之设，其有见于
此而特为是组织，思有以应世界之变迁者欤！

本会讲演科目有三：曰《道德要旨》，曰《名将事略》，曰《法
治大意》，余与周惺甫先生即担任讲演《名将事略》者也。[1] 顾
古今之名将多矣，[2] 即以名将一人论，其生平之事实亦夥矣。[3]
将从何方面求之乎？绎本会之规章，先注重乎道德，时间无多，
特就名将之事实与道德有关系者，择要讲演之。

【注释】

（1）参阅唐继尧所撰本书《弁言》。

（2）顾：但，只，只是。

（3）夥：多。

【译文】

如今的世界，是一个变迁的世界。科学的变迁，每日进步，
永不停止；事态的变迁，转眼之间，改变面貌。所以无论是政治
领域、文化教育领域、工商企业领域中的从业人员，都应当在工
余时间，读书看报，钻研学问，这才足以应对世界的变迁而努力

使自己获得长足的进步。各领域的从业人员必须这样做，军事战争领域的从业人员也必须这样做。将校讲学会的举办，大概就是看到这个道理，为了使将校们获得长足的进步，希望将校们拥有用来应对世界变迁的本领而特地组织的吧！

本将校讲学会讲演的有三个：第一个称为《道德要旨》，第二个称为《名将事略》，第三个称为《法治大意》，我和周惺甫先生就是担任《名将事略》科目的讲演人。但是古代和现代的名将太多啦！即使只讲一位名将，他的生平事实也太多了。那么究竟从哪个方面来讲述他们的事迹呢？考虑到本会的规章特别注重道德优先的原则，因为讲演的时间不多，那我就从一些名将生平中专们选出一些和道德相关的典型事例讲讲吧。

【原文】

（一）名将之讲学者

讲学似不尽属乎道德，然以桓桓武士，⁽¹⁾尚肯虚心以求学，亦为道德之大端。况古来名将之道德，往往以学问而益增长，本会又以讲学得名。兹特先举名将之讲学者以资取法。

吕蒙，⁽²⁾三国时吴人。孙权谓吕蒙曰：⁽³⁾"卿今当涂掌事，⁽⁴⁾不可不学！"蒙辞以军中多务。权曰："孤岂欲卿治经为博士耶！但当涉猎，见往事耳。"蒙乃就学。及鲁肃过浔阳，⁽⁵⁾与蒙论议，大惊曰："卿今者才略，非复吴下阿蒙！"蒙曰："士别三日，便当刮目相待。大兄何见事之晚乎！"肃与蒙结交而别。

狄青，⁽⁶⁾宋人。尹洙与狄青谈兵，⁽⁷⁾善之，荐于韩琦、范仲淹，⁽⁸⁾曰："此良将才也。"二人待之甚厚。仲淹以《左氏春秋》且曰："将不知古今，匹夫勇耳。"由是，折节读书，⁽⁹⁾悉通秦汉以来将帅兵法。

东乡平八郎，[10]日本海军大将，日俄之役，[11]曾大破俄国舰队，卒告成功。其生平实得力于讲学。尝自制一印章曰："一生低首拜阳明。"[12]

石勒，[13]晋人。好使诸生读书而听之，时以其意论古今得失，闻者悦服。尝使人读《汉书》，[14]闻郦食其劝立六国后。[15]惊曰："此法当失。何以遂得天下？"及闻留侯谏。[16]乃曰："赖有此耳！"

以上四人：吕蒙、狄青、东乡平八郎，自行讲学者也；石勒虽不能自行讲学，然好使诸生读书，亦可为讲学之补助者也。军书旁午之地，[17]光阴几何？精神几何？讲学者亦效吕蒙之涉猎往事，斯可矣。负刚强不屈之气，多骄盈自是之心。满则招损，虚以受人。讲学者亦效狄青之折节读书，斯可矣。体立而后能行，静者乃能制动，良知可致大本，[18]斯端讲学者亦效东乡之崇拜阳明，斯可矣。至若文字之研究未深，戎务之倥偬鲜暇，[19]则如石勒之听人读书亦不害其为讲学也。是在为将校者之善于取法焉而已。

【注释】

（1）桓桓：威武的样子。

（2）吕蒙（178—220年，另有180—220年、180—221年两说备参。）：字子明，汝南富陂（今安徽阜南吕家岗）人。因孙权之劝而发愤读书，深为孙权、鲁肃所依赖。历任别部司马、平北都尉（广德长）、横野中郎将、偏将军（寻阳令）、庐江太守、汉昌太守、南郡太守。平生战功卓著，擒郝普，击败关羽，最后封孱陵侯。

（3）孙权（182—252年），字仲谋，吴郡富春（今浙江富阳）人。三国时期吴国的开国皇帝，229—252年在位。

（4）当塗：塗通途，当途，即当道，当权，掌权，掌事。

（5）鲁肃（172—217年）：字子敬，临淮东城（今安徽定远）人，中国东汉末年东吴的著名军事统帅。他曾为孙权提出鼎足江东的战略规划，因此得到孙权的赏识，周瑜死后代替周瑜领兵，守陆口。浔阳：《中国古今地名大辞典》："浔本水名，在江北，南流入大江。汉因以名县，而江遂得浔阳之称。"古寻阳城又名浔水城。

（6）狄青（1008—1057年）：字汉臣，北宋汾州西河人，人称"面涅（黑）将军"。狄青生前，被视为朝廷的眼中钉，必欲拔之而后快，他含冤而死，却受到了礼遇和推崇，"帝发哀，赠中令，谥武襄"。狄青在西北四年中，前后共参战25次，身中8箭，在西北一带名声非常大。

（7）尹洙（1001—1047年）：字师鲁，河南（今河南洛阳市）人。天圣二年（1024年）登进士第，授绛州正平县主簿，历任河南府户曹参军等职。后充馆阁校勘，迁太子中允。时值范仲淹因指责丞相而贬饶州，尹洙上疏自言与仲淹义兼师友，当同获罪，于是被贬为崇信军节度掌书记，监郓州酒税。陕西用兵，尹洙被起用为经略判官，累迁至右司谏，知渭州，兼领泾原路经略公事。

（8）韩琦（1008—1075年）：字稚圭，自号赣叟，据《泉州府志 人物志·宦官卷》记载，韩琦出生于泉州北楼生韩处（现为泉州文管会立碑保护），为其父韩国华任泉州刺史时，即宋景德年间，时任泉州知府时与婢女连理生下韩琦。后随父韩国华迁相州，遂为安阳（今属河南）人，北宋政治家、名将。参阅《岳武穆事略》相关注。范仲淹（989—1052年），字希文，苏州吴县（今属江苏）人。唐宰相履冰之后。北宋著名的政治家、思想家、军事家和文学家。为政清廉，体恤民情，刚直不阿，力主改革，屡遭奸佞诬谤，数度被贬。卒谥文正，封楚国公、魏国公。有《范文正公集》传世。

（9）折节：改变平时的志趣行为，向好的方面发展。

（10）东乡平八郎（1848—1934年）：日本海军元帅，海军大将，侯爵，与陆军的乃木希典并称"军神"。在对马海峡海战中率领日本海军击败俄国海军，成为在近代史上东方黄种人打败西方白种人的先例，使他得到"东方纳尔逊"之誉。

（11）日俄之役：指1904—1905年日本与沙皇俄国为了侵占中国东北和朝鲜，在中国东北的土地上进行了一场帝国主义战争。以沙皇俄国的失败而告终。俄国被迫于1905年9月5日在朴茨茅斯同日本签订和约。和约规定：俄国承认日本在朝鲜享有政治军事及经济上之"卓越利益"，并且不得阻碍或干涉日本对朝鲜的任何措置。俄国将旅顺口、大连湾并其附近领土领水之租借权以及有关的其他特权，均移让与日本政府。俄国将由长春（宽城子）至旅顺口之铁路及一切支线，以及附属之一切权利、财产和煤矿，均转让与日本政府。此外，条约还规定将库页岛南部及其附近一切岛屿永远让与日本。

（12）阳明：详见《王文成事略》。

（13）石勒（274—333年）：字世龙，原名匐勒，上党武乡（今山西榆社北）人，羯人。十六国时期（西晋灭亡到北魏统一华北期间的时期，当时南方则为东晋时期）后赵建立者，319年称赵王。319—333年在位，世界历史上唯一从奴隶到皇帝的人。）晋人，晋：指两晋，司马炎代魏称帝，国号晋，都洛阳，史称西晋（265—316年），共四帝，为前赵刘渊所取代；司马睿即位建康，保有江南之地，史称东晋（317—420年），共十一帝，为刘裕所取代。

（14）《汉书》：又称《前汉书》，东汉班固编撰，是我国第一部纪传体断代史，"二十四史"之一。《汉书》是继《史记》

之后我国古代又一部重要史书，与《史记》《后汉书》《三国志》合称"前四史"。《汉书》全书主要记述了上起西汉的汉高祖元年（公元前206年），下至新朝的王莽地皇四年（公元23年），共230年的史事。《汉书》包括纪十二篇，表八篇，志十篇，传七十篇，共一百篇，后人划分为一百二十卷，共八十万字。

（15）郦食（yì）其（jī）公元前268—公元前203年），秦朝陈留县高阳乡（陈留，今河南开封市开封县东南。高阳，今河南开封杞县西南）人，少年时就嗜好饮酒，常混迹于酒肆中，自称为高阳酒徒。郦食其投奔刘邦时，已经年过六旬，堪称是"书生老去，机会方来"。他献策攻下陈留，使沛公的西征军获得许多粮草和辎重物资，解除了后顾之忧。在楚汉两军相持苦战难解难分情势被动的局面下，他建议汉王夺取荥阳，占据敖仓，获得巩固的据点和粮食补给，为日后逆转形势反败为胜奠定了基础。又出使齐国，劝齐王田广归汉，齐王乃放弃战备，以七十余城降汉。韩信嫉妒食其之功，发兵袭击齐国，齐王田广认为被骗，乃烹杀郦食其。汉文帝年间，追谥食其公为广野愍侯。劝立六国后，与下文"留侯谏"事见《汉书·高帝纪》："项羽数侵夺汉甬道，汉军乏食，与郦食其谋桡楚权。食其欲立六国后以树党，汉王刻印，将遣食其立之。以问张良，良发八难。汉王辍饭吐哺，曰：'竖儒几败乃公事！'令趣销印。"

（16）留侯：张良（约公元前250年—公元前186年），字子房，传为汉初城父（今安徽亳州）人。汉高祖刘邦的谋臣，秦末汉初时期杰出的政治家、军事家，汉王朝的开国元勋之一，"汉初三杰"（张良、韩信、萧何）之一。

（17）旁午：亦作"旁迕"。交错，纷繁。

（18）大本：最主要的，最根本的部分，所谓根本中之概念。

（19）戎务：军务。倥偬（kǒngzǒng）：亦作"倥傯"。事情纷繁迫促，指匆忙。

【译文】

名将当中钻研学问的典型

钻研学问似乎不全属于道德范畴，但凭着一位威武军人的身份，尚且愿意虚心地探求学问，也可算是培养道德的重要项目。何况自古以来名将的道德，往往因为有了学问才更加高尚。本将校讲学会又以"讲学"（研究学问）而命名。现在特先列举名将当中钻研学问的人来供各位会员学习。

吕蒙是三国时吴国人。孙权曾经对吕蒙说："您现在是当权主事，不能不读书学习啊！"吕蒙用军队中事务繁忙作为不想读书学习的借口。孙权说："我难道想要您钻研经典成为五经博士吗？只是要求您该涉猎（一下书籍），知道一些往事罢了。"吕蒙于是就读书学习。等到鲁肃路过浔阳的时候，与吕蒙交谈议论，（发现吕蒙谈吐不凡后）吃惊地说："您现在的才气韬略，已经不再是东吴那个阿蒙啦！"吕蒙说："与一个男子汉分别三天，就应该对他刮目相看了。老大哥您怎么那么晚才发现我的进步呢！"鲁肃与吕蒙定交为挚友后才告别。

狄青是宋朝人。尹洙与狄青谈论军事，认为他不赖，就向韩琦、范仲淹推荐说："这是一位当良将的人才。"韩琦、范仲淹用非常优厚的条件接收了狄青。范仲淹交给他一部《左氏春秋》，并且对他说："做将领的人如果不懂得历史和现实，那就不过只有匹夫之勇罢了。"从此，狄青改变了平时的爱好而专心读书，全部读通了秦、汉以来所有将帅军事论著。

东乡平八郎是今日本海军大将。东乡平八郎在日俄战争中，曾经将俄国舰队打得大败，宣告最后胜利。他平生的成功靠的确实是对学问的研究。他曾经亲自刻制了一枚"一生低首拜阳明"（一辈子只对王阳明低头拜服）的印章。

石勒是晋朝人。石勒喜欢叫那些读书人读书给自己听，时而用自己的看法评论古今人事的当否得失，听的人都高兴佩服。他曾经叫人读《汉书》给他听，当听到郦食其建议汉高祖立战国时六国的后人为王的时候，吃惊地说："这个办法应该失败。为什么结果汉高祖会获得天下呢？"等到听了汉高祖采纳留侯张良的劝阻不立六国的后人为王以后，这才说："靠的就是张良这条劝阻罢了！"

以上四个人：吕蒙、狄青、东乡平八郎、石勒，是自己读书学习的典型；石勒虽然不能亲自读书学习，但喜欢叫一帮书生读书给他听，也可以作为读书学习的辅助方法。面对战事纷繁复杂的情况，空闲能有多少？精力能有多少？读书学习的人只要学习吕蒙那样涉猎一点书籍，了解一些往事，这也就可以了。拥有坚定顽强、不屈不挠的气概，充斥着骄傲自满，自以为是的心意，自满就要招致损害，谦虚就能接受别人。读书学习的人只要效法狄青那样改变平时的爱好而专心读书，这也就可以了。身体站立之后才能行走，静止的事物才能制止运动的事物，拥有良知才可以获得最根本的东西，懂得这一点，读书学习的人只要学习东乡平八郎那样崇拜王阳明，这也就可以了。至于像在文字的学习方面没有深入，军务又纷繁紧迫，很少闲暇，那么只要像石勒那样听人读书也算是读书学习了。总之，在于作为将校的人在读书学习方面善于取法罢了。

【原文】

（二）名将之仁爱者

执慈不掌兵之说，[1]将校似无取乎仁爱。而不知对于所敌者，固不宜姑息以养奸；对于非所敌者，究不宜残忍以相处。且亦思军事机关为何而设乎？为保护人民而设也。既为保护人民而设，则对于一般人民非存一种仁爱之心，必不能达保护人民之目的也。即对于保护人民之兵，苟非存一种仁爱之心，则离心离德，士不用命，亦不能达保护人民之目的也。此荀卿之论兵要，所以首重仁人之兵也。[2]爰举古名将之仁爱者以为标准。分为两项：曰爱民；曰爱兵。

（甲）爱民

曹彬，[3]宋人。克蜀，[4]诸将所过，多屠僇[5]。独彬禁止之，始终秋毫无犯。后伐江南，城将破。一日，彬忽称疾不视事，诸将皆来问疾。彬曰："余之疾，非药石所能愈。惟须诸君诚心自誓以'克城之日，不妄杀一人！'则自愈矣。"诸将许诺。共焚香为誓。明日，彬即称愈。

羊祜，[6]晋人。镇襄阳，[7]务修德信以怀吴人。军行吴境，刈谷为粮，皆计所侵，送绢偿之。每游猎，常止晋地，所得禽兽，或先为吴人所伤者，皆送还之。于是，吴边人皆服。

曹彬之爱民，为读史者所艳称，是固然矣。然彬所爱者为已降之民也。至于晋之羊祜，并敌国未降民而亦爱之，毋乃邻于迂乎？而非迂也，祜绥怀远近，甚得江汉之心。[8]观于异日，晋师伐吴，顺流东下，望风归附，其得力于祜之仁爱者为不少耳。

（乙）爱兵

李广，[9]汉人。为人廉，得赏赐辄分其麾下，将兵乏绝之处，见水，士卒不尽饮，广不近水；不尽食，广不尝食。士以此爱，

乐为用。及死，一军皆哭。⁽¹⁰⁾

高叡，⁽¹¹⁾北齐人。⁽¹²⁾率兵修长城，暑不张盖。⁽¹³⁾后过定州，⁽¹⁴⁾官吏送之以冰。叡曰："三军皆饮温水，吾以何义独进寒冰？非追名古将，实情有所不忍！"

李广与程不识齐名，⁽¹⁵⁾然不识所将者乃节制之师，而广之兵则漫无纪律。其所以能屡战屡胜者，实由于得士卒欢心故耳。北齐之高叡，其爱兵之表面似与战国时吴起同，⁽¹⁶⁾而探其内容，则有诚伪之分。起以不孝不义之人，而卧不设席，行不骑乘，亲裹赢粮，吮卒之疽。⁽¹⁷⁾乃仁爱之作伪者也。叡平时有德行，而暑不张盖，热不进冰，与士卒同劳苦，出于情所不忍，乃仁爱至诚者也。作伪之仁，只能掩饰于一时，惟至诚之仁，真情流露，感动士卒，心悦诚服，而乐为之用。故为将校者，宜学高叡之至诚，勿学吴起之作伪。

【注释】

（1）慈不掌兵：常见谚语。丁曰健辑《治台必告录·台湾兵事第二书》："无为所惑，即严劾以警。庶几惠咸着，令可行。谚曰：'慈不掌兵'。惟执事裁之！"

（2）荀子（约前313—前238年）：名况，字卿，战国末期赵国猗氏（今山西安泽）人。著名思想家、文学家、政治家。儒家代表人物之一，时人尊称"荀卿"。曾三次出任齐国稷下学宫的祭酒，后为楚兰陵（今山东兰陵）令。荀子提倡性恶论，常与孟子的性善论比较。《荀子·议兵》："凡用兵攻战之本，在乎一民。""仁人之兵，上下一心，三军同力；臣之于君也，下之于上也，若子之事父，弟之事兄，若手臂之捍头目而覆胸腹也。"

（3）曹彬（931—999年）：北宋初年大将。字国华，真定灵寿（今属河北）人，打败契丹、北汉有功，任枢密承旨，灭后蜀任都监。雍熙三年（986年）率军攻辽，因诸将不服指挥，败于涿州，降为右骁卫上将军。宋真宗时复任枢密使。详见《宋史·曹彬传》。

（4）克蜀：事在建隆二年（961年）冬，"伐蜀，诸将咸欲屠城以逞其欲，彬独申令戢下，所至悦服。" "时诸将多取子女玉帛，彬橐中唯图书、衣衾而已。"

（5）僇：同戮。

（6）羊祜（221—278年）：字叔子，泰山南城（今山东费县西南）人。西晋开国元勋。博学能文，清廉正直。晋代魏后司马炎有吞吴之心，乃命羊祜坐镇襄阳，都督荆州诸军事。在之后的十年里，羊祜屯田兴学，以德怀柔，深得军民之心；一方面缮甲训卒，广为戒备，做好了伐吴的军事和物质准备，并在吴将陆抗去世后上表奏请伐吴，却遭到众大臣的反对。咸宁四年（278年），羊祜抱病回洛阳，同年十一月病故，并在临终前举荐杜预自代。晋代襄阳百姓为怀念羊祜生前政绩，为其建碑立庙，"望其碑者莫不流涕"，杜预名此碑为"堕泪碑"。

（7）襄阳：今湖北襄阳市。

（8）江汉：指长江汉水中下游地区（三国东吴地区）的人民。

（9）李广（？—前119年）：陇西成纪（今甘肃静宁）人，西汉名将。汉文帝十四年（前166年）从军击匈奴因功为中郎。景帝时，先后任北部边域七郡太守。武帝即位，召为中央宫卫尉。元光六年（前129年），任骁骑将军，领万余骑出雁门（今山西右玉南）击匈奴，因众寡悬殊负伤被俘逃脱奔马返回。后任右北平郡（治平刚县，今内蒙古宁城西南）太守。匈奴畏服，称之为飞将军，数年不敢来犯。元狩四年，漠北之战中，因迷路，未能参战，愤愧自杀。

（10）一军皆哭：参阅《史记·李将军列传》："广廉，得赏赐辄分其麾下，饮食与士共之。……广之将兵，乏绝之处，见水，士卒不尽饮，广不近水，士卒不尽食，广不尝食。宽缓不苛，士以此爱乐为用。""（李广）引刀自刭。广军士大夫一军皆哭。百姓闻之，知与不知，无老壮皆为垂涕。"

（11）高叡（532—568 年）：小名须拔，先后为定州刺史、太卫等职。留心庶事，纠擒奸非，称为良牧。

（12）北齐（550—577 年）：南北朝时北方王朝之一。550年由文宣帝高洋取代东魏建立，国号齐，建元天保，建都邺，史称北齐。历经文宣帝高洋、废帝高殷、孝昭帝高演、武成帝高湛、后主高纬、幼主高恒，共六帝。577年被宿敌北周消灭，立国共二十八年。

（13）盖：遮阳之伞。

（14）定州：即今属河北省的一个县级市，隶属于保定市。

（15）程不识：与李广同时的名将。部曲行伍营阵，击刁斗，士吏治军簿至明，军不得休息。他说："我军虽烦扰，然虏亦不得犯我。"《史记·李将军列传》："士卒亦多乐从李广而苦程不识。"

（16）吴起（约前440—前381 年）：卫国左氏人（今山东曹县西北）人，战国初期著名政治家、军事家。历任鲁国将军，魏国大将、西河守，楚国的苑守、令尹等军政要职。

（17）赢粮：携带粮食。吴起与士兵同苦劳，为士兵"亲裹赢粮，吮卒之疽"等事见《史记·吴起列传》："（吴）起之为将，与士卒最下者同衣食。卧不设席，行不骑乘，亲裹赢粮，与士卒分劳苦。卒有病疽者，起为吮之。"

【译文】

名将当中仁爱的典型

坚持具有仁爱慈悲心肠的人就不能掌握对的主张，当将校的人似乎不应该拥有仁爱慈悲心肠。却不知道对于自己的敌人，当然不宜姑息养奸；但对于不属于敌人的人，总不应该用残忍的心去对付吧。况且还要想一想军队组织究竟是为什么而设置的？是为保护人民而设置的吗！既然是为保护人民而设置的，那么军队对于一般人民如果不保持一副仁爱心肠，就一定不能达到保护人民的目的。即使对于保护人民的军队，只要它没有保持有一种仁爱的心，那么离心离德，士兵不听长官的命令，也就不能达到保护人民的目的了。这就是荀卿在论述军队的要道时之所以把仁人之兵放在首要位置的原因。

于是列举古代名将当中的仁爱事例作为学习的标准。分为爱民、爱兵两类。

1. 名将爱民实例

曹彬是宋朝人。宋军攻克蜀地的时候，各将领所过的地方，多有屠杀无辜的情况。只有曹彬禁止部下（杀抢），始终秋毫无犯。后来攻打江南，城快要攻破的那几天中，有一天，曹彬忽然说生病管不了事，各将领都来探问。曹彬说："我的病不是针药可以治好的。只要求各位真诚的从内心发出'克城之日，不妄杀一人！'（在攻下城的日子里，绝不乱杀一个人）这两句誓言，那么我的病自然就全好啦！"各将领同意。一起烧香立下"不乱杀人"的誓言。第二天，曹彬就宣布他的病好了。

羊祜是晋朝人。羊祜镇守襄阳的时候，努力树立德信来怀柔东吴人民，有的军队路过吴国辖境，割稻谷作为军粮，都计算出所割稻谷的数量，然后折为绢帛送去偿还。每当游猎，常在晋地住宿，所猎获的禽兽，有的是先被吴国人所射伤的，都送还射猎的人。于是，吴国的边民都服他。

曹彬的爱民行为，受到读史的人高度赞扬，这是理所应当的，但曹彬所施仁爱的对象是已经投降的人民。至于晋朝的羊祜，连对敌国还没有投降的人民也一并施予仁爱，大概就和迂腐差不多了吧？但羊祜的做法不是迂腐，他安抚关怀远近的人民，颇受长江、汉水中下游地区人民的衷心爱戴。看看后来的情况，当晋朝的军队攻打吴国的时候，军队沿着长江顺着水流东下，东吴人民就望风归降依附，这得力于羊祜对东吴人民施予仁爱的功劳很不少哩。

2. 名将爱兵实例

李广是西汉人。他为人清廉，获得赏赐就分给他的部下，他带着军队有时面临缺水乏食的绝境，见到水，如果士兵们不是人人都喝了，他不走近水；（弄到食物）如果士兵们不是人人都吃到了，他连一口也不尝。士兵因此爱戴他，高兴被他所用。在李广自杀而死的时候，他的所有部下都失声而哭。

高叡是北齐人。高叡率领军队修长城，大热天不张开遮阳的伞盖。后来路过定州，定州地方官吏送冰给他饮用。高叡说："三军官兵全都喝温水，我有什么理由独自一人享受寒冰？我不是想追求古代将军那样的好名声，实在是情感方面有所不忍啊！"

李广和程不识一样有名，但程不识所率领的是纪律严明的军队，而李广所率领的军队则散漫而没有纪律。他之所以能屡战屡胜的原因，实在是由于获得士兵欢心的缘故罢了。北齐的高叡，他关爱士兵的做法，表面上似乎和战国时期吴起关爱士兵的做法相同，但认真考察关爱的情况，那就有真诚与虚伪的区别了。吴起本来是个不孝不义的人，却睡觉时不铺垫席，行军时不骑马坐车，亲手包裹赢粮，士兵身上生了毒疮，他亲自用口吸吮毒疮。这实在是虚假的仁爱。高叡平时就有德行，但炎热的时候不张伞盖，不饮用寒冰，与士兵同劳苦，这是出于真情而不忍心，是仁爱至诚的表现。装模作样的假仁，只能掩饰一个短暂的时间；只有至诚的真仁真情流露，感动士兵而使他们心悦诚服，才会高兴地被你所用。所以当将校的人，应该学习高叡那种袒露至诚的真仁，不要学习吴起那种装模作样的假仁。

【原文】

（三）名将之严明者

将校固以仁爱为主旨，然使一致于仁爱，而不知以严明济仁爱之穷，则将流为放纵，酿为姑息，成为萎靡罢软，[1]而后患遂不可收拾。不观夫五代时南唐之边镐乎！[2]其始克建州也，[3]保全俘虏，建人皆以边佛子称之。其继克潭州也，市肆不易，[4]潭人皆以边菩萨誉之。既而政无纲纪，抚御无方，士民不附，潭人失望，乃以边和尚目之。而刘言之师来矣，[5]镐遂弃城走矣。论者观于边镐之事，遂以为仁爱咎，而不知非仁爱之失，乃仁爱不济以严明之失耳。因举古名将之严明者数人赓续讲之，[6]以防仁爱偏胜之弊焉。

周亚夫，[7]汉人。军次细柳以备匈奴。[8]文帝劳之，[9]由霸上、棘门，至细柳营。[10]军士吏被甲，锐兵刃，彀弓弩持满。先驱至，不得入。文帝至，又不得入。文帝乃使使持节诏将军："吾欲入营劳军。"亚夫乃传言开壁门。门士请车骑曰："将军约：[11]军中不得驰驱。"于是文帝乃按辔徐行。至营，亚夫持兵揖曰："介胄之士不拜，请以军礼见。"文帝改容式车。[12]使人称谢："皇帝敬劳将军。"成礼而去。群臣皆惊。文帝曰："嗟呼！此真将军矣！曩者霸上、棘门军，若儿戏耳，其将固可袭而虏也。至于亚夫，可得而犯耶？"称善者久之。

周亚夫之名逊于韩淮阴，⁽¹³⁾然观其细柳一役，壁垒森严，无间可入，则胜于淮阴多矣。何也？淮阴在赵，⁽¹⁴⁾高帝自称汉使者，晨驰入赵壁。淮阴未起，即入于卧内夺其印符，以麾召诸将，易置之。又淮阴在定陶，高帝驰入其壁而夺其军。⁽¹⁵⁾以视亚夫细柳之营，先驱至，不得入。天子至，又不得入。及入，亦不得驰驱。其治军之严明岂淮阴所能望其肩背哉？呜呼！如亚夫者，可以法已。

虽然亚夫固非因文帝之来而始为是严明以邀誉于一时也，天子先驱之至，亚夫不得而知也。天子至，不得入，及入，又不得驰驱，亚夫亦不得而知也。又况军吏士皆被甲，兵锐刃厉，彀弩持满，颇有如临大敌之势。亚夫之治军，盖不知几经约束，几经训练，乃有此规律也。后之学亚夫者，若不务约束训练于平日，而徒欲矫饰于临时，则失之矣。

田穰苴，⁽¹⁶⁾春秋时齐人。齐景公时，晋伐阿甄，而燕侵河上，齐师败绩。⁽¹⁷⁾晏婴乃荐穰苴以为将军将兵扞燕晋之师。⁽¹⁸⁾景公以宠臣庄贾监军。⁽¹⁹⁾穰苴既辞，与贾约："旦日日中会于军门。"⁽²⁰⁾贾以夕时乃至。穰苴曰："何后期为？"贾谢曰："不佞大夫亲戚送之，故留。"⁽²¹⁾穰苴曰："将受命之日则忘其家，临军约束则忘其亲，援枹鼓之急则忘其身。⁽²²⁾今敌国深侵，邦内骚动，⁽²³⁾士卒暴露于境，君寝不安席，食不甘味，百姓之命皆悬于君。何谓相送乎？"召军正问曰：⁽²⁴⁾"军法：期而后至者云何？"对曰："当斩！"于是遂斩贾以徇三军。⁽²⁵⁾三军之士皆振慄。⁽²⁶⁾

祭遵，⁽²⁷⁾东汉光武时为大司马⁽²⁸⁾，舍中儿犯法，⁽²⁹⁾遵为军市令，⁽³⁰⁾格杀之。光武怒，命收遵。主簿陈副谏曰：⁽³¹⁾"明

公常欲众军整齐，今遵奉法不避，是教令所行也。"光武悦，乃以为刺奸将军。⁽³²⁾谓诸将曰："当备祭遵，吾舍中儿犯法，尚杀之，必不私诸卿也。"

苟晞，⁽³³⁾晋人。屡破疆寇，善治繁剧，⁽³⁴⁾威名甚盛。其从母依之，奉养甚厚。其子求为将，晞不许，曰："吾不以王法贷人。"⁽³⁵⁾固求之，乃以为督护。⁽³⁶⁾后犯法，晞杖节斩之。从母叩头救之，不听。既而素服哭之，曰："杀卿者，兖州刺史；⁽³⁷⁾哭弟者，苟道将也！"其用法严峻如此。

戚继光，⁽³⁸⁾明人。号令严明，尝告诫军士："临大敌之时，不许回顾。若有一人回顾，则大众疑惑，军心动摇。"又尝言："若犯军令，即是我之亲子侄亦要照军法惩办。"后继光长子临上阵时偶然回顾，继光用军法斩之。各营官哀求，皆不听。

右列四人：田穰苴、祭遵之严明，不以权贵而宽纵者也；苟晞、戚继光之严明，不以亲属而废弛者也。今夫将校之对于军人，孰不自诩为号令严明，有犯必惩者？及遇有势力之权贵玩视军令，⁽³⁹⁾则宽纵焉而已；有关系之亲属违反军令，则废弛焉而已。为问不畏疆御，⁽⁴⁰⁾不徇私情者，将校中曾有几人哉？穰苴与祭遵，虽以宠幸如庄贾，昵近如舍中儿，而亦按军法处之。晞与继光，虽以同气连枝如从弟，属毛离里如长子，⁽⁴¹⁾而亦照军法惩之。权贵且如此，其势力不如权贵者尚敢有玩视军令者乎？亲属且如此，其关系不如亲属者尚敢有违反军令者乎？此四人所以能威震一时，而每战必克者，职是故耳。

然则学穰苴与遵、晞与继光之严明者，必杀一权贵戮一亲属而后可乎？又是不然。将校之居心须廓然大公，⁽⁴²⁾不可有丝毫之成见者存。凡对于军中之人，苟无违犯军令者，则亦已矣。如有违犯军令者，权贵固不可宽纵，即非权贵者，亦何可宽纵？亲属固不可废弛，即非亲属者又何可废弛？且必熟察其犯罪之大小以定刑罚之轻重。要以军法为标准，而无所容心于其间。若必预存一杀权贵戮亲属之成见，借他人之生命以立一己之威名，则又非仁人之所忍出矣。

【注释】

（1）萎靡：困顿不振；意志消沉。罢（pí）软：亦作"罢软"。罢通疲，疲软即疲沓软弱。

（2）边镐：小名康乐，生卒年不详，江宁人。五代时南唐著名将领。其事详见陆游《南唐书·边镐传》。

（3）建州：建州即今福建省建瓯市。位于福建省北部，闽江上游，武夷山脉东南面、鹫峰山脉西北侧。宋开宝八年（975年）改忠义军为建州。

（4）潭州：是大部分湖南地区以及部分湖北地区在古代的称呼，地域包括今长沙、湘潭、株洲、岳阳南、益阳、娄底等地。潭州作为城市名，也是长沙（当时的府治）的古称。五代梁天成二年（927年），马殷建楚国，改潭州为长沙，作国都。北宋乾德元年（963年），复置潭州，府治在今长沙市。市肆：集市。肆，店铺。易：改变，更换。

（5）刘言（？—953年）：吉州庐陵（今江西吉安）人。本为吉州刺史彭玕的属下，909年，南吴占领江西一带后，随彭玕投奔南楚。广顺二年（952年），刘言遣王逵、周行逢等人攻潭州，南唐军大败，收复南楚南岭以北故地。广顺三年（953年），刘言被后周任命为检校太师、同平章事、朗州大都督，充武平节度使，制置武安、静江等军事。最后被王逵所派将领潘叔嗣杀害。

（6）赓续：继续。

（7）周亚夫（前199—前143年）：西汉名将，沛县（今属江苏省）人。为开国名将绛侯周勃的次子，初做河内郡守，接着封为条侯，又袭父爵为绛侯，任中尉。景帝即位，周亚夫任车骑将军。吴楚等七国叛乱，景帝任命周亚夫以中尉代行太尉的职务，统帅汉军，三个月平定了叛军。周亚夫得胜归来，被正式任命为太尉。五年之后，升任丞相，深得汉景帝的器重。最后被汉景帝以谋反罪关进监狱，绝食吐血而死。

（8）次：驻扎。细柳：位于今咸阳市西南。

（9）文帝：汉文帝刘恒（前202—前157年），汉朝第5位皇帝，汉高祖刘邦第四子，在位期间，执行与民休息和轻徭薄赋的政策，使汉朝从国家初定走向繁荣昌盛的过渡时期。后世将这一时期与其子景帝执政的时期统称为"文景之治"。

（10）霸上：即灞上，位于今西安市东，因在霸水西高原上得名。棘门：故址在今陕西省咸阳市东北。《汉书·周亚夫传》载：汉文帝时，匈奴入侵。以刘礼屯兵霸上，徐历屯兵棘门，周亚夫屯兵细柳，以备胡。

（11）约：命令，规定。

（12）改容式车："式"通"轼"，车前的横木（扶手）。句意：皇帝被（周亚夫）感动，改变表情，用手扶车前的横木。

（13）逊：差，欠。韩淮阴：韩信（约前231—前196年），淮阴（今江苏淮安）人，西汉开国功臣，中国历史上杰出的军事家，与张良、萧何并列为"汉初三杰"。曾先后为齐王、楚王，后贬为淮阴侯。为汉朝的天下立下赫赫功劳，但后来却遭到刘邦的疑忌，最后被诬陷以谋反罪处死。

（14）《史记·淮阴侯列传》："楚方急围汉王于荥阳，汉王南出，之宛、叶闲，得黥布，走入成皋，楚又复急围之。六月，汉王出成皋，东渡河，独与滕公俱，从张耳军修武。至宿传舍。晨自称汉使，驰入赵壁。张耳、韩信未起，即其卧内上夺其印符，以麾召诸将，易置之。信、耳起，乃知汉王来，大惊。汉王夺两人军，即令张耳备守赵地。拜韩信为相国，收赵兵未发者击齐。"

（15）定陶：古又称陶丘，故址在今山东省定陶县，位于山东省西南部，菏泽市中部，万福河上游。据《史记》载：春秋末期，范蠡助越灭吴后，辗转至陶，"以陶为天下之中"，遂在此定居经商，被后人尊为商祖，死后葬于陶。《说文》："定，安也。"定陶之名由此而始。高帝夺韩信军之事。参阅《史记·高祖本纪》"（高祖）还至定陶，驰入齐王壁，夺其军。"按：当时韩信为齐王。

（16）田穰苴：齐国田完的后世子孙。齐景公接受晏婴的推荐任命田穰苴为将军退燕、晋之兵。田穰苴受命后，先以"后期"之罪斩监军，继以使者违反"军中不驰"之罪斩使者之仆。既退燕、晋之兵，齐景公升任田穰苴为大司马。后因大夫鲍氏、高国等人的谮陷，穰苴遭罢免而发疾死。田穰苴留下的精神遗产颇丰富：除有《司马穰苴兵法》传世外，还有"寝不安席""食不甘味""将在军，君令有所不受"等成语脍炙人口。

（17）齐景公：姜姓，名杵臼。前547年—前490年在位，春秋后期的齐国君主，其大臣中有相国晏婴、司马穰苴以及梁邱据等人。晋伐阿、甄（zhēn）：东阿、甄城的并称。两处均在今山东境内。《史记·司马穰苴列传》："齐景公时，晋伐阿、甄，而燕侵河上，齐师败绩。"司马贞索隐："阿、甄皆齐邑。《晋太康地记》曰：'阿即东阿也'，《地理志》云：甄城县，属济阴也。"河上：春秋时齐地，故地大致为今陕西省大荔县境。

（18）晏婴（？—前500年）：字仲，谥平，习惯上多称平仲。山东高密人。春秋后期政治家、思想家、外交家。齐灵公二十六年（前556年）晏婴任上大夫。历事齐灵公、庄公、景公三朝，辅政长达40余年。孔子赞曰："救民百姓而不夸，行补三君而不有，晏子果君子也！"司马迁非常推崇晏婴，将其比为管仲。晏婴著有《晏子春秋》8卷250章。扞（hàn）："捍"的古字，本义为捍卫、保护的意思，引申为抵御、抵抗、抗拒的意思。

（19）监军：监督军队，监督军队之人。

（20）旦日：明日。日中：正午。

（21）不佞：没有才能，旧时用来谦称自己。大夫：西周以后先秦诸侯国中，在国君之下有卿、大夫、士三级。大夫世袭，有封地。后世遂以大夫为一般任官职之称。

（22）枹（fú）鼓：鼓槌和鼓。

（23）邦：国。

（24）军正：军中执法官。

（25）三军：指前、中、后三军。

（26）振慄：因恐惧而身体颤抖。

（27）祭遵（？—33年）：字弟孙，颍川颍阳（今河南许昌）人。东汉大将，"云台二十八将"之一。参阅《马伏波事略》。

（28）光武：参阅《马伏波事略》。大司马：《周礼·夏官》有大司马，掌邦政。汉承秦制，置丞相，御史大夫，太尉。汉武帝罢太尉置大司马。西汉一朝，常将大司马一职授予掌权的外戚，多与大将军、骠骑将军、车骑将军等联称，也有不兼将军号的。东汉初为三公之一，旋改太尉，东汉末年又别置大司马，位在三公之上。

（29）舍中儿：大约是照顾刘秀起居生活的宠臣。

（30）军市令：公元24年，刘秀率军战胜河北割据势力王郎的部将李育后，开始建立军市，作为军人开展贸易活动的场所。

为了加强对军市的管理，刘秀任命将军祭遵为军市令。

（31）主簿：各级主官属下掌管文书的佐吏。《文献通考》卷六十三："盖古者官府皆有主簿一官，上自三公及御史府，下至九寺五监以至郡县皆有之。"隋、唐以前，因为长官的亲吏，权势颇重。魏、晋以下统兵开府之大臣幕府中，主簿常参机要，总领府事。陈副：其余事迹未详。

（32）刺奸将军：督察奸吏。后为行使此种职责的官名。汉将军属员，与外刺同主军中罪法。

（33）荀晞（？—311年）：字道将，河内山阳（今河南省修武县东）人。先后为司隶部从事、通事令史、阳平太守、尚书右丞、左丞、兖州刺史等。最后被石勒所杀。

（34）疆：疑当为彊。繁剧：事务繁杂而沉重。

（35）贷：给予。《广雅》："贷，予也。"《说文》："贷，施也。"

（36）督护：晋朝设立的专职军事职务。名目众多。有前锋督护、义军督护、大督护等，军事官员和行政官员部下都设立督护，比如州刺史也有督护，有军事指挥权，统领部队，有直接指挥作战的权力。

（37）兖（yǎn）州：位于山东省西南部。刺史：汉武帝元封初，废诸郡监察御史，分全国为十三部（州），各置部（州）刺史一人。刺史制度在西汉中后期得到进一步发展，对维护皇权，澄清吏治，促使昭宣中兴局面的形成起着积极的作用。王莽称帝时期刺史改称州牧，职权进一步扩大，由监察官变为地方军事行政长官。

（38）戚继光（1528—1588年）：字元敬，号南塘，晚号孟诸，山东登州人。明代著名抗倭将领、军事家。时人称其率领的军队为"戚家军"，"戚家军"于浙、闽、粤沿海诸地抗击来犯倭寇，历十余年，大小八十余战，终于扫平倭寇之患。卒谥武毅。

（39）玩视：轻慢看待，不认真对待。

（40）疆御：当为彊（强）御。即豪强，有权有势的人。

（41）同气连枝：比喻同胞的兄弟姐妹。属（zhǔ）毛离里：比喻子女与父母关系的密切。《诗经·小雅·小弁》："靡瞻匪父，靡依匪母。不属于毛？不离于里？"

（42）廓然：开阔的样子。

【译文】

名将当中严明的典型

　　为将为校的人当然要把行仁施爱作为自己奉行的主要宗旨，但是如果只是一味地行仁施爱，却不懂得用严明纪律来辅助行仁施爱的不足，就将因松懈而发展为放纵，形成毫无原则溺爱，成为困顿消沉疲沓软弱的军队，而酿成的后患就不可收拾了。各位不曾看到五代时期南唐那位边镐吧！他刚攻下建州的时候，优待俘虏，建州人都称他为"边佛子"。他接着攻下潭州的时候，所有集市店铺都没有改变（而照常营业），潭州人都称赞他是"边菩萨"。之后在行政方面却没有法规纪律，安抚人民、任用人才没有方法，士人民众不归附他，潭州人对他失望了，就把他当作一个和尚看待。这时刘言率领着南楚的军队打来了，边镐只得弃城逃走了。谈论的人谈到边镐失败的事时，总是归罪于他行仁施爱，却不知道不是行仁施爱的过错，而是在行仁施爱的时候没有用严格的法规纪律来辅助不足的过错罢了。于是下面列举古代名将当中执行严明纪律的几位典型继续讲一讲，用来防止一味行仁施爱所产生的弊端。

　　周亚夫是西汉人。周亚夫率领军队驻扎在细柳防御匈奴，汉文帝前去慰劳他们。汉文帝先慰劳霸上军，接着慰劳棘门军，最后来到细柳营军。汉文帝到达细柳营时，细柳营的官、兵都身披铠甲，手持锐利的兵刃，箭在弦上，弓弩拉满。汉文帝的先驱来到，不让入营。汉文帝来到，又不让入营。汉文帝这才派使者手持符节诏令周亚夫将军："我想入营慰劳军队。"周亚夫这才下命令打开营垒大门。守门卫士对车骑说："周将军有规定：军营中不准驰驱。"于是汉文帝就按住马缰绳缓步行走。汉文帝进入营内，周亚夫手持兵器向汉文帝作揖说："身穿铠甲手持武器的军人不行跪拜礼，请允许我用军队的礼仪晋见。"汉文帝（深受感动而）表情严肃，手扶车轼。派人对周亚夫表示称赞并感谢说："皇帝恭敬地慰劳将军。"慰劳仪式结束就离开军营走了。跟着汉文帝慰劳军队的所有臣子都对周亚夫的举措惊讶。汉文帝说："唉嗨！周亚夫这人才是真正的将军呀！前边的霸上军、棘门军，不过像小孩子玩游戏罢了，他们的将军当然是可以被偷袭并且被俘虏的。至于周亚夫，哪里找得到缝隙去侵犯他呢？"又赞扬了周亚夫很久很久。

周亚夫的名气比起淮阴侯韩信小多了，但看他在细柳营接受汉文帝慰劳一事，坚壁固垒，防守森严，没有任何间隙可入，那胜过淮阴侯韩信多了。为什么呢？韩信率军驻扎在赵的时候，汉高祖自称是汉朝使臣，一大早驰入韩信的营垒，韩信还没有起床，汉高祖就直接进入他的卧室内夺取他的印符，用夺取的印符来指挥号召各将领更换驻防的地方。还有，韩信驻军定陶的时候，汉高祖驰入他的营房并夺取了他的军队。再看看周亚夫的细柳营，汉文帝的先驱到来，不能进入。汉文帝驾到，又不能进入。等皇帝进入后，又不准驰驱。周亚夫治军的严明程度难道韩信可以望其项背吗？咳！像周亚夫这样的将军，实在值得效法了。

　　周亚夫本来就不是为了迎接汉文帝的到来才有意表演一场这样的严明戏来求得一时的荣誉。皇帝的先驱到来，周亚夫并不得而知；皇帝来到营前，也不能入营，等皇帝进入营中，又禁止他驰驱，（这一切）周亚夫也不得而知。更何况那些官、兵身上都披着铠甲，手中紧握着磨得锐利的兵器，弓弩也拉得满满的，很像面临强大的敌人即将发起进攻的态势。周亚夫管理的军队简直不知道经过了多少约束，经过了多少训练，这才有了如此严格的规矩。后来学习周亚夫的人，如果不在平日努力对军队约束训练，却只打算在临时装一装纪律严明的样子，那就错了。

　　田穰苴是春秋时期齐国人。齐景公在位期间，有一年晋国攻打东阿、甄城，同时，燕国入侵河上，齐国军队被打得大败。宴婴于是推荐田穰苴为将军率领军队抵抗燕、晋两国的军队。齐景公派宠臣庄贾当监军。田穰苴告辞齐景公后，与庄贾约定："明天正午时分在军门会合。"庄贾直到黄昏时才来到。田穰苴问："为什么比约定的时间晚了那么久才到来呢？"庄贾抱歉地说："我有个当大夫的亲戚送我，所以耽误了时间。"田穰苴说："做将领的人接受命令那日就忘掉了自己的家，面对军队的纪律就忘掉了自己的父母，拿起鼓槌擂击战鼓的紧急时刻就忘掉了自身的安危。如今敌国军队深入侵掠我们国家，国内混乱，士兵暴露在战场上，君王在席上睡觉不安稳，吃饭在口中感觉不出味道，百姓的生死都取决于您的行为，还有闲工夫说什么相送吗？"招来军中执法官问道："按照军法，约定了时间但后到的该怎么处置？"执法官回答说："应当斩！"于是就斩下庄贾的首级在三军中来回巡示。三军的官兵们全都恐惧得浑身颤抖。

　　祭遵在东汉光武帝时候担任大司马。汉光武帝的舍中儿犯了法，当时祭遵正担任军市令，于是经过一番格斗杀了这个舍中儿。

汉光武帝被激怒了，下命令逮捕祭遵。主簿陈副劝阻说："明公您常想使众军整齐，如今祭遵遵循法律的规定不回避威权，这是他想要使您的命令畅通无阻啊！"汉光武帝听了很高兴，就任命祭遵当刺奸将军。并且对各将领说："你们应当对祭遵小心谨慎，我的舍中儿犯了法，尚且被他杀了。（如果你们犯了法）他肯定不会徇私宽贷各位的。"

苟晞是晋朝人。苟晞曾经多次打败强敌，他擅长处理繁杂沉重的事务，具有很高的威名。他的婶母跟着他，他奉养婶母十分周到。他婶母的儿子也就是他的堂弟要求在他部下做将领，他不同意。说："我不能违反王法给人好处。"堂弟一再求他，他才给堂弟担任一个督护职务。后来堂弟犯了法，苟晞对他施行杖节刑罚后斩杀了他。婶母向他磕头救儿子，苟晞也没有听。斩杀堂弟后，苟晞穿上丧服对堂弟哭诉说："杀您的人是兖州刺史；现在为被杀的弟弟哭丧的人是苟道将啊！"苟晞执法严峻到这样的程度。

戚继光是明朝人。戚继光的号令严明，他曾经告诫士兵说："面对大敌的时候，不准回头往后看。如果有一个人回头看后面，就会使广大军众产生怀疑惑乱而导致军心动摇。"他还说过："如果违犯了军队的法令，哪怕是我的亲儿子、亲侄子，我也要按照军法惩办他。"后来，戚继光的长子临上阵的时候不小心回头看了一眼，戚继光就按照军法斩杀了他。（执法前）各营官哀求他宽恕，谁的哀求他都不听。

以上所列举的四位名将：田穰苴、祭遵的严明，是属于不因为违法者是权贵就宽纵的典型；苟晞、戚继光的严明，是属于不因为违法者是亲属就废弛的典型。如今的将校们对于士兵，谁不自我标榜为号令严明，对犯法者就必定惩处的人？但等到碰上有势力的权贵藐视怠慢军令时，就对他们宽贷放纵了事；遇到有关系的亲属违反了军令，就对他们免于处罚了事。如果要问一问既不畏惧有权有势的豪强，又不徇私情而枉法的人，将校中究竟有几个人呢？田穰苴和祭遵，虽然面对像庄贾那样获得国君深深宠幸的人，面对像舍中儿那样与皇帝狎昵亲近的人，也照常按军法处置了他们。苟晞与戚继光，即使面对堂弟这样像同胞兄弟一样的人，面对自己的长子这样超过任何至亲的人，也照常按军法惩办了他们。权贵尚且这样被处置，那些势力不如权贵的人还敢有藐视怠慢军令的吗？亲属尚且这样被惩办，那些关系不如亲属的人还敢有违反军令的吗？这四位名将之所以能威震一个时期而每战必胜的原因，不过是由于严格行使职权的缘故罢了。

既然这样，那么学习田穰苴与祭遵、苟晞与戚继光那样严明的将校，就一定要杀一个权贵或杀一个亲属之后才可以吗？这就又不对了。将校必须拥有开阔大公的居心，不可有丝毫成见残留在心中。凡是对于军队中的所有人，只要没有违犯军令的人和事，那就罢了。如果有违犯军令的人，权贵当然不能宽贷放纵，那些不属于权贵的人又怎么会宽贷放纵呢？对亲属固然不能徇私枉法，对那些不属于亲属的人又怎么会徇私枉法呢？况且必须先仔细考察他们犯罪的大小然后再确定处罚的轻重。总之，必须以军法作为标准，而且执法中不掺杂进任何私心。如果预先抱着一定要杀一个权贵或杀一个亲属的成见，借他人的生命来建立自己个人的威名，那又不是一个仁人所忍心干的事了。

【原文】

（四）名将之廉让者

南诏之谋反也，以张虔陀之多所征求；[1]蜀人之作乱也，以王全斌之纵下掠夺。[2]古今来，军事之失败，大都坐于贪财之故耳。至若钟会、邓艾之入蜀，因倾轧而戕其身；[3]王浑、王濬之伐吴，因意见而成功几败；[4]尉迟敬德之拳殴道宗，[5]传为千秋笑柄。古今来，军官之失德，又多由于争功之故耳。贪财则不廉，争功则不让，不廉不让，何以为将？爰举古名将之廉让者数人以为矜式云。[6]

张奂，[7]后汉人。威震羌夷，[8]豪帅感其恩德，[9]遗奂马二十匹，金鐻八枚。[10]奂以酒酹地曰；"使马如羊，不以入厩；使金如粟，不以入怀。"悉还之。羌性贪而畏吏清。[11]前八都尉率好货财，[12]为羌所苦。及奂正身洁己，无不悦服。威化大行。

宗悫，[13]南北朝宋人。[14]檀和之等征林邑，[15]林邑王倾国来战，以具装被象，前后无际。悫曰："吾闻外国有狮子威服百兽。"乃制其形，与象相拒。象果惊走，遂克林邑。获宝不可胜计。悫一无所取，还家之日，衣栉萧然。[16]

以上二人，乃名将之清廉者也。顾或谓："苟变以食人二鸡子，[17]终不害其为干城之将；[18]廉者，人生之小节耳！何得持此以衡将才，而不知在上者之用将固不宜以廉洁而过事苛求？"若为将者之自处要不可于廉隅而稍宽责备，[19]且亦知将校之廉不廉于国家有绝大之影响乎？假使张奂、宗悫处张虔陀、王全斌之地，则南诏必不谋反，而蜀人可以不作乱。若以虔陀、全斌而处奂与悫之地，吾不知西羌、林邑之后患何如也！廉之关系大矣哉！为将校者慎勿以为小节而忽之。

卫青，[20]汉人。率六将军击匈奴，杀获甚众。武帝使使拜青为大将军，封其三子为列侯。青固谢曰："臣幸得待罪行间，[21] 赖陛下神灵，军大捷，皆诸校尉力战之功也。臣子未有勋劳，列地封为三侯，非以劝士力战之意也！"武帝曰："我非忘诸校尉功也。"乃封诸将列侯者七人，关内侯四人。[22]

冯异，[23] 后汉人。为人谦退。不伐勑吏士。[24] 非交战受敌，常行诸营之后。与诸将相逢，辄引车避道，由是无争道变斗者。每所止舍，诸将并坐论功，异常独屏树下，军中号曰"大树将军"。及破邯郸，[25] 乃更部分，诸将各有配隶。军士皆言愿属大树将军，光武以此多之。[26]

以上二人乃名将之退让者也。际今世竞争激烈之秋，似不宜举名将之退让者以为标准，而不知当退让与不当退让亦视其所处之事如何耳。处交战受敌之时，则将校不可退让；处论功行赏之时，则将校又不可不退让。尝观古来建功立业之人，往往因骄心一生，其功业反为竞争所掩。是以善处功名者，凯旋之日，多归功于天子，归功于校尉，归功于士卒。而杜门养晦，[27] 默不言功。然是非自有公论。果然建树功名，己虽不言，人亦必以勋名归之。卫青、冯异其明证也。《书》曰："汝惟不矜，天下莫与汝争能。汝惟不伐，天下莫与汝争功。"[28] 为将校者，其三复斯言。

【注释】

（1）南诏之谋反：据《南诏德化碑》等文献，因为姚州都督兼云南别驾张虔陀贪淫无度，对南诏臣民恣意行虐，并欲图侮辱云南王阁罗凤之妻女，迫使阁罗凤起兵反叛，攻陷姚州，杀张虔陀，姚州都督府所辖32羁縻州亦被南诏夺取。唐天宝九年（750年），唐剑南节度使鲜于仲通率军进入洱海地区攻打南诏，南诏在吐蕃的支持下大败唐军，鲜于仲通只身逃脱。

（2）王全斌（908—976 年）：五代至北宋初将领，太原人。曾在后唐、后晋、后周为将。宋朝建立，参加平定叛将李筠等战，功升安国军节度使。964 年，率军 3 万克兴州（陕西略阳），乘胜连拔二十余寨。最后灭蜀入成都，纵兵掳掠，滥杀无辜，激起蜀中军民反抗，各地兵变此起彼伏，致使宋军付出了沉重的代价，花了两年多时间才逐渐平定。

（3）钟会（225—264 年）：字士季，颍川长社（今河南长葛东）人。三国时期魏将，263 年，与邓艾分兵攻打消灭蜀汉。此后钟会欲据蜀自立，与蜀汉降将姜维共谋其事，打击邓艾等人，打算自立政权。但由于手下官兵不支持钟会的行动而发动兵变，钟会与姜维皆死于兵乱之中。邓艾（197—264 年）：字士载，义阳棘阳（今河南新野）人。三国时期魏国名将。263 年，与钟会分别率军攻蜀汉，攻入成都，蜀汉灭亡。后因遭到钟会的污蔑和陷害，被司马昭猜忌而收押，最后与其子邓忠同时被卫瓘派遣田续所杀。

（4）王浑（223—297 年）：字玄冲，太原晋阳（今山西太原）人。曾辅佐晋武帝司马炎和晋惠帝司马衷两代君主，在晋初的军事和政治上做出了一定贡献。特别是在对吴作战方面功绩显著。王濬：字士治，弘农湖人也。车骑从事中郎、广汉太守、益州刺史、右卫将军、大司农等职，在灭吴之战中推首功。"王浑、王濬之伐吴，因意见"：指王濬未听王浑节度。直接乘胜纳降而使王浑"耻而且忿"并且告了王濬一状。

（5）尉迟敬德：尉迟恭（585—658 年），字敬德，朔州鄯阳（今山西朔城区）人。唐初名将，凌烟阁二十四功臣之一，赠司徒兼并州都督，谥忠武，赐陪葬昭陵。尉迟恭奉殴道宗事，《资治通鉴》：贞观六年（632 年）九月，己酉（二十九），幸庆善宫，上生时故宅也，因与贵臣宴，赋诗。起居郎清平吕才被之管弦，命曰："《功成庆善乐》，使童子八佾为《九功之舞》，大宴会，与《破陈舞》偕奏于庭。同州刺史尉迟敬德预宴，有班在其上者，敬德怒曰：'汝何功，坐我上！'任城王道宗次其下，谕解之。敬德拳殴道宗，目几眇。上不怿而罢。"任城王道宗：李道宗，唐皇宗亲，从唐皇起兵开始，一直追随唐太宗为统一中国而南征北战，屡建奇功。唐太宗说："因其勇猛似孤爱子而封任城王。"

（6）爰：于是。矜式：犹楷模。

（7）张奂（104—181年）：字然明，敦煌渊泉人（今甘肃安西县东）人。东汉桓帝时举贤良，对策获得第一名，被任为议郎，后来历官大司农、度辽将军等。

（8）羌夷：泛指以羌族为主的北方与西北方少数民族。

（9）豪帅：大首领。

（10）金镶（jù）：金质食器名，未详其形制。另一说：镶，"戎夷贯耳。"那大约就是金耳环。

（11）畏：《后汉书》作"贵"。

（12）都尉：职位次于将军的武官。

（13）宗悫（què，？—465）：字元干，南阳人。年少时任气好武，叔父宗炳问其志，答道："愿乘长风破万里浪。"元嘉二十二年（445年），林邑王范阳迈侵扰边境，交州刺史檀和之前往讨伐，宗悫自告奋勇地请求参战，被任命为振武将军，打了大胜仗，直取林邑都城象林，进入王宫，获取珍宝无数，宗悫却未取一丝一毫。前废帝刘子业即位（465年），任命宗悫为宁蛮校尉、雍州刺史，加都督衔。宗悫死，追赠为征西将军，加谥号为肃侯。

（14）南北朝（420—589年）：由420年刘裕篡东晋建立南朝宋开始，至589年隋灭南朝陈为止。该时期上承东晋、五胡十六国，下接隋朝，南北两势虽然各有朝代更迭，但长期维持对峙，所以称为南北朝。南朝（420—589年）包含宋、齐、梁、陈四朝；北朝（439—589年）则包含北魏、东魏、西魏、北齐和北周五朝。

（15）檀和之（？—456年）：南朝宋高平金乡（今山东金乡北）人。仕宋，官龙骧将军、交州刺史。元嘉二十三年（446年），林邑王范阳迈父子屡攻宋。他率萧景宪、宗悫等攻入林邑，阳迈遁走。历任雍、豫、南兖诸州刺史。林邑：古国名。象林之邑的省称。故地在今越南中部。秦汉时为象郡象林县地。自孙权以后，不朝中国。至晋武帝太康（280—289年）中，始来贡献。宋元嘉十年（424—453年）初，范阳迈遣使上表献方物，求领交州，诏答以道远，不许。后接连而寇盗不已，所贡亦陋薄。宋文帝忿其违傲，于元嘉二十三年（446年），使龙骧将军、交州刺史檀和之伐之，遣太尉府振武将军宗悫受和之节度。五月，克林邑，阳迈父子并挺身奔逃。世祖孝建二年（455年），林邑又遣长史范龙跋奉使贡献。

（16）枇（zhì）：枇为梳子和篦子的总称，此泛指饰物。萧然：萧条，冷落，荒凉。

（17）苟变　战国时卫国人。苟变以食人二鸡子事见《资治通鉴》：周安王二十五年（前377年），"子思言苟变于卫侯曰：'其才可将五百乘。'公曰：'吾知其可将；然变也尝为吏，赋于民而食人二鸡子，故弗用也。'子思曰：'夫圣人之官人，犹匠之用木也，取其所长，弃其所短；故杞梓连抱而有数尺之朽，良工不弃。今君处战国之世，选爪牙之士，而以二卵弃干城之将，此不可使属于邻国也。'公再拜曰：'谨受教矣！'"

（18）干城之将：干城即盾牌与城墙，比喻捍卫者。指保卫国家的大将。

（19）可：据上文，作"苛"义胜。廉隅：比喻端方不苟的行为、品性。

（20）卫青（？—前106年）：字仲卿，河东平阳（今山西临汾市）人。西汉时期能征惯战，为汉朝北部疆域的开拓做出过重大贡献的将领，也是中国历史上为人熟知的常胜将军。率军与匈奴作战，屡立战功，但从不结党干预政事。

（21）待罪：大臣对帝王陈奏时表示自谦的用语。意思是说自己虽然身居其职，但力不胜任，必将获罪，故称待罪。

（22）列侯：爵位名。秦汉以二十等爵赏有功者，其最高级叫彻侯。后因避汉武帝讳，改为通侯。后又改列侯。列者，见序列也。列侯是最高的一级，只有少数高级官吏和望族宗亲可以享有。列侯有封国，按封区户数所拥有的土地数量和产量征收地税，供其享用，称食邑。在封国无治民权。列侯封国大小不等，大者相当于一个县，称侯国；小者为一乡、一亭。因而以其封国食邑的大小封县侯、乡侯、亭侯三等，并以其封地为名号。金印紫绶。有封邑，得食租税。关内侯：为二十等级中第十九级，位仅次于彻（列）侯。有其号，无国邑。一般系对立有军功之将的奖励，封有食邑若干户，有按规定户数征收租税之权，可世袭。

（23）冯异（？—34年）：字公孙，颍川父城（今河南宝丰东）人。东汉开国名将，"云台二十八将"之一。在刘秀统一天下的过程中，任征西大将军，为刘秀平定关中立有大功。东汉建武十年（29年），因连年征战，在对陇右的作战中，病故于军中。

（24）伐敕（chì）：敕同敕，训诫。伐敕略同今语炫耀身份地位，动辄训诫别人。

（25）邯郸：今河北省邯郸市。

（26）多：赞扬。

（27）杜门养晦：闭门修养，培养没有月光之夜，昏暗不明，这里着重指自己修养不足的地方、不足之处。

（28）《书》：指《尚书》。引文见《大禹谟》，意思是说你只要不自我逞能，天下就没有谁与你争强；你只要不自我夸功，天下就没有谁与你争功。衿、伐：皆炫耀，彰显的意思。

【译文】

名将当中廉让的典型

唐玄宗天宝年间南诏谋反的原因，是由于张虔陀征收得过多；宋朝初年蜀人叛乱的原因，是由于王全斌放纵部下掠杀无辜。古往今来，军事上的失败，大都是由于军人贪财的原因所导致的。至于像钟会、邓艾攻入蜀地，因为互相争攻倾轧以致死于非命。像王浑、王濬们攻下东吴，因为互相不服而成功几乎变为失败。尉迟恭挥舞拳头殴打任城王李道宗等事，成为千秋把柄被世代传笑。古往今来，军官道德的缺失，多数不过是由于争功的原因所导致的罢了。贪财就是不廉，争功就是不让，不廉不让，靠什么来当将领？因此，下面我列举古代名将当中廉洁谦让的几位典型人物作为当今将校的楷模吧。

张奂是东汉人。张奂的威名震慑了西羌等西北方民族，（张奂打败西羌又接受西羌和亲）所以西羌的大首领为了感谢他的恩德，馈赠他二十匹马和八枚金镮。张奂把酒浇酹在地上发誓说：“即使马像羊一样多，我也决不让一匹进入我的马厩；即使金镮像小米一样多，我也决不让一粒进入我的口袋。”就将马匹和金镮全部退还给了西羌的大首领。羌人生性贪婪，但畏惧官吏清廉。张奂以前的八个都尉都贪财，成为羌人所受苦的原因。等他们见到张奂正身洁己的行为时，没有谁不高兴地归依顺服。于是朝廷的威仪风化得以广泛传播。

宗悫是南北朝时期的宋朝人。宗悫跟随檀和之等人征伐林邑。林邑国王带领着全国人一齐出动迎战，他们用器物覆盖在战象身上，战象队伍前不见头，后不见尾。宗悫说："我听说外国有狮子能够威服各种野兽。"于是制作了一队狮子形的战具，来抗拒林邑国的战象，战象果然都被吓跑了，于是攻下了林邑。缴获的宝物虽然多得无法计算，但是宗悫一样都没有收取。宗悫回家那天，衣着佩饰都很寒碜。

以上两位，是名将当中清廉的典型。只是有人会问："苟变虽然吃了别人两个鸡蛋，但终究不妨害他成为保卫国家的大将。清廉嘛，不过是人生的小节罢了！怎么能拿它来作为衡量将才的标准，却不懂得身居高位的人任用将领时本来就不该用廉洁作为标准对被任用的人过于苛求呢？"如果为将领的人自己做人希望不仅对端方不苟的品性不必苛求反而希望稍稍放宽要求的完备程度，那他还知道当将校的人清廉不清廉对于国家会产生很大的影响吗？假如张奂、宗悫处在张虔陀和王全斌的位置，那么南诏必定不会谋反，蜀人也就可以不叛乱；如果张虔陀、王全斌处在张奂和宗悫的位置，我就不知道西羌、林邑两国的后患怎么样了！（当将校的人）清廉不清廉，与国家关系实在太大了！所以当将校的人千万不要认为是清廉小节而忽视它。

卫青是西汉人。卫青曾率领六位将军攻打匈奴，斩杀抓获众多匈奴。汉武帝派遣使臣拜卫青为大将军，封卫青的三个儿子为列侯。卫青坚决拒绝说："我幸运地获得力所能不胜任的军职，全靠陛下您的神灵护佑，军队取得重大胜利，都是各位校尉努力作战的功劳。我没有什么功劳，却划了土地封了我家三个侯，这不是用来鼓励将士努力作战的办法啊！"汉武帝说："我不会忘记各位校尉的功劳。"于是在各位将领中，封了七人为列侯，封了四人为关内侯。

冯异是东汉人。冯异为人谦虚退让，从不炫耀身份而动辄训诫吏士。只要不是交战面对敌人，经常行走在军营后面。和其他将领相遇就退回自己的车让开道路，因此没有发生过由于抢占道路而酿成争斗的事件。每当驻扎休息时，各将领就挨坐在一起谈论功劳大小。冯异却常常独自一人隐坐在树下，军队中给了他一个绰号叫作"大树将军"。等到攻下邯郸时，更换各将领的部属，各将领都有所配隶属。军士们都表示希望归属"大树将军"。汉光武帝因此很赞赏冯异。

以上两位，是名将当中谦让的典型。处在如今世界竞争激烈的年代，似乎不应该列举名将当中谦让的典型作为标准，这只是因为不知道当退让与不当退让也要看他所处的事情怎么样罢了。如果处在与敌人交战的时候，那么，将校不可以退让；如果处在论功行赏的时候，那么，将校又不可以不退让。我曾经考察过从古以来建功立业的人，往往因为一旦产生骄傲心，他的功业反而由于竞争被掩盖了。所以善于对待功名的人，在凯旋那天，大多数人是把功勋全部归于天子，归于校尉，归于士兵。而自己闭门修养，静悄悄地不讲功劳。不过，是非自有公论。只要真的建树了功名，自己即使不讲，别人也一定会把功勋名位记在他的名下。卫青、冯异就是明证。《尚书·大禹谟》说："汝惟不矜，天下莫与汝争能；汝惟不伐，天下莫与汝争功。"（你只要不自我逞能，天下就没有谁与你争强；你只要不自我夸功，天下就没有谁与你争功。）当将校的人，千万多多重温这几句话。

【原文】

（五）名将之勤俭者

歌舞在前，娼妓列后，征逐酒食，呼喝卢雉。⁽¹⁾今之中国，颇似一太平无事，久安长治之国也。衣服丽都，⁽²⁾墙宇雕峻，仆从杂沓，⁽³⁾陈设美满。今之中国，又似一家给人足，绰有裕余之国也。及细而考其内容，则盗风昌炽，抢劫时闻，强邻窥伺，利权屡失，其危迫也乃尔！⁽⁴⁾上自国家，下逮个人，用财无源，借债为生，其贫困也乃尔！嗟嗟！我国之危迫贫困也如此，我国之人之娱乐奢侈也如彼。各省多蹈此弊，而滇省之人亦不能免焉。滇省各界多蹈此弊，而军界之人亦不能免焉。怀休戚与共之诚，⁽⁵⁾朋友忠告之谊，爰举古名将之勤俭者数人以为模范。

陶侃，⁽⁶⁾晋人。为广州刺史，在州无事，辄朝运百甓于斋外，暮运百甓于斋内。⁽⁷⁾人问其故。答曰："吾方致力中原，过尔优逸，恐不堪事。"其励志勤力，皆此类也。后为荆州刺史。⁽⁸⁾

侃性聪敏，勤于吏职，恭而近礼，爱好人伦。终日敛膝危坐，阃外多事，⁽⁹⁾千绪万端，罔有遗漏。⁽¹⁰⁾远近书疏，莫不手答。笔翰如流，未尝壅滞。引接疏远，门无停客。常语人曰："大禹圣人，乃惜寸阴。至于众人，当惜分阴。岂可逸游荒醉，生无益于时，死无闻于后，是自弃也。"诸参佐或以谈戏废事者，⁽¹¹⁾乃命取其酒器、蒲博之具，⁽¹²⁾悉投之于江。吏将则加鞭扑，曰："樗蒲者，牧猪奴戏耳！《老》《庄》浮华，⁽¹³⁾非先王之法，言不可行也。君子当正其衣冠，摄其威仪，何有乱头养望，⁽¹⁴⁾自谓弘达邪？"

韦叡，⁽¹⁵⁾南北朝梁人。⁽¹⁶⁾日接宾客，夜读兵书。或三更起，张灯达旦。且抚循其众，⁽¹⁷⁾常如不及。故士多归之。

沈义伦，⁽¹⁸⁾宋人。甘淡泊，随军入蜀，饮食节俭。及东归，箧中惟图书数卷而已。

王信，⁽¹⁹⁾明人。出镇三十年，笥无华衣，⁽²⁰⁾金玉奇玩，一无所好，铃阁之中，⁽²¹⁾寂无人声。尝曰："俭足以久，死之后不以奢侈累子孙者，我所遗也。"⁽²²⁾总理漕运，⁽²³⁾语人曰："此行江水，洗涤肺肠，少尽区区耳。"⁽²⁴⁾故刘大夏云：⁽²⁵⁾"余每用一将官，思得如王君实。那讨得来？"

以上四人，前二人为名将之勤者，后二人为名将之俭者，勤俭为我国数千年相传之美德，人孰不知之？亦孰不能言之？然而卒不能勤俭而反蹈逸乐奢侈之弊者，大抵由于不实行耳。《书》曰："非知之艰，行之惟艰。"⁽²⁶⁾凡事皆然，古今同慨。此先儒之讲学所以归重力行，近世之伦理学家所以注意实现也。为将校者，如以勤俭为救时之良药也，请急起直追，力行而实现之。

【注释】

（1）呼喝卢雉：见《弁言》注（13）。

（2）丽都：雍容华贵得很。

（3）杂沓：亦作"杂遝"。纷杂繁多的样子。

（4）乃尔：如此。

（5）休戚与共：休：欢乐，吉庆；戚：悲哀，忧愁。忧喜、祸福彼此共同承担。形容关系密切，利害一致，同欢乐共悲哀。

（6）陶侃（259—334年）：字士行（或作士衡），本为鄱阳（今江西鄱阳）人，后徙庐江寻阳（今江西九江西）。东晋时期名将，大司马。初为县吏，渐至郡守。永嘉五年（311年），任武昌太守。建兴元年（313年），任荆州刺史。后任荆江二州刺史，都督八州诸军事。晋代著名诗人陶渊明的曾祖父。刺吏：与下文刺吏皆当为刺史。

（7）甓（pì）：砖。

（8）荆州：即今湖北省荆州市，地处江汉平原腹地，东连武汉、西接宜昌、南望湖南常德，北毗荆门、襄樊。

（9）阃外：指京城或朝廷以外，亦指外任将吏驻守管辖的地域，与朝中、朝廷相对。

（10）罔：通无，没有。

（11）参佐：亦作"参左"。处于辅助地位的人。

（12）蒲博：古代的一种博戏。后亦泛指赌博。

（13）《老》《庄》：《老子》：道家学派创始人老子的论著。《庄子》道家学派最重要的代表人物庄子的论著。浮华：虚浮华美的空言而无实际有用的内容。

（14）养望：望指名望，此处养望指道家主张与世隔绝过隐居生活而求取清高的虚名。

（15）韦叡（442—520年）：字怀文，湖北襄阳人。南朝梁武帝时的名将。曾任太子右卫率、辅国将军、豫州刺史、领历阳太守等职。

（16）梁（502—557年）：南北朝时期南朝的第三个朝代，由萧衍代齐称帝，都建康（今江苏南京）。国号梁，因为皇帝姓萧，又称萧梁。

（17）抚循：安抚存恤。

（18）沈义伦（909—987年）：因避宋太宗赵光义名讳而单名伦，字顺宜，开封太康（今属河南）人。北宋的开国功臣之一，在太祖和太宗两朝执掌财政大权，后任宰相。

（19）王信：字君实，南郑人。明正统中，袭宽河卫千户。成化年间，先后任都指挥佥事、都指挥同知、总督漕运等职。《明史》本传称其"历大镇，不营私产"；"故人婚丧，倾资助之。"

（20）笥：竹编的衣箱。

（21）铃阁：亦作"铃閤"。指翰林院以及将帅或州郡长官办事的地方。

（22）我所遗也：《明史》本传作"所遗多矣"。

（23）总理漕运：总管官方利用水道（河道和海道）调运粮食（主要是公粮）的专业运输。

（24）区区：忠心，诚心。

（25）刘大夏（1436—1516年）：字时雍，号东山，湖广华容（今属湖南）人，与王恕、马文升合称"弘治三君子"。天顺三年（1459年），乡试第一。先后任过兵部职方司主事、兵部职方司郎中、户部侍郎、都察院右副都御史、户部侍郎等职。居官40余年，不为子孙营产业，祖传其田产亦任人侵占，所得俸禄，都周济贫困的邻里、族人。

（26）非知之艰，行之惟艰：引文见《尚书·说命中》，原文为"知之非艰，行之维艰"。

【译文】

名将当中勤俭的典型

歌舞在前面表演，娼妓排列在后面侍奉，酣饮美酒，追逐美食，赌博成风。如今的中国，很像一个太平无事，长治久安的国家。衣着服饰，雍容华贵；宅豪第敞，雕墙画栋；仆从成列，纷杂繁多；陈设讲究，应有尽有。如今的中国，又像一个家给人足，丰绰裕余的国家。但是只要认真地考察一下国家的实际情形，就知道盗贼猖獗，势如烈火；抢劫案件，时常发生；强邻压境，伺机入侵；国家利权，多有丧失。情况危急紧迫已经严重到了如此程度！上自国家，下到个人，用财都没有什么来源，靠借债度日，贫穷困苦情况已经严重到了如此程度！唉唉！我们国家的危急紧迫贫穷困苦到了如此程度，可是我们国人的娱乐奢侈情况却如上述的样子。各省多犯有这种奢靡弊病，而我们云南人也没有免除沾染。云南省各行各业也多犯有这种奢靡弊病，而军界的人也没有免除沾染。我心中装着忧喜、祸福共同承担的诚意和朋友应该忠告的情感，在这里我列举古代名将当中几位勤俭的典型作为各位学习的模范。

陶侃是晋朝人。陶侃任广州刺史期间，碰上州中没有事的时候，就早上搬运一百块砖到书房外面，傍晚又搬运一百块砖到书房里边。有人问他为什么这样做，他回答说："我们正努力恢复中原，生活过分优越闲逸，到时候恐怕承担不了什么事。"陶侃磨砺意志勤奋努力的事例，都属于这一类。后来任荆州刺史。陶侃天性聪明机敏，对所任吏职勤劳努力，行为恭敬并归依礼仪，遵奉人间伦理纲常。整天收拢双膝端端正正地坐着。他所管辖的地区事情繁多，千头万绪，没有遗漏。远近送来的书信，没有一封不是亲笔回复。他下笔如流水，未曾有过堵塞停止。随时迎送疏宾远客，门前不曾有过停下来未被接待的客人。陶侃常常对人说："大禹是圣人，尚且珍惜每一寸光阴。至于我们这些普通人，当然应该珍惜每一分光阴。怎么可以放荡游乐，荒唐沉醉，活着对当时无益，死了不在后世留名。这是自己抛弃自己啊！"陶侃的各位部属中如果有因为谈戏而误事的人，陶侃就命令没收他的酒器和赌具，全部丢到江中。如果误事的人是行政官员或军事将领，就再加一顿鞭抽扑打的惩罚。他说："赌博这种玩意儿，不过是放猪奴的游戏罢了！《老子》《庄子》的言语华美而内容空虚，而且肆意否定先王的道理，他们的理论行不通。君子应当端正自己的衣冠，展现自己的威仪，哪能衣饰不整，头发散乱，妄求虚名，却自认为宏大通达呢？"

韦叡是南北朝时期梁朝人。韦叡白天接待宾客，夜间阅读兵书。有时三更起床，点灯读书到天明。而且安抚关怀他的部下，经常像生怕照顾不周到一样。所以人才多数都归依他。

沈义伦是宋朝人。沈义伦甘于淡泊，跟着军队进入蜀地，生活节约俭朴。等到东归时，他的竹箱中只有几卷图书罢了。

王信是明朝人。王信担任州郡长官三十年，竹箧衣箱中没有一件华美的衣服，金饰玉佩，奇珍玩物，一样都不爱好。他的办事室内，静寂无声。他曾经说过："节俭足以长久，死后才不会因为奢侈连累子孙，这就是我所留下的遗产。"王信担任官方水路调运粮食的总管，他对人说："干这事在江水上运行，可以洗涤自己的肺肠，稍稍尽一下自己的忠心罢了。"所以刘大夏说："我每当任用一名将官时，就希望获得像王君实（信）那样的人才。但哪里找得到呢？"

以上四位名将，前两位是名将当中勤劳的典型，后两位是名将当中俭朴的典型。勤俭是我国几千年传承下来的美德，有谁不知道它？又有谁不能讲述它？但是最终不能勤俭反而犯有逸乐奢侈毛病的人，大致都是由于不把勤俭的道理落实在行动中罢。《尚书·说命中》说："知之非艰，行之维艰。（懂得道理不难，实施道理才难）"所有事情都这样，古人今人一同感慨。这就是先儒讲学之所以归根结底看重努力实行，而近世的伦理学家之所以注意实现的原因。作为将校的人，如果把勤俭当作救时济世的良药，那就请急起直追，努力实行勤劳俭朴的道理并实现救时济世的目的吧。

【原文】

（六）名将之协和者

《左传》曰："师克在和不在众。"⁽¹⁾《孟子》曰："天时不如地利，地利不如人和。"⁽²⁾《兵法》曰："不和于国，不可以出军；不和于军，不可以出阵；不和于阵，不可以进战；不和于战，不可以决胜。"⁽³⁾

历观古人之言，军事固以和协为贵矣。盖和协则一心一德，众志可以成城；⁽⁴⁾不和协则尔诈尔虞，同舟皆成敌国。⁽⁵⁾和协乎！其将校之要义乎！爰举古名将之和协者数人一一讲演之。

周瑜，⁽⁶⁾三国时吴人，与程普为左右督，⁽⁷⁾普颇以年长，数陵侮瑜。⁽⁸⁾瑜折节容下，终不与校。⁽⁹⁾普后自敬服而亲重之。乃告人曰："与周公瑾交，若饮醇醪，不觉自醉。"⁽¹⁰⁾时人以其谦让服人如此。

曹景宗，⁽¹¹⁾南北朝梁人。⁽¹²⁾魏攻徐州，⁽¹³⁾景宗拒之无功。武帝乃诏韦叡会师，受景宗节度。⁽¹⁴⁾时景宗久贵，武帝豫敕之曰："韦叡，卿之乡望，宜善敬之。"景宗见叡，礼甚谨。武帝闻之曰："二将和，师必济矣。"⁽¹⁵⁾卒破魏百万之众。

常遇春，⁽¹⁶⁾明人。沉鸷果敢，摧锋陷阵，未尝败北。虽不习书史，用兵辄与古合。尝自言能将十万众横行天下。军中称常十万。长于大将军徐达二岁，⁽¹⁷⁾受约束，唯谨一时，名将称徐、常。

右列三人：周瑜处同级军官而能和协者也；曹景宗处下级军官而能和协者也；常遇春处上级军官而能和协者也。今夫同级军官之相处往往失之于不相下；而上级者之对于下级，又多不能隆以礼貌；⁽¹⁸⁾下级者之对于上级，又多不能受其约束。以故，始而各怀意见，继而互生嫌隙，终至积成仇雠，固结而莫能解。此无他，不能和协之所致耳。故为将校者，如与同级者相处也，则当学周瑜之折节相容；与下级者相处也，则当学曹景宗之优礼相待；与上级者相处也，则当学常遇春之遵守约束。唯谨随所处之地位而各尽其道，而谓将校之中犹有不和协者，吾不信也。

廉颇,[19]战国时赵人。赵王以蔺相如为上卿,[20]位在廉颇之右。颇曰："我见相如，必辱之。"相如闻之，每朝称病，不欲争列。出而望见，辄引车避匿。其舍人皆以为耻。相如曰："子视廉将军孰与秦王？"曰："不若。"相如曰："夫以秦王之威，而相如廷叱之，辱其群臣。相如虽驽，独畏廉将军哉？顾吾念之，彊秦之所以不敢加兵于赵者，徒以吾两人在也。[21]今两虎共斗,[22]其势不俱生。吾所以为此者，以先国家之急而后私仇也。"颇闻之，肉袒负荆,[23]至门谢罪。遂为刎颈之交。[24]

陆逊,[25]三国时吴人。孙权遣逊讨丹阳,[26]山越平之。[27]会稽太守淳于式表逊枉取民人。[28]逊后诣都，言次，称式佳吏。权曰："式白君而君荐之，何也？"逊对曰："式意欲养民，是以白逊，逊岂可复毁式以乱圣听乎？"权曰："此诚长者之事,[29]顾人不能为耳。"

右列二人，乃名将之对于政界大小职员能处之和协者也。文武不睦，久成古今通病。有隐微牵掣者，有显然攻讦者,[30]有互相陷害甚至于交相仇杀者。小则贻害地方，大则遗忧家国。其受祸之烈，有非始念所及料者矣。是以古之名将不唯与军界之人协和，且与政界之人协和。不唯与政界之大者协和，世与政界之小者协和。文武辑睦，联为一体。其制胜也，夫复何疑？

读史者多轩相如而轻廉颇。[31]吾谓颇亦未可厚非也。观其闻相如"先国家后私仇"之言，即肉袒负荆，踵门谢罪,[32]结为刎颈之交。虽有争竞于先，终能交好于后。其改过之勇，实有足为后世军人效法者。虽然相如，上卿也。世之将校固有对于文职大吏尚能和衷共济，而对于下级文官则轻之贱之，侮之辱之，不甚措意者，以视陆逊之保荐淳于式，不以为仇，反以为德者，其度量之相越，岂可以道里计耶？^{（33）}如陆逊者，亦足师已。

【注释】

（1）《左传》：《春秋左氏传》的简称，又名《春秋左氏》《左氏春秋》，是配合我国第一部编年史《春秋》的编年史。引文见《左传·鲁桓公十一年》所记载的此次楚郧蒲骚之战（蒲骚，古地名，今应城市西北地区）"莫敖曰：'盍请济师于王？'对曰：'师克在和，不在众。商周之不敌，君之所闻也。成军以出，又何济焉？'"

（2）引文见《孟子·公孙丑下》。

（3）《兵法》：指《吴子》。引文见《图国》篇。

（4）众志可以成城：集中众人的决心和力量，就可以像坚固的城墙一样坚不可摧。语出《国语·周语下》："众心成城，众口铄金。"

（5）尔诈尔虞：虞、诈皆欺骗的意思。《左传·宣公十五年》："我无尔诈，尔无我虞。"

（6）周瑜（175—210 年）：字公瑾，庐江舒县（今安徽省庐江县西南）人。东汉末年东吴名将。208 年，孙、刘联军在周瑜的指挥下，于赤壁以火攻击败曹操的军队，此战也奠定了三分天下的基础。因病去世，年仅 36 岁。

（7）程普：字德谋，右北平土垠（今河北丰润东）人。东汉末年东吴的武将，历仕孙坚、孙策、孙权三任君主。他曾跟随孙坚讨伐过黄巾、董卓，又助孙策平定江东。其后，又与张昭等人共同辅佐孙权，并讨伐江东境内的山贼，功勋卓著。左右督：即正副都督。都督，镇兵元帅。

（8）陵侮：陵通凌，凌侮即欺凌侮辱。

（9）折节：屈尊，降低身份，委屈自己。校：计较。

（10）醇醪（chúnláo）：味厚的美酒。

（11）曹景宗（457—508年）：字子震，新野（今河南境内）人，南北朝时期梁朝名将。出身将门，幼时以勇猛闻名。后追随萧衍（后来的梁武帝）起兵，南征北战，为梁朝的开国功臣。梁朝建立后又被委以重任，进号平西将军，改封竟陵县侯。

（12）梁：南朝梁武帝所建（502—557年），南北朝时期南朝的第三个朝代。梁武帝萧衍（464—549年），字叔达，小字练儿。南兰陵中都里人（今江苏常州市武进区西北）。南梁政权的建立者，庙号高祖。

（13）魏攻徐州：事在梁武帝天监五年（506年），北魏（386—557年）托跋英、寇钟离众号百万，围徐州，连克城四十余。徐州：为华夏九州之一。地处南北方过渡地带，为北国锁钥，南国门户。向来为兵家必争之战略要地。

（14）韦叡（442—520年）：字怀文，南朝梁武帝时的名将。原籍京兆杜陵（今西安东南）人，曾祖时迁至襄阳。宋时为右军将军、辅国将军等职。

（15）以上故事见《南史·韦叡传》。

（16）常遇春（1330—1369年）：字伯仁，号燕衡。今安徽省怀远县常家坟镇永平岗人，明朝开国名将。元顺帝至正十五年（1355年）归附朱元璋，自请为前锋，力战克敌，官至中书平章军国重事，封鄂国公，洪武二年（1369年）病卒军中，追封开平王。

（17）徐达（1332—1385年）：字天德，濠州钟离（今安徽凤阳东北）人。跟朱元璋南略定远，取和州。渡江拔攻城取拔寨，皆为军锋之冠，后为大将，统兵征战。洪武元年（1368年），为左相国，拜大将军，累官中书右丞相，封魏国公，追封中山王。

（18）隆：尊，尊敬。

（19）廉颇（前327—前243年）：战国末期赵国名将，与白起、王翦、李牧并称"战国四大名将"。主要活动在赵惠文王（前298—前266年）、赵孝成王（前266—前245年）、赵悼襄王（前245—前236年）时期。

（20）蔺相如（前329—前259年）：今山西柳林孟门人，一说山西古县蔺子坪人，官至上卿，相当于宰相。蔺相如本是赵国宦者令缪贤的舍人，经缪贤推荐，受赵王重用。根据《史记·廉颇蔺相如列传》所载，他的生平最重要的事迹有完璧归赵、渑池之会与使廉颇负荆请罪三件事。

（21）徒：只，只是。

（22）两虎共斗：斗：争斗。比喻两个强者互相搏斗。

（23）肉袒负荆：肉袒：光着身子；负荆：背负荆条。赤裸上身，背着荆条请罪，愿受责罚。

（24）刎颈之交：生死之交。

（25）陆逊（183—245年）：本名陆议，字伯言，吴郡吴县（今江苏苏州）人。三国时期著名政治家、军事家，历任吴国大都督、上大将军、丞相。后因卷入立嗣之争，力保太子孙和而累受孙权责罚，忧愤而死。

（26）丹阳：故地即今江苏省丹阳市。丹阳是公元前221年，秦朝设置的15个县份之一，当时称曲阿，后改名云阳，唐天宝元年（742年），因当时境内多赤杨木，"赤"与"丹"同义，"杨"与"阳"同音，故更名"丹阳"，后又取"丹凤朝阳"之意，定名丹阳。丹阳市属太湖流域，位于江苏省南部，东邻常州市武进区、新北区，西接句容市、镇江市丹徒区，南与金坛市接壤，北接镇江新区。

（27）山越：本是百越的一支，依其字面意思，最初是指居于山地的古越族。由于秦汉以来的民族融合，山越逐渐汉化，其中还包括一部分因逃避政府赋役而入山的汉人。所以山越虽以种族作称谓，但实际上是分布于今江苏、浙江、安徽、江西、福建等省部分山区的族群混合体，其中有汉人成分，也有越人成分，故亦称"山民"。山越的生产方式以农业为主，种植谷物，又因"山出铜铁"，而常常"自铸兵甲"。他们大分散、小聚居，好习武，以山险为依托，组成武装集团，其首领有"帅""大帅""宗帅"等诸多称谓，对于中央封建政权处于半独立的状态。

（28）会稽（kuàijī）：会稽，古地名，故吴越地。会稽因绍兴会稽山得名。太守：原为战国时代郡守的尊称。西汉景帝时，郡守改称为太守，为一郡最高行政长官。历代沿置不改。淳于式：其他事迹未详。

（29）长者：德行高者。

（30）攻讦（gōngjié）：讦：揭发、攻击别人的隐私、缺点。

（31）轩轾（xuānzhì）：车前高后低为"轩"，车前低后高为"轾"。引申为高低、轻重、优劣。语出《诗·小雅·六月》："戎车既安，如轾如轩。"

（32）踵门：走到门前。

（33）道里：道路的里程（远近、长短）。

【译文】

名将当中和协的典型

《左传·桓公十一年》说："军队打胜仗是靠协和不是靠人

多。"《孟子·公孙丑下》说："有利于攻战的天气比不上有利于作战的地形，有利于作战的地形比不上官兵上下的协和。"《吴子·图国》说："国内不协和不能够出动军队；军队不协和不能够部设战阵；战阵不协和不能够出击战斗；战斗不协和不能够获取胜利。"

——阅考一下古人的言论，就知道军事本来就把和协当成首要因素了。因为和协就可以同心同德，就可以汇聚众人的心力而形成坚不可摧的城墙；不和协就会互相欺骗戒备，即使同在一张渡船上的人也会成为仇敌。和协啊！真是为将校者必须奉行的宗旨啊！我在这里列举古代名将中几位坚持和协的典型——为大家讲演一下。

周瑜是三国时吴国人。周瑜与程普任正副都督，程普因为年纪比周瑜长而多次欺凌侮辱周瑜。周瑜则委屈自己，宽容下属，始终不和程普计较。程普后来自觉地尊敬服从并亲近看重周瑜，常对别人说："我和周公瑾交往，就像喝味道醇厚的美酒一样，不知不觉地自我陶醉在和他的交往当中。"当时人们认为周瑜因谦让而使程普钦服到这样的程度。

曹景宗是南北朝时期的梁朝人。北魏进攻徐州，曹景宗抵挡没有获胜。梁武帝于是下诏命令韦叡率领军队去支援并接受曹景宗指挥。当时曹景宗已经久居高位而身份显赫，梁武帝下诏预先告诫他说："韦叡是您同乡中有声望的人，您应该好好地爱戴他。"曹景宗见到韦叡时，礼节非常严肃恭敬。梁武帝听到这一消息，说："两位将军和协，军队一定能打胜仗了。"终于打败了北魏的百万大军。

常遇春是明朝人。常遇春为人性格深沉，作战勇猛，遇事果决敢断，冲锋陷阵，从未失败。他虽然没有熟读书史，但只要一用兵就与古代兵书上讲的相符。他曾经自称能够率领十万军队横行天下。所以军中称他为常十万。常遇春虽然比大将军徐达年长两岁，但受徐达的约束却十分谨慎。有"一时名将称徐（达）常（遇春）"的美誉。

以上列举的三位名将，周瑜是能与同级军官和协相处的典型；曹景宗是能与下级军官和协相处的典型；常遇春是能与上级军官和协相处的典型。今天那些与同级军官相处的人往往在不能降低自己的身份地位方面出错；而上级军官对待下级，又多数不能用礼貌尊重下级；下级军官对待上级，又多数不能被上级约束。因此，初始时，各自带着自己的成见，接着互相产生隔阂矛盾，最终至于积怨而成为仇敌，牢固的疙瘩不能解开。这没有别的缘故，都是由于不能和协导致的结果罢了。所以为将校的人，如果与同级军官相处，就应当学习周瑜那样委屈自己，宽容别人；如果与下级军官相处，就应当学习曹景宗那样严肃恭敬，优礼待人；如果与下级军官相处，就应当学习常遇春那样遵守纪律，听从约束。只要按照所处的地位而谨慎地各自遵守应尽的礼仪职责，还认为将校当中会有不和协的情形，我就不相信了。

廉颇是战国时期赵国人。赵王任命蔺相如为上卿，地位在廉颇之上。廉颇说："我如果见到蔺相如，一定要侮辱他。"蔺相如听到这话，每当该上朝的时候就说自己生病了，不想与廉颇争位子。出行的时候，远远地望见廉颇，就退车躲避隐藏。蔺相如的舍人们都把蔺相如对廉颇这样的忍让当作耻辱。蔺相如问舍人们："你们觉得廉将军和秦王哪个厉害些？"舍人们回答说："廉将军不如秦王厉害。"蔺相如说："面对那么威严的秦王，我蔺相如敢在廷中呵斥他，侮辱他的所有臣子。我虽然愚懦，难道偏偏害怕廉将军吗？只不过我考虑到，强大的秦国之所以不敢进攻赵国，仅仅因为有我和廉将军两人在罢了。如今如果两虎一起争斗，这势头就不可能都活下来（必有一死）。我所以对廉将军这样忍让的原因，是先考虑国家的紧急然后才考虑自己的私仇啊。"廉颇听到这些话，就袒露肩背，背负着荆棍，到蔺相如门前请罪。于是两人结为生死之交。

陆逊是三国时吴国人。孙权派遣陆逊讨伐丹阳，山越被讨平后，会稽太守淳于式上表揭发陆逊不正当地劫取人民的财货。后来陆逊回到吴都谒见孙权，言谈之间，陆逊称赞淳于式是好官。孙权说："淳于式告您的状，您却称赞他，为什么？"陆逊回答说："淳于式的意图是为了让人民休养生息，所以才告我的状。我怎么能再诋毁淳于式而干扰您的思想呢？"孙权说："这实在是只有您这样道德修养高的人才做得到的事啊，只是平常人不能做到罢了。"

上面列举的两位名将，是名将当中对于行政部门的大小官员都能和协相处的典型。文武不和协，早就成了从古到今的流行病。有的暗中牵掣干扰，有的公开指责攻击，有的互相陷害甚至交恶仇杀。（这种不和协的情况）小的会带害地方，大的会祸害家国。它造成灾祸的惨烈程度，有的不是当初的想法所能预料得到的。所以古代的名将不只是与军界的人物协和相处，而且与政界的人物也能协和相处，不只是与政界的高官们能协和相处，与政界的小吏们也能协和相处。文武结合，和睦相处，联为一体。那么获取胜利，还有什么怀疑呢？

读历史的人多数高赞蔺相如而贬低廉颇。我认为廉颇也不可以多予批评。当他听到蔺相如"先国家后私仇（先考虑国家的紧急然后才考虑自己的私仇）"这句话，就袒露上身，背着荆棍，走到蔺相如门前请罪，两人结为生死之交。虽然在先有争功竞位的错误，但后来终究能与蔺相如结交和好。他改正错误的勇气，实在有值得让后世军人效法的地方。虽然蔺相如是上卿，世上的武将本来就有对于文职大吏还可以和衷共济，但对于下级文官就会认为他们轻贱而侮辱他们，不十分在意的人看一看陆逊保荐淳于式，陆逊不把状告自己的淳于式看成仇人，反而认为他是有德的好官，他的度量超越了普通人多少，难道能够用道路的里程来计算吗？像陆逊这样的人，也足以称得上将校老师了。

【原文】

（七）⁽¹⁾名将之守礼法者

自近世一等自由之说兴，而误会其旨者，往往轶荡于礼法之外，⁽²⁾此在各界皆然，而军界之犯此弊者尤有莫大之影响。何也？军人以服从为天职者也。若军人不守礼法，则尊卑上下之等威既失，危急存亡之地谁肯听长官之命令，牺牲其身，赴汤蹈火而不辞哉？且也为将校者，若不能以礼法自处，则亦不能以礼法责人。观于唐李光弼晚年拥兵不朝，⁽³⁾而其部下诸将如田神功等，⁽⁴⁾亦即不复禀畏，⁽⁵⁾此往事显而易见者也。爰举古名将之守礼法者二人以为楷模。

郭子仪，⁽⁶⁾唐人。为上将，拥彊兵。程元振、鱼朝恩谗谤百端，⁽⁷⁾诏书一纸征之，无不即日就道。由是谗谤不行。天下以其身系安危者三十年，功盖天下而主不疑，位极人臣而众不疾。⁽⁸⁾

李愬，⁽⁹⁾唐人。雪夜袭蔡州，⁽¹⁰⁾擒吴元济，⁽¹¹⁾槛送京师，屯兵鞠场，以待裴度至。⁽¹²⁾度至，愬躬具橐鞬出迎，拜于路左。⁽¹³⁾度将避之，愬曰："蔡人顽悖，不识上下之分数十年矣，愿公因而示之，使知朝廷之尊。"⁽¹⁴⁾度乃以宰相礼受愬迎谒，众皆耸观。⁽¹⁵⁾

或谓：礼法，文事也。执礼法以绳将校，未免近于迂拘。⁽¹⁶⁾

而不知古之制，五礼于吉、凶、宾、嘉外，特重之以军礼。⁽¹⁷⁾
实有精意存乎其间。盖军人血气方刚，多逾越于规矩。准绳之外，
惟范之以礼法，则上下相维，大小相制。有系统，有秩序，自能
默消事于无形。且也平日既守礼法，则有事之时自然如身之使臂，
臂之使指，而指挥无不如意矣。为将校者，其勿以文事而轻忽之
也可。

【注释】

（1）（七）原作（9），误。

（2）轶荡：心胸坦白，行为无所拘束。

（3）李光弼（708—764 年）：营州柳城（今辽宁朝阳）人。
唐天宝十五年（756 年）初，经郭子仪推荐为河东节度副使，参
与平定安史之乱。乾元二年（759 年）七月，任天下兵马副元帅。
拥兵不朝：由于鱼朝恩、程元振专权用事，一再中伤李光弼，李
光弼因惧怕遭鱼朝恩等人陷害，所以拥兵不朝。

（4）田神功（？—774 年）：唐代南宫县人。天宝末年为县吏，
时逢安禄山反叛，田神功率众随唐将童秦（赐名李忠臣）征讨安
禄山，先后收复沧州、德州，攻占相州。先后任平卢节度使都知
兵马使兼鸿胪卿、检校工部尚书、御史大夫、淄青节度使。获封
为新都郡郡王、汴宋八州观察使、封为检校尚书右仆射、太子太师。
逝后追赠司徒。

（5）禀畏：犹敬畏。

（6）郭子仪：其事详见《郭忠武事略》。

（7）程元振、鱼朝恩：参阅《郭忠武事略》有关注解。

（8）疾：嫉妒。

（9）李愬（773—821 年）：字元直，洮州临潭（今属甘肃）人。

初任坊、晋二州刺史。元和十一年（816年），任唐、随、邓节度使，率兵讨伐吴元济的叛乱。次年冬，乘敌松懈，雪夜攻克蔡州，生擒吴元济，进授山南东道节度使，封凉国公。十三年（818年），任武宁节度使，和宣武、魏博等军共讨淄青节度副大使李师道。后历任昭义、魏博等节度使，进同中书门下平章事。以太子少保卒于东都。

（10）蔡州：先后称汝南郡、豫州、溱州、蔡州（唐代宗时）、淮康军、镇南军、汝宁府等，治所均在今河南汝南县。

（11）吴元济（783—817年）：沧州清池（今河北沧州东南）人。其父吴少阳为淮西节度使，治蔡州（今河南汝南）。唐宪宗元和九年（814），吴少阳死，吴元济匿不发丧，伪造吴少阳表，称病，请以吴元济为留后。朝廷不许。吴元济于是发动叛乱，攻陷今河南、河北多县。元和十二年（815年）十月，唐邓节度使李愬在降将李佑导引下，于雪夜奇袭蔡州成功，破城俘吴元济。十一月，吴元济被斩于长安。

（12）鞠（jū）场：鞠是古时一种用来踢打玩耍的皮球。最早是结毛而成。后来用毛充填皮囊而成。古代蹴鞠场地，为平坦大广场，三面矮墙，一面为殿、亭、楼、台，可作看台。裴度（765—839年）：字中立，河东闻喜（今山西闻喜东北）人。贞元五年（789年）进士。宪宗元和时拜相，率兵讨平淮西割据者吴元济，封晋国公，世称裴晋公。后又以拥立文宗有功，进位至中书令。死后赠太傅。事迹详见旧《唐书》本传。

（13）躬具櫜鞬：櫜鞬本是盛弓箭的容器。櫜以受箭，鞬以受弓。但唐代带櫜鞬的服饰已经是一种戎服。节度使躬具櫜鞬（亲自着戎装）见宰相，表示降低身份为武将。

（14）顽悖：冥顽不灵，谬误混乱。

（15）耸观：踮足观看。

（16）迂拘：迂腐拘谨。

（17）五礼：古代的吉礼、凶礼、军礼、宾礼、嘉礼凡五种礼制。

【译文】

名将当中遵守礼法的典型

自从近世平等自由的学说时兴以来，那些误会平等自由学说主旨的人，他们的行为往往超越礼法之外而无所拘束，这在各行各业都如此，而军界犯有这种毛病尤其具有无比巨大的影响。为什么呢？军人是以服从为天职的群体。如果军人不遵守礼法，那么尊卑上下的等级威权已经消亡，到危急存亡的境地谁还会听从长官的命令，能够自我牺牲，赴汤蹈火而不退缩呢？况且作为军官的人，如果自己不能遵照礼法行事，那么也就不能用礼法来要求别人。看看唐朝李光弼晚年掌握兵权不朝拜皇帝，而他的部下各将领如田神功等人，也就不再敬他畏他了，这类往事是显而易见的。我在这里列举古代两位遵守礼法的名将给大家当楷模。

郭子仪是唐朝人。郭子仪身为第一流的将军，拥有强兵，虽然受到程元振、鱼朝恩等人的百般诬陷诽谤，但只要一纸诏书征调他，没有哪次不是当天上路的。因此谗言诽谤在他身上不起作用。天下靠郭子仪维系安危达三十年之久，功劳压盖天下而皇帝不怀疑他，地位高到人臣的顶端而众人不嫉妒他。

李愬是唐朝人。李愬雪夜袭蔡州，擒拿了叛将吴元济，用槛车押送到京师长安，暂时在鞠场驻兵，以便等待宰相裴度到来。裴度到来的时候，李愬亲自全副戎装出迎，在路的靠左一边向裴度叩拜。裴度正要回避他，李愬说："蔡州的人冥顽谬乱，不懂得上下的区别已经几十年了，希望您趁这个时候做个示范让他们知道朝廷地位的高贵吧。"裴度这才按宰相的礼仪接受李愬迎接拜谒。众人都踮起脚来观看这一仪式。

有人说：礼法是一种文饰的事情。拿着礼法来要求将校未免与迂腐拘禁差不多了。说这话的人却不知道古代的礼制，五礼中在吉礼、凶礼、宾礼、嘉礼以外，特别注重军礼。在其中确实存在着精粹深奥的道理。因为军人血气方刚，多有逾越规矩和准绳以外的行为，只有用礼法来规范他们，才能上下相维系，大小相制约。只要有系统，有秩序，自然能够静静地在无形中消除事变。况且平日既然遵守礼法，那么有事的时候自然像身体使唤臂膀，臂膀使唤手指一样容易，而指挥就没有不如意的了。作为军官的人，千万不要认为礼法是一种文饰的事情而轻视忽略它就可以了。

【原文】

（八）名将之有局量者⁽¹⁾

合天下之才以为才，乃为天下之大才；合天下之才以办天下之事，乃能成天下之大事。若徒恃一手一足之烈，则虽有孙膑、吴起之智，孟贲、夏育、廉颇、李牧之勇，⁽²⁾其成就亦慨可知已。⁽³⁾故鄙人所甚望于为将者尤在注意人才。一则知人善任，以网罗已成之人才；一则诱掖奖劝以作育未成之人才。⁽⁴⁾此则为将者之极轨，⁽⁵⁾而其局量乃超越寻常万万矣。间尝上下古今而得有局量者二人，叙述如下。⁽⁶⁾

邓禹，⁽⁷⁾后汉人，禹谓光武曰："为今之计，⁽⁸⁾莫如延揽英雄，务悦民心，立高祖之业，救万民之命。天下不足定也。"光武大悦，因令禹常宿止于中，与定计议。每任使诸将，多访于禹。⁽⁹⁾皆当其才。

曾国藩，⁽¹⁰⁾清人。知人善任，荐拔人才至不可以数计，而其长于育才尤为人所难得。故当时之伟大人物多自其戎幕中熏陶酝酿而成。李鸿章其一也。⁽¹¹⁾

甚矣，用才之难也！非用才之难，用才而各当其才之为难。盖人才有长于此而短于彼者，亦有长于彼而短于此者，若用违其长，则有才与无才等。禹辅佐光武，任使诸将，各当其才。此其知人之明，为诸将所不及。而云台二十八将所以以禹称首也。⁽¹²⁾虽然天下之才有限，而天下之事无穷，以有限之才，办无穷之事，支应目前尚虞不给，安望其发挥而光大之耶？且也天下之人，中才居多，诱掖奖励之，则中才可进为上才。否则中才且不能长保为中才。国藩有见于此，当咸、同督师时，组织幕府，⁽¹³⁾即以用才之地兼为育才之地，一时幕僚之被其涵养熏陶者皆蔚为伟大人物。此其规模之宏远，岂寻常将才所可同日而语哉？故吾谓为将者宜学禹之用才，尤宜学国藩之育才。

【注释】

（1）局量：器量，度量，气度。从本节内容看，此所谓有局量者，实为识才育才者。

（2）孙膑（？—前316年）：本名孙伯灵，山东鄄城人。生于战国时期的齐国阿鄄之间（今山东省的阳谷县阿城镇，鄄城县北一带）。与庞涓同学兵法，后被庞涓骗到魏国受了膑刑（削去膝盖骨的酷刑），故名孙膑。被齐国使者偷偷救回国后，任军师，马陵之战，身居辎车，计杀庞涓，大败魏军。著作有《孙膑兵法》。孟贲：孟贲（bēn）战国时期齐国人，是古代著名的勇士。孟贲又名孟说，水行不避蛟龙，陆行不避虎犀，能生拔牛角，发怒吐气，声响动天，一人同时可制服两头野牛。夏育：周时著名勇士，卫人，传说能扛举千钧。李牧（？—前229年）：李牧，嬴姓，李氏，名牧。战国时期赵国柏人（今邢台市隆尧县人），赵国杰出的军事家、统帅。官至赵国相，大将，受封为武安君。与白起、王翦、廉颇并称"战国四大名将"。

（3）慨 通概。大致，大概。

（4）诱掖：诱导奖掖。作育：培养教育。

（5）极轨：最高水准。

（6）间尝：也作闲尝，犹，曾经。

（7）邓禹（2—58年）：字仲华，南阳新野（今河南省新野）人，东汉开国名将，云台二十八将之首。

（8）为今之计：从当前的处境打算，从当前的情况出发，先解决眼前的急难。参阅《后汉书·邓禹传》邓禹原话是："于今之计，莫如延揽英雄，务悦民心，立高祖之业，救万民之命。以公而虑，天下不足定也。"

（9）访：征询（意见、建议）。

（10）曾国藩（1811—1872年）：初名子城，字伯涵，号涤生，谥文正，湖南省长沙府湘乡县人。晚清重臣，湘军的创立者和统帅。清朝军事家、政治家、书法家、文学家、理学家，晚清散文"湘乡派"创立人。官至两江总督、直隶总督、武英殿大学士，封一等毅勇侯。

（11）李鸿章（1823—1901年）：本名章桐，字渐甫或子黻，号少荃（泉），晚年自号仪叟，别号省心，谥文忠。安徽合肥人，淮军创始人和统帅，洋务运动的主要倡导者之一。晚清重臣，官至直隶总督兼北洋通商大臣，授文华殿大学士。日本首相伊藤博文视其为大清帝国中唯一有能耐可和世界列强一争长短之人。著有《李文忠公全集》。

（12）云台二十八将：参阅《马伏波事略》相关注释。

（13）咸同：咸丰皇帝、同治皇帝。咸丰皇帝爱新觉罗·奕詝（1831—1861 年）：清文宗，道光帝的第四子，母亲孝全成皇后钮祜禄氏。1850—1861 年在位。同治皇帝爱新觉罗·载淳（1856—1875 年），咸丰皇帝长子，母为孝钦显皇后叶赫那拉氏。六岁登基，1861—1874 年在位。幕府：本是幕僚机关。此相当于今所谓智囊团或参谋部。

【译文】

名将当中有器量的典型

集中天下人的才能作为一己的才能，就会成为天下的人才，集中天下的人才来办天下的事，就能办成天下的大事。如果只靠单手独人的本领，那么即使他有孙膑、吴起的智慧，有孟贲、夏育、廉颇、李牧的勇力，他的成就（不会太大）也就大致可以知道了。所以鄙人我对做将领的人最大的希望是在注重人才方面特别留意。第一是靠知人善任的眼光来网罗已经成就的人才；第二是用诱导奖掖的方法来培育尚未成就的人才。这是作为将领的人应该具有的最高水准。而（能这样做的将领）他的人器量就超越寻常人万万倍了。曾经考察上下古今，发现两位有器量的名将，现将他们的事迹叙述如下。

邓禹是东汉人。邓禹曾经对汉光武帝说："为当前的形势考虑，没有比延揽天下英雄，努力使人民心中高兴，创建汉高祖的功业，拯救天下人民的生命这几桩事那么重要的了。（只要您为天下人民着想）天下就不难安定了。"汉光武帝听了非常高兴，于是要邓禹经常住在他军营中，与邓禹讨论商定计策。每当任用各将领时，大多先向邓禹征询意见，凡邓禹所推荐任职的人，都是最合适的人选。

曾国藩为晚清人。曾国藩了解人才，善于任用人才，他推荐提拔的人才多到无法用数字来计算的程度，而他擅长培育人才是一般人所难做到的。所以当时的伟大人物大多数是从他的军队营帐中熏陶培育而成长起来的。李鸿章就是一个。

任用人才的难度太大了！不是任用人才困难，任用人才又能各自任用得当才是真正的困难。因为有在这方面优长而在那方面欠缺的人才，有在那方面优长而在这方面欠缺的人才。如果任用时没有用他的优长，那么有才和无才就没有什么区别了。邓禹辅佐汉光武帝所使的将领都各当其才。这是他具有知人的眼光，各将领无法和他相比。这就是东汉云台二十八将之所以把邓禹排列在首位的缘故。虽然天下人才的多少有限，但天下的事情却多得无穷，用有限的人才去办无穷的事，应付眼前的事尚且担忧不能做好，哪里还指望能把其他事情发挥光大（做得更好）呢？况且天下的人，中等人才占多数，如果对他们进行诱导奖掖鼓励，那么中等人才可以晋升为上等人才。如果不这样做，那么中等人才将无法长期保证做个中等人才。曾国藩看到了这一点，在咸丰、同治年间指挥军队，组织幕府的时候，就把使用人才的地方兼用做培育人才的地方，一时间幕僚当中受他涵咏培养熏陶的人，都出众而成为伟大人物，他这培养人才规模的宏大长远，哪里是那些平常的将才所能并列相比的呢？所以我认为做将领的人应该学习邓禹任用人才的器量，尤其应该学习曾国藩培育人才的器量。

【原文】

结语[1]

以上所列八项，皆名将事略之有关道德而又切于时势为今日将校所急宜注重者也。此外，尚有牺牲生命，捍卫国家，为名将之忠义者；亲冒矢石，[2] 身先士卒，为名将之勇敢者；沉机观变，[3] 出奇制胜，为名将之智谋者。若斯之类，凡将校中人，固已心知之，而躬行之矣！尚何待鄙人之喋喋哉？[4] 故不赘。

【注释】

（1）结语：此二字系注译者所增加。

（2）矢石：箭和垒石，古时守城的武器。

（3）沉机：沉：深藏；机：机智。深藏机智，观察变化。形容头脑中办法多，具有随机应变的才能。

（4）喋喋：象声词，摹拟说话的声音，用以形容说话太多，唠唠叨叨，没完没了。如：喋喋不休。

【译文】

以上所列举八项，都是名将事略当中与道德有关而又切合时势，是如今的将校们特别应当注重的事项。除了这些外，还有舍身殉命，捍卫国家的，是名将当中忠义的典型；亲身抵挡飞箭和垒石，冲在士卒前面的，是名将当中勇敢的典型；深藏机智，观察变化，出奇制胜的，是名将当中拥有智谋的典型。如此之类，凡是做将校的人，本来已经记在心中并且亲自实行了！还怎么用得着鄙人我在这里喋喋不休地唠叨呢？所以就不多讲了。

法制大意

昆明王灿铁珊讲演

【讲演者简介】王灿（1881—1949年），字铁珊，曾写作铁山、惕山等，又字惕僧，晚号石桥居士，昆明人。云南近现代著名法学家、教育家、文学家。早年留学日本明治大学学习政法，辛亥革命后回国，历任云南军都督府法制编修、云南讲武堂教官、云南大学及云南五华学院教授、政法学校校长、省秘书长、省高等法院院长、国民政府最高法院推事等。1916—1919年在北京创办《共和新报》，主编《谠言》月刊，晚年任《云南丛书》《云南通志》编审。著有《知希堂诗抄》《知希堂文抄》等。

【原文】

绪言

近世并立诸国，无论君主立宪民主共和，均称曰"法治国"。其所以称为法治者，盖国家之组织构造均赖法律以为维持也。夫国家既生存于法律，无法律即无所谓国家，而人民又为组成国家之分子，其活动于法律范围内，遂发生权利与义务之关系。然人民于法律上既有权利义务之关系，尤须具备法律上普通之智识，庶能知行趋向不致轶越常轨，⁽¹⁾此法制大意，非特治法学者所应深知，亦一般人民所应了解也。诸君身为军人，对于国家应受特别法律之制裁，其特别法谅已深晓。然特别法对普通法而言，知特别法而不知普通法，是犹行路者仅识所行之路径而不知共同之大道也。乌乎可？兹编所讲，仅就法制大要，略述梗概。一切学理，概不加入，繁难艰深之弊，庶几免乎！

第一章 国家

第一节 国家之意义

欲知法制之作用，必先明国家之性质。所谓国家者，谓以一定之土地及人民为基础，并依于唯一之统治权所支配之团体也。故土地、人民、统治权三者即为国家成立之要素。试分述之。

（一）国家者，须有一定之土地者也。仅有一定之人民，多数群聚，逐水草而转移而无一定之土地，不得谓之国家。又使互相隔于各地之若干人民，虽相聚而组织一团体，亦不得谓之国家。即以一定之人民，只存在于各一定之土地，犹不得谓之国家。所谓国家者，必须住居于同一之场所，其场所又必与人民相密着而成不可分离之团体者也。其场所（即土地）或称为国家之领土。

（二）国家者，须有一定之人民者也。仅有一定之土地而全无人民，不能成为国家。又假令人民只一时存在，去就无常，亦不能成为国家。所谓国家者，必住居有一定之人民与其土地相结合而成一体者也。其人民谓之国民。

（三）国家者，须有唯一之统治权者也。仅有一定之土地及人民，亦不得遽谓为国家。盖土地虽大，人民虽众，使漫无规律，涣若散沙。则不能以一定之意思为一定之行为而达共同生存之目的。是以斤谓国家者，反之。国家者，必有独立之统治权者也。有无上之权力，立一定之意思，而以一定之行为命令人民，其人民有不能不服从者。于是全体一致，始终一贯，得以达共同生存之目的，而国家始存在焉。此统治权又称为主权。

第二节　国家之发达

凡物非自初而即能大成，盖必因自然之顺序而渐次发达者。国家亦何莫不然？国家之发达，概经四期：第一期为孤立时代；第二期为部落时代；第三期为封建时代；第四期为国家统一时代。

第一期　孤立时代

在创始时代，家各孤立，而每家各有家长，是即今日所谓户主者。家族则止服从于家长之权力，各家之间完全为自由行动，毫无关联统一。是名为孤立时代。

第二期　部落时代

各家孤立，自由行动之结果，势不仅种种冲突，且人口逐渐增殖，而生活上之争夺亦因之而起。由是群欲相依相助而谋安全之生活，自不得不推一体力智力之独优者以为依赖，[2] 并一切服从其命令，遂形成一小团体，谓之部落。其行此命令者为酋长。所谓治者与被治者之关系始生。是名为部落时代。[3]

第三期　封建时代

部落为无数小团体并存，故团体相互间即不能无争夺。由是有力之部落，有力之酋长至征服他之部落、酋长而并吞之。[4] 部落之数日斩减少，其团体自日渐澎大，加之文物制度亦日渐进步。[5] 酋长爰进而为诸侯，其优胜者更为诸侯之盟主而掌握霸权，封建之势乃戎。[6] 是名为封建时代。

第四期　国家统一时代

封建之基础全恃武力，[7]故争夺之弊益甚，而战乱常踵相接。其盟主及他有力之诸侯遂征服他之诸侯而统一之，[8]于此完全得国家之大成。是名为国家统一时代。

宇内各国发达之迹，略如上述。原来第一期、第二期，概无明确历史。其有明确历史，则始自第三期。国家发达之顺序如此。

第三节　国家之目的

国家之目的，古来见解不一。约述其要，古代国家之目的专在公安之维持，即国家亦仅以维持安宁秩序为目的。因而治者之职务，仅在预防、制止内外之纷争危害。故政府之事务，止以警察司法及军事等为其职分。其与外国交际，虽更有外交事务，然亦不过像防制止国际上之纷争危害而已。[9]

然至近世国家之目的，不止于公安之维持，更当以公益之维持发达为目的。因而治者之职务，虽不仅维持发达国家人民之利益幸福，而此一事却占职务之大半。故政府之事务除警察、司法及军事、外交外，更有农、工、商务、教育、卫生、土木、交通及殖民诸事。[10]

由是而言，国家之目的，实在公安、公益之维持及发达。换言之，则国家者，以保持从前所得之国力而扩张于将来为目的者也。

国家之目的如此。而政治者，所以实行其目的；法律者，为实行其目的一定意思之表示也；租税者，因实行目的费用之必要而强制国民征收者也。

第二章 国体及政体

国家之意义，各国虽同，然国体及政体则大异。盖国体及政体为关于统治权及主权之问题。主权既如所述，苟国家存在，必有之。不曰国而有异同也。然主权之所在及主权行动之形式则因国各不同，此国体及政体之所以有异同也。国体因主权之所在而分，政体曰主权行动之形式而分。主权所在之异则因历史；主权行动之形式之异则因法制。

第一节 国体之种类

国体曰主权之所在之异而分，主权所在之异则原因于历史。欲依单纯理论明确区别其种类，殆所甚难。兹举历史最显著之事例，则有君主国体民主国体二种。其他别有称寡人国体之一种。

主权曰于特定之人者，谓之君主国体，即以帝王一人之尊，占国民最高地置，掌握主权，统治国家者。在今世则英、俄、德、意、日等国是也。

主权于于国民全体者，谓之民主国体，即国民全体掌握主权，自统治其国家者也。如往昔雅典，[11] 国民合聚一处料理国政，其最显著之一例。在今世则法国、北美合众国等是也。[12]

主权曰于国民中之少数人者，谓之寡人国体，即以二三贵族掌握主权为通例。此于往古一、二邦国见之。其在今世宇内盖绝迹也。近今自国家学发明，多有倡主权在国之说。然此说则于君主国体民主国体均颇相通。盖君主国主权在君与民主国主权在民，二说均不免有所偏重。不如主权在国之说较为谛当。[13] 吾国自革命以来，[14] 已由君主国变而为民主国，于是海内学者，有倡主权在民之说。夫以民主共和之极轨言之，民主国本以人民为主体。然以人民为主体，即谓一般人民可以掌握主权，则又失国家要素之一。故现今所倡主权在国之说，实为多数学者所公认也。

第二节　政体之种类

政体因主权行动形式之异而分，主权行动形式之异，虽亦原因于历史。然概以法制规定其种类，亦千差万别，颇难明确区别。最显著者，则为专制政体与立宪政体二种。

主权之行动不分配于各个机关，而专在于同一人之手者，谓之专制政体。盖主权虽唯一而不可分割，其作用应大别为立法、行政及司法三种。而此三种作用不分配于各个机关，专于同一人行之者，即为专制政体。现今此种政体殆已绝迹。缘世界大势所趋，虽数以千年专制之俄罗斯、土耳其，近亦实行立宪也。

主权之行动分配于各个机关者，谓之立宪政体，即立法权属于国会，行政权属于政府，司法权属于裁判所者。现今大多数国，君主立宪，如英、日；民主立宪，如法、美。均属于此种政体也。

第三章　法

第一节　法之概念

人之身心共有无限无疆之自由，[15] 所谓独立不羁也。[16] 内则不被理性之是非拘束，外则不彼他人之期望所左右。[17] 为善为恶，可唯自意。所向从背，反其意思之思想行为，无论何人，不能强要也。虽然，人有社交的性质，非相依相扶而成为团体，则不能全其生。故为人之本分及为国家分子之通义，又有不能尽之责务。其所谓责务，盖于当为不当为之义加制限于内外二个之自由也。于是内部责务、外部责务之名称以起，[18]而内部之责务谓之道，外部之责务谓之法。

对于内部自由，则内部之责务，即有道；对于外部自由，则外部之责务，即有法。故道与法者，内外相须以制限人之自由者也。虽然，二者之间又有一鸿沟以为区别，何者？道只关于人之心意，而所谓行仁施慈，勿思恶事及冀他人不幸之类属之。故我虽不遵守，他亦不能抑制。例如不尽施行仁惠之责，贫人、贱者无要求之途，即国家亦不能以公力命令。然法则反是。人类交际上相互尊重自由，合于适当之范围实行之，使勿相侵害。故无论心意如何，必使遵守。苟背之，加危害于人，则其人可抵抗之，公力可抑制之。所以人类之相生相养，实赖国家之法律维系。约言之：[19]则道者，就人事之动作指导心意之方向者也；法者，不关于心意之如何，专就外部之动作规矩其实迹者也。

道者，所谓伦理；法者，所谓法律是也。而所谓法律者，为主权者所制定或认定为国民行为之规则也。彼如伦理，则仅存在于自然，无形体可征，唯不过依其性理得知觉之已耳。其遵守与否，则归于各人之随意，无由使之强行。又：虽背反之，亦无由制裁。因而所谓国家人民之安宁、福祉甚难保持。故国家主权者，则具体的制定法律或认定存在于人民间一定之惯例而强行之。若背反乎是，则必加以制裁以保持其安宁、福祉。是即法之所以为必要也。

近世国家之种类 [20]	立宪	共和国	联邦国体	无责任内阁	美国、墨西哥、阿根廷、巴西、委内瑞辣 [21]
				有责任内阁	瑞士
			单一国体	无责任内阁	玻利维亚、智利、哥伦比亚、古巴、伊哥多、屈地马拉、哈的、汉多拉、黎巴利亚、尼加拉戈、巴拿马、巴拉圭、秘鲁、撒尔哇多、山多达民哥、乌拉圭 [22]
				有责任内阁	法兰西、葡萄牙
		立宪君主国	联邦国体	无责任内阁	德意志、奥大利及匈牙 [23]
				有责任内阁	加拿大、澳大利亚
			单一国体	无责任内阁	普鲁士、塞尔维亚、门的内哥、卢森堡、暹罗 [24]
				有责任内阁	英国、西班牙、罗马尼亚、日本、意大利、希腊、丹麦、瑞典、挪威、荷兰、比利时、俄罗斯、土耳其、波斯
	专制	阿比西尼亚、阿富汗斯坦、门拿哥（法兰西之一小国）、摩洛哥、阿缅（亚拉伯之一小国） [25]			

【注释】

（1）轶（yì）越：超越，超过。《后汉书·马融传》："俾之昌言而宏议，轶越三家，驰骋五帝。"李贤注："轶，过也。"

（2）独优：特别优秀，出色。

（3）按：《知希堂文选》，此处尚有"可谓国家之雏形"一句。

（4）按：《知希堂文选》，"他"之前尚有"其"字，是也。

（5）澎大：当为膨大。文物：古代指礼乐典章制度，与现代所指文物的含义不同。《左传·桓公二年》："夫德，俭而有度，登降有数，文物以纪之，声明以发之；以临照百官，百官于是乎戒惧而不敢易纪律。"《后汉书·南匈奴传》："制衣裳，备文物。"以上两"文物"均指礼乐典章。

（6）"酋长……封建之势乃成"：这些说法不完全符合历史事实。以中国西周为例：诸侯系周王室所封，非并吞其他部落而成。"封建制度"在周朝时期是周王室把疆域土地划分为诸侯的社会制度，国三土地不完全是周王室的，而是分别由获得封地的诸侯所有，他们拥有分封土地的所有资源和收益，只需向周王室缴纳一定的进贡即可尽义务。

（7）恃：依靠，凭借。

（8）安：《知希堂文选》，"征服"后尚有一"其"字，是。

（9）豫：当为预。

（10）殖民：繁殖人口。

（11）往昔雅典：指古雅典，古雅典是一个文化发达的城邦，是政治民主制度的发源地。是柏拉图和亚里士多德的讲学场所的所在地。苏格拉底、希罗多德、伯里克利、索福克里斯、阿里斯托芬、欧里庇得斯、埃斯库罗斯和其他著名的哲学家、政治家和文学家都在雅典诞生或居住过，因此雅典也被称作"西方文明的摇篮"。

（12）北美合众国：今译美利坚合众国，简称美国。

（13）谛（dì）当：谛，真，审，准确。谛（dì）当即确当，恰当。

（14）按：《知希堂文选》，"革命"前尚有"辛亥"二字，是。

（15）无限无疆：没有界限，没有边际。

（16）独立不羁：很独立不受任何人约束。

（17）彼：当为被。

（18）责务：职责，任务。

（19）约：简要，简约。

（20）本表原为直书图式。时隔近一百年，不惟所列国名与今译有别，其国体、政体也多有变更，姑改为横书表格形式附于文后已备读者参阅。

（21）委内瑞辣：今译为委内瑞拉。

（22）伊哥多：今译为厄瓜多尔。屈地马拉：屈当是尾之误，尾地马拉今译为危地马拉。哈的：今译为海地。汉多拉：今译为洪都拉斯。尼加拉戈：今译为尼加拉瓜。撒尔哇多：今译为萨尔瓦多。山多达民哥：今译为圣多明各。

（23）奥大利：今译为奥地利。匈牙：今译为匈牙利。

（24）门的内哥：今黑山共和国，位于巴尔干半岛西南部亚得里亚海东岸上的一个多山小国。其东北为塞尔维亚，东为塞尔维亚科索沃自治省，东南为阿尔巴尼亚，西北为波黑以及克罗地亚，西南则为地中海的一部分即亚得里亚海。暹（xiān）罗：泰国旧名。

（25）阿富汗斯坦：今阿富汗。门拿哥：今译为摩纳哥，是位于法国南部的一个典型的微型国家。仅有 1.95 平方公里国土面积，三万多人口。除了靠地中海南部的海岸线外，全境北、西、东三面皆被法国包围。阿缅：今译为也门。亚拉伯：今译为阿拉伯。

【译文】

前言

近些年来，并立在全世界的各个国家，不论是君主立宪国还是民主共和国，都称为"法治国"。它们之所以被称为法治国的原因，是由于国家的组织机构都依靠法律来维持运作。国家既然依靠法律生存，那么没有法律就没有所谓国家；而国家又由人民所组成，人民在法律的约束范围内活动，于是就产生了享受权利和履行义务的关系。这样，人民在法律上既然有享受权利和履行义务的关系，那就尤其必须具备法律上的普通知识，才能知道行进的正确方向而不会犯规出轨的错误。这些法制的大致要点不仅研究法学的人应该深入了解，一般人民也应该了解。在座各位身为军人，军人面对国家，还应该受特别法律的制裁，这种特别法料想各位已经深知。但特别法与普通法相对而言，如果只知道特别法却不知道普通法，这就好比走路的人只知道自己所走的小路却不知道人人都共同通行大路一样。怎么行呢？本篇所讲的内容，仅仅只是对法制的大致要点简略地陈述一下粗略梗概，其他一切学说道理，一律不加涉及，繁难艰深的弊病，大概可以避免了吧！

第一章　国家

第一节　国家的意义

要想弄董法制的作用，必须先明白国家的性质。所谓国家，指的是有一定的土地和人民作为基础，并且由唯一的统治权力所支配的团体。所以土地、人民和统治权三个条件就是作为国家成立的三个要素。现在试将三要素分述如下。

（一）国家必须拥有一定的土地。如果只有一定的人民，但多数聚集群居，追逐水草转移（放牧）却没有一定的范围作为定居的土地，不能称为国家。又假使相隔在不同地方的若干人民，即使相聚在一起组织成一个团体，也不能称为国家。就算拥有一定的人民，且他们只生活在各自一定的土地上，仍然不能称为国家。所谓国家，人民必须居住在同一个场所，这一场所又必须与人民密切相连而成为不可分离的整体。这一场所（即土地）就称为国家的领土。

（二）国家必须拥有一定的人民。只有一定的土地却完全没有人民，不能算国家。又假使人民只有某些时候住在这块土地上，离去到来没有规律，也不能算国家。所谓国家，一定的土地上必须居住有一定的人民并与这土地相结合而成一个整体。这土地上的人民称为国民。

（三）国家必须具有掌握唯一统治权力的机构（或个人）。只有一定的土地和一定的人民，也不可以立刻算国家。因为土地虽然广大，人民虽然众多，假如他们散漫而没有规矩纪律，疏松得像一摊散沙一样，就不能用一致的意志形成一致的行动来达到共同生存的目的。因此所谓国家和这种情况相反。国家必须具有掌握独立统治权力的机构或个人。掌握独立统治权的机构或个人拥有无上的权力，确立一定的意志，并按意志命令人民产生一定的行动，它的人民有不能不服从命令的义务。在这种情况下，全体人民行动一致，始终一贯而得以实现共同生存的目的。只有这样，国家才能存在。这一统治权又称为主权。

第二节　国家的演进发展

一切事物不是从初始就完善成熟的，而是必须按照自然顺序逐渐演进发展而达到完善成熟的。国家又何尝不是这样？国家的演进发展，大概经历过四个阶段：第一阶段为孤立时代，第二阶段为部落时代，第三阶段为封建时代，第四阶段为国家统一时代。

第一阶段　孤立时代

在国家初创的时代，家族各自孤立存在，而每家又各有家长，家长也就相当于今天所说的户主，家族所有成员只服从家长的权力，各家族完全是自由行动，而与其他家族不存在统一关系。这就叫做孤立时代。

第二阶段　部落时代

各个家族孤立自由行动的结果，势必不仅发生种种冲突，而且由于人口逐渐增多，生活上的争斗抢夺也因此发生。于是群体希望互相依存互相帮助来谋求安全的生活，自然不得不推选出一位在体力智力上特别优秀出众的人作为依靠对象并一切听从他的命令，这样就形成了一个称为部落的小团体。那个行使命令权力的人就是酋长。所谓统治人的人和被人统治的人的关系开始产生。这就叫做部落时代（可以叫做国家的雏形）。

第三阶段　封建时代

部落是无数个小团体同时存在，所以团体与团体之间就不可能不互相争夺。于是力量强大的部落、权力强大的酋长就会征服其他部落、其他酋长，而且并吞他们。部落的数量就逐渐减少，并吞其他部落的团体自然逐渐膨胀壮大，再加上礼乐典章制度也逐渐进步。酋长于是发展为诸侯，那些优胜的诸侯更升为诸侯的盟主并掌握霸权，封建国家的格局就形成了。这就叫做封建时代。

第四阶段　国家统一的时代

封建时代的基础完全依靠武力，所以争夺的弊病更加严重，而战乱常常接连不断，那些盟主和别的武力强大的诸侯就征服别的诸侯并统一他们，于是完全获得了国家的统一大成。这就叫做国家的统一时代。

世界上各个国家演进发展的过程，大致如以上所说。原来第一阶段、第二阶段都没有明确的历史记载。国家演进发展过程有明确记载的历史，从第三阶段才开始。国家演进发展的顺序就是这样。

第三节　国家的目的

国家的目的，从古以来的看法就不一致。现在简单地阐述一下它最主要的目的：古代国家的目的完全是为了维持公共的安全，就是国家也仅仅把维持安定宁静的秩序作为自己的目的。因而治理国家的人的职务，仅仅是预防、制止内外的纷争和危害。所以政府的事务，也只把警察、司法和军事等事项作为自己的职分。它和外国交往，虽然还有外交事务，但也不过预防和制止国际上的纷争与危害罢了。

但到近世国家的目的，就不仅仅是维持公共的安全了，更主要的要把维持公益事业发展作为自己的目的。因而治理国家的人的职务，虽然不单是维持发达国家人民的利益幸福，但维持人民的利益幸福这一事却占了职务的一大半。所以政府的事务除了警察、司法和军事、外交以外，还有农业、工业、商务、教育、卫生、土木、交通和增殖国家人口等事项。

由此说来，国家的目的，真正是为了维持并促进公安、公益事业的发达。换句话说，就是国家把保住从前所获得的国力并在将来扩张这一国力作为自己的目的。

国家的目的是这个。而政治则是用来实现国家目的手段；法律又是为了实现国家目的的一定意志的体现；租税则是为了实现国家目的所必需的费用而强行向国民征收的钱物。

第二章　国体和政体

国家的意义，各个国家虽然相同，但国体和政体却大不一样，因为国体和政体是关于国家统治权和国家主权的问题。主权已经如上所述，只要国家存在，就一定有主权。不因为国家同不同而有差别。但主权由谁掌握和行使主权的形式则因为国家不同而各不相同，这就是国体和政体有相同和不相同的原因。国体按照主权由谁掌握来区分，政体按照行使主权的形式来区分。主权由谁来掌握的差异由国家的历史决定；行使主权的形式不同则是由国家的法制定。

第一节　国体的种类

国体由主权由谁掌握来区分，主权由谁来掌握的差异由国家的历史决定。想依靠单纯的理论来明确地区别国体的种类，大概是很困难的。现在列举历史上最显著的实例，就有君主国体和民主国体两种。其他还有一种称为寡人国体的。

主权属于特定人的国家，称为君主国体，就是凭借着帝王一个人的尊崇，占据着国民的最高位置来掌握国家主权，统治国家的国体。在现今世界上的国家中，英国、俄国、德国、意大利、日本等国家就属于这一类。

主权属于全体国民的国家，称为民主国体。就是全体国民掌握主权，自己统治自己的国家这一类。如古代的雅典，国民聚合在一起共同料理国家政事。这是最显著的一个例子。在当今世界上，则有法国、北美合众国等国家就属于这一类。

主权属于国民中少数人的国家称为寡人国体，就是把依靠两三个贵族来掌握国家主权作为通例。这种国体在古代一两个邦国中曾经有过。但在如今世界上甚至宇宙中大概都绝迹了。近些年来，自从国家学这一学科创立后，多有倡导主权属于国家的理论。但这种理论却与君主国体、民主国体都很相通，由于君主国的主权属于君主而民主国的主权属于人民。所以，两种国体在主权所属上都难免有所偏颇，不如主权在国的理论那么恰当。我国自从辛亥革命以来，已经由君主国体变成民主国体，于是国内的学者，有提倡主权属于人民的理论。按照民主共和国的最高准则要求，民主国体本来就是以人民为国家的主体。但以人民为国家的主体，一般情况下认为人民都可以掌握国家主权，那就又失掉了国家的要素之一。所以现今所提倡主权在国的理论，实际上是多数学者公认的理论。

第二节 政体的种类

政体按照行使主权的形式来区分，主权行使形式的差异虽然也由于历史的原因而产生，但却都是由法制所规定的，主权行使形式的种类也千差万别，很难明确加以区分。最显著的就是专制政体和立宪政体两种。

主权的行使权力不分配给各个机关，而全部集中在同一个人手中的国家，称为专制政体。因为主权虽然唯一而且不能分割，它的作用却应该大致分为立法、行政和司法三种。而这三大作用不分配给各个机关而全部集中在同一个人手中行使的国家，就是专制政体。现今此种政体大概已经绝迹，因为世界大势所趋，虽然实行了几千年专制政体的俄罗斯、土耳其，近年来也在实行立宪政体了。

主权的行使权分配给各个机关的国家，称为立宪政体，就是立法权属于国会，行政权属于政府，司法权属于裁判所的三权分立国家。现今的大多数国家，君主立宪的国家，如英国、日本；民主立宪的国家，如法国、美国。都属于这类立宪政体国家。

第三章　法

法的概念

　　人的身体和心思是没有限制没有边际的，这就是所谓特立独行而不受约束。内不受理性的是非所约束，外不被别人的期望所限制。不论做善事还是干坏事，都可以完全按照自己的心意所向去行动；凡是违反自己心意的思想行为，无论什么人，都不能强迫他想或做。即使这样，人有社会交往的属性，如果不互相依靠互相扶持并结成团体，就不可能保全自己的生命。所以做人的本分和作为国家一分子的通行道理，又有不能不履行的职责和义务。这里所说的职责和义务，大致就是应该做和不应该做的道理再加上在内部限制的自由和在外部限制的自由。于是内部的职责义务与外部的职责义务的名称就由此而产生了，内部的职责义务称为道，外部的职责义务称为法。

　　对于享受内部的自由，就履行内部的职责义务，就有道德约束；对于享受外部的自由，就履行外部的职责义务，就有法律限制。所以道德与法律两种依据，是内部、外部所必须用来制限人的自由的规定。即使这样，两种依据当中又有一条鸿沟作为它们的区别。什么鸿沟呢？道德只不过是由人的心愿和意志来决定，而所谓施行仁义慈善，不要想干坏事，不要希望别人遭受不幸等就属于这类。我即使不遵守，别人也不能压制强迫我遵守。例如：不履行施行仁义慈善的责任，贫穷的、卑贱的人没有要求别人对他们施行仁义慈善的门路，哪怕是国家也不能用公共权力下命令要求人民施行仁义慈善。但法律就和道德相反。人类在交际方面相互尊重自由，各自在适当的范围实行自由，使人们不要互相侵犯危害。所以不论他们的心意怎么样，都一定要使他们遵守。如果违犯了，向别人施加危害，那么被施加危害的人就可以抵抗他，公共权力可以抑制他。所以人类能够相生相养，实在是依靠国家的法律来维系。如果简单地说：那么，道德，是根据人事的行为而指导人们思想方向的依据；法律，是不论人们的心意怎么样，只根据人们的外部行为而规范他们实际行迹的依据。

道德就是所谓伦理；法律就是所谓法规律令。而所谓法规律令，是由掌握国家主权的人所制定或者认定作为国民行为遵守的规矩准则。如伦理，就仅只在自然中存在，没有形体可显现，只不过依照它的性理获得知觉罢了。对它遵守还是不遵守，那就归于各人自己意愿，没有理由强迫他遵守。还有，即使谁违反了道德，也没有理由制裁他。因而所说的国家人民的安宁和福祉的保持就非常困难。所以掌握国家主权的人，就必须制定具体法律或认定在人民中间已经存在的一定惯例来强制人民遵照实行。如果违背了这些具体的法律或一定的惯例，就必须加以制裁来保持国家人民的安宁和福祉。这就是法律之所以必要的原因。

近世国家之种类表（略）

政法杂记

修文王延直记

【作诗演者简介】王延直，字仲肃，贵州修文县（今属贵阳市）人。深通八学，早年留学日本。研习论理（逻辑）学。1905年至1912年，在昆明、贵阳等地讲授论理学。其间十易其稿，写就《普通应用论理学》一书。该书《自序》说："吾国人欲程度增高，必自政、学两界始；而欲增高程度，又必自服从真理始；欲服从真理，又必自推求真理始；欲推求真理，又必自研究论理学始。"

法律者，政治之标准也。

政治二字，迩来一般谈政治学者皆未有十分明确之解释。其实，此一名词，亦无甚深意。盖政者，正也；治者，理也。政治云者，即胃于国家现象之不正者而使之正，不理者，而使之理是也。故言政治不可以无标准，标准奈何？即法律是也。所可怪者，今之一般号称政客者流，每不甚注重法律。所谓政见，大都属于不由观察实验而来之个人的主张，甚或误以权谋诡诈为政策，以不道德行为为政治手腕。呜呼！使政治作用而果如此，则政治二字尚足为国家成立之要素哉？

立法之要术

法律既为政治之标准，故国家欲望政象之发达，不可不先求标准之稳固。稳固之法，莫若以归纳的正名术制造法律。[1]盖最完善之法律，无论何条，皆可作一原则观。欲制造原则，舍归纳正名术，别无他法。此欧美法学大家所深知，而东洋学者所不甚措意者也。[2]故法、美诸国共和宪法草案，皆数年或十数年而后脱稿。其制造条文之难，可想而知。吾国自宪法草案委员会开幕以来，所谓宪法草案者，不过数十日而遂告成。[3]以彼视此，则吾国人立法上之智识的程度可以见其大概矣。

国家与法律发生之先后

论法律与国家发生时期，一般学者，其说不一。或以为法律为国家所造，则是国家先而法律后；或以为法律立而国家始成，则是法律先而国家后。小野塚喜平次氏则又主张法律与国家同时发生，[4]而不以先后之说为然。余窃以为：[5]广义之法律由人民之自觉心而定，其发生当在未有国家之先；狭义之法律由国家之强制力而定，其发生又在既有国家之后。

国家非有机体

国家为有机体，其说决不能成为学说。故此说现在已颇无势力。而梦梦附和者犹在推广其义，[6]而为感觉说及肢体说以表国家之性质。此等谬论，吾人万不可为其所惑也。

国体政体之区别

国体、政体两名词，近来一般学者往往随意乱用，不暇严为区别。如云"吾国自君主政体变为共和政体"等语，虽在号称政治家者亦摇口即来。此等处发端虽微，影响甚大。兹特详辨如左。

国体。大别之：为君主国体，为共和国体。乃因国权之所在而分之者也。

政体。大别之：为立宪政体，为专制政体。乃因行使国权之形式而分之者也。

凡国体有变更，国家必因而变更。如吾国自君主国体变为共和国体，而其国已非一姓之国矣。

凡政体有变更，国家毫不受变更之影响。如日本自专制政体变为立宪政体，而仍为一样之国家也。

兹拟一国体政体区别表如左。[7]

国体	单纯的	君主统一国	纯粹的（如日、俄是也）。
			混合的（如英、比是也）。
		共和统一国	民主制（如法国是也）。
			贵族制（今无）
	复杂的	联邦国	如德、美、瑞士是也。
		连合国[8]	如奥与匈是也。
政体	立宪的		此种政体其行使国权通常分立法、司法、行政三机关行使之。
	专制的		此种政体其行使国权仅政府之首长独自处理，其余各机关不过仅任其执行而已。

法学与名学[9]

欲讲法学，不可不先通名学。盖名学中之归纳法即制造法律之要法也。其演绎法，[10] 又应用法律之要法也。

治外法权

此一名词之"治"字可当作法令看。法字实际上应作国际公法之"法"字看。例如云："中国驻日公使在日本国有治外法权。"此言即谓中国驻日公使于日本法令之外有国际公法上所认许之不服从日本国法之特权也。

主权

主权一语释之者各异。其说，有谓国权分而为二，对外曰主权，对内曰统治权者。有谓主权为国家权力之本体，统治权为国家权力之作用者。凡此之类，皆不免厘毫千里之差。[11] 其实，主权即国权，国权即统治权。不过吾人所观察之方面不同，故其名称亦遂不一耳。总而言之，凡国家之成立，皆必有一最高之权力。（有谓联邦国家无主权而仅有统治权者，此大谬之论也。）吾人对于此最高权力，就其全体论，自可直名之曰国权。曰主权者，仅就其最高性论也；曰统治权者，又仅就其治内性论也。然则，因习用之名词，其表面稍有差异，而遂疑主权、国权、统治权之非一物者，殆亦未深求其故也。

主权之固有者与行使者

主权之固有者，即本有此主权之人也。主权之行使者，即执行此主权之人也。在君主国，主权之固有者及行使者皆为君主；在民主国，主权之固有者为全体人民之总意，[12]主权之行使者则为由人民总意制定之根本法上发生之各机关云。[13]

主权之主体

国家为主权之主体，余意向亦颇善是说。然实而按之，终觉不甚确当。窃谓主权之主体即前所谓主权之固有者是也。由是而论，在君主的国体，主权之主体即君主；在民主的国体，主权之主体即民国全体也。[14]（此不过谓主权出自国民，非谓一般国民人人得而行使主权也。）

孔子之政见

吾国大政治家，首推孔子。此人人所知者也。而孔子之政见如何？虽著名学者，鲜能道之。余谓孔子之政见，即《鲁论》所载"正名"二字。[15]正名者，正法律、命令之名也。其详细理由，他日当另为文以明之。

【注释】

（1）归纳：由一系列具体的事实概括出一般原理的推理方法。正名术："正名"见作者在本文之末解释："正名者，正法律、命令之名也。"正名术即确定社会成员各自位置名分与职责义务的方法。

（2）措意：在意。

（3）宪法草案委员会开幕以来，所谓宪法草案者，不过数十日而遂告成：民国初年第一届国会宪法起草委员会起草的宪法草案。1913 年 7 月，由众参两院各选出 30 名议员，组成宪法起草委员会，负责制定中华民国宪法。10 月中旬，《中华民国宪法草案》脱稿，共 10 章 113 条。

（4）小野冢喜平次（1871—1944 年）：曾任日本东京大学校长，著有《政治学大纲》，被称为"日本政治学之父"。

（5）窃：私下。对自己的谦称。

（6）梦梦：昏沉懵懂，不明不白。

（7）如左：原为直书图式表，阅读从右至左，故图表在"如"字之左。

（8）连合：连，同"联"。

（9）名学："逻辑学"的旧译。一般认为因逻辑学与中国古代着重研究名实关系的名家学说有类似之处而得名。

（10）演绎法：从普遍性结论或一般性事理推导出个别性结论的论证方法。

（11）厘毫千里："差之毫厘，失之千里"的紧缩。语出《汉书·东方朔传》："《易》曰：'正其本，万事理；失之毫厘，差以千里。'（按：今《易》无此语。）愿陛下留意察之。"又《汉书·赵充国传》："失之毫厘，差以千里，是既然矣。"

（12）"之总意"：此三字为衍文，应删除。

（13）人民总意：全体公民共同直接表达的意愿。依据卢梭的"国民总意说"：国家意志，不论在立法、行政、司法方面，还是在对外关系方面，均必须以国民总意为最后根据。

（14）民国：当为国民。

（15）《鲁论》：指《鲁论语》，《论语》在汉代的传本之一。相传为鲁人所传，是今本《论语》的主要来源。陆德明《经典释文·序录》："汉兴，传（《论语》）者则有三家，《鲁论语》者，鲁人所传，即今所行篇次是也。"按：三家指传《鲁论语》《齐论语》《古文论语》三家。张禹所传《论语》，以《鲁论》为本，既传于世，故后世又称《论语》为《鲁论》。"正名"二字见《论语·子路篇》："子曰：'必也正名乎！''名不正，则言不顺；言不顺，则事不成；事不成，则礼乐不兴；礼乐不兴，则刑罚不中；刑罚不中，则民无所措手足。故君子名之必可言也，言之必可行也。'"

【译文】

法律是政治的标准

政治这两个字，近来一般谈论政治学的人都没有十分明确的解释。其实，这个名词，也没有多么深奥的意思。大致说来，政就是正的意思；治就是理的意思。所谓政治嘛，就是指的对国家现象中那些不正的人和事使他（它）们正，不合理的行为，使他（它）们合理罢了。所以讲政治不可以没有标准，标准是什么？就是法律这东西。所令人奇怪的是，如今那些一般号称政客的人，往往不太注重法律。所谓政见，大都是那些属于没有经过调查研究通过实践验证而凭空提出来的个人主张，甚至有的人错误地将权谋诡诈的条款作为政策，将不道德的行为作为政治手腕。哎呀！如果政治的作用真的就是这样，那么政治这两个字还值得作为国家成立的要素吗？

立法的主要方法

法律既然是实施政治的标准，所以要指望国家政治局面发达，不能不先追求政治标准的稳固。稳固的法律，没有什么比得上用归纳的正名方法制定的法律了。因为最完善的法律，无论哪一条，都可以当作一条原则看待。要想制定原则，除了归纳正名的方法，再也没有别的方法了。这是欧美法学大家们所深刻了解道理，但东洋的法学大家们却不太在意。所以法国、美国等各国的共和宪法草案都经过几年甚至十几年反复推敲修改然后才脱稿。他们的共和宪法草案制定条文的艰难程度，想一下就可以知道了。我们国家从宪法草案委员会组建开始，到起草出所谓宪法草案，不过几十天就宣告《中华民国宪法草案》脱稿。如果拿法国、美国等各国的共和宪法草案的制定过程来对照一下《中华民国宪法草案》的制定过程，那么我们国家在立法方面的认识程度怎么样就可以看出个大概来了。

国家与法律产生的先后

论法律与国家产生时期，学者们的说法不一致。有的认为法律是国家所制定的，所以是国家产生在先而法律产生在后；有的认为法律制定了国家才能建立，所以是法律产生在先而国家产生在后。小野塚喜平次则又主张法律与国家同时产生，而认为上述两种说法都不对。我个人认为：广义的法律由人民的自觉的思想制定出来，它的产生应当在还没有国家以前；狭义的法律由国家的强制力制定出来，它的产生应当又在已经建立了国家以后。

国家不属于有机体

国家属于有机体，这种说法绝对不能成为学说。所以这种说法现在已经很没有市场了。而那些懵懵懂懂附和这种说法的人却还在推广它的含义而用感觉说与肢体说来表述国家的性质。对于这些谬论，我们这些人千万不要被它们所迷惑。

国体与政体的区别

国体与政体这两名词，近来一般学者常常随意乱用，不下点功夫严加区别。比如"吾国自君主政体变为共和政体"（我们国家由君主政体变成了共和政体）等说法，即使那些号称政治家的人们也是张口摇舌就说出来。在这些地方初讲出这种说法虽然是微小的事，但造成的影响却非常大。现在专门对这两个名词仔细辨析如下。

国体。主要区分为君主国体与共和国体。是按国家权力由谁（君主还是人民）掌握来区分的。

政体。主要区分为立宪政体和专制政体。是按行使国家权力的形式来区分的。

凡是国体有改变的，国家必定随着改变。比如我们国家由君主国体改变为共和国体，我们的国家就由原先一个君王世袭统治的国家改变成为不是一个君王世袭统治的国家了。

凡是政体有变更的，国家丝毫不受政体变更的影响。比如日本由专制政体变更为立宪政体。但国家却仍然是过去那样的国家。

现在制作一张国体、政体区别表于下（略）。

法学和逻辑学

要研究法学，不能不先通晓逻辑学。因为逻辑学中的归纳法就是制定法律所要应用的主要方法；逻辑学中的演绎法，又是应用法律的主要方法。

治外法权

"治外法权"这一名词中的"治"字可以当作"法令"解释。"法"字实际上应当作国际公法的"法"字解释。例如："中国驻日公使在日本国有治外法权。"这句话就是说：中国驻日本公使在日本法令以外，有国际公法上所认可的不服从日本国家法令约束的特权。

主权

对"主权"这一词语的解释各不相同。对它的解释如：有的说国家权力分为内外两部分，对外称为主权，对内称为统治权。有的说主权是国家权力的本体，统治权是国家权力的行使者。以上这类解释，都免不了差之厘毫，失之千里。其实呢，主权就是国权，国权就是统治权。不过我们这些人所观察的角度不同，所以它名称也就不一样罢了。归纳起来说，凡是国家的建立，都必然有一个最高的权力。（有关于联邦国家没有主权而只有统治权的说法，这真是大错特错的谬论。）我们这些人对于这一个最高权力，对这一权力的整体来说，自然可以直接把它叫做国权。称为主权的时候，是对这一权力的最高性来说的。称为统治权的时候，又只是对这一权力的治内性来说了。既然这样，那就因为经常使用惯了这几个名词，它们在表面上又稍有差别，于是产生了主权、国权、统治权不属于同一权力的疑惑，大致也是由于没有深入探讨它的缘故吧。

主权的固有者和主权的行使者

主权的固有者，就是本来享有这一主权的人。主权的行使者，就是执行这一主权的人或机构。在君主国家，主权的固有者和主权的行使者都是君主；在民主国家，主权的固有者就是国家的全体公民，主权的行使者就是根据全体公民共同直接表达意愿制定出来的根本法律而产生的各机构。

主权的主体

国家是主权的主体，我的意向也很赞同这种说法。但是依照实际来考察它，最后还是觉得不太准确恰当。我私下认为主权的主体就是前面所说的主权的固有者。由此说来，在君主的国体，主权的主体就是君主；在民主的国体，主权的主体就是全体国民了。（这里不过是说主权出自国民，而不是说一般国民人人都可以行使主权）

孔子的政见

我国的大政治家，第一位应当推出孔子。这是人人都知道的。但孔子的政见怎么样呢？即使是著名的学者，也很少有人能讲得出来。我认为孔子的政见，就是《论语·子路篇》中所载的"正名"两个字。正名就是使法律、命令的名分正。至于正名的详细理由，以后应当另外写文章来阐明它。

后　记

事非经过不知难。诚哉斯言！

决定整理本书之初，认为自己从事文言教学与研究几十年，要整理成书不到百年的区区几万字演讲稿汇编，何难之有？可是真正动起手来之后，才发现其困难的程度比预料的大了不知多少倍。关于弄到一个这书的完本有多难，在《前言》中已经提及。

标点自然没有碰到什么大困难，但校勘就不那么容易了。碰到的最大困难是这本书仅仅刻印过一次，根本没有别的版本可供参校。《道德要旨》部分引证古人言论者尚有所引古人的一些原著可供查证，而引证外国学者的言论则因时久译异等原因很难找到可供查证的材料，其他唯一可供参考的材料只有梁启超的《论私德》一文。《名将事略》部分可供参校的材料主要是二十五史中这些名将的本传。另外，因周锺岳、秦光玉两先生所讲《名将事略》各有侧重，整理时分别在《名将事略》标题后加了"上""下"以示区别。《法制大意》虽有《知希堂文选》中选录一部分可为参校材料，但该书所选录的底本恰恰就是《明体达用》，反倒靠我手中的《明体达用》复印本校出了《知希堂文选》中选录部分不少错漏。王延直的《政法杂记》则完全没有可供参校的材料。原文就只能这样了！除了将繁体字改为简化字，原书做过勘误者按照正字输录，其余错别字、通假字、衍文、脱文、倒置，以及其他失误之处或者疑为失误之处者均完全照录，在注释中做简要说明。

注释部分碰到的最大困难是《道德要旨》所引证的一些欧美学者的人名及其言论出处和《名将事略》中涉及的部分人物事迹

和部分古地名很难弄清楚。为了克服这些困难，几乎动用了一切可以动用的关系资源。云南民族大学教授外语学院张镇华先生帮助查到了"英儒休物尔"即18世纪英国哲学家、历史学家、经济学家休谟。游学法国的本家晚辈蔡绮博士帮助查到了"法国宗教大家葛罗云"即16世纪法国著名神学家、基督新教的重要派别加尔文派的创始人约翰·加尔文和"英名儒约翰·穆勒"即19世纪英国著名哲学家、逻辑学家、经济学家、自由主义法学家约翰·斯图尔特·密尔。还有戎邦治、那士翰回在注释过程中我一直以为是中国古人，甚至曾猜测"那士翰回"极有可能是唐、宋代的突厥人、金人或元代、清代的蒙古人、满人。可是查遍了文献古籍，搜遍了大小网站，问遍了所景仰的全部硕儒鸿才，却未得丝毫线索。正山重水复疑无路准备放弃之时，云南美术出版社赵婧校友帮购得1910年商务印书馆出版的《自助论》复印本，从该书中找到了戎邦治、那士翰回，原来两位都是18世纪的英国人。前者不知今译为何名，后者则今多译为乔纳斯·汉韦。长长地舒了一口气。还有一位"美国格勒革里"。打电话、发邮件求助于海内外很多相识和不相识的朋友，至今未获线索。类似情况，只能付诸阙如并向读者表示歉意了。还有一点需要说明的是《名将事略》中原有讲演者少许简略的注释文字刻为双行小字夹在正文中，整理时全部移到了注释中，为避掠美之嫌，在原注文之外加引号，之前加"原注"两字作为标识。

整理之初，并未打算翻译为今文。但此时20世纪50年代初从云大文史系走出的一位前辈即石炳铭老先生从台湾回到昆明，向我索要一份唐继尧等人发动护国起义时布露天下的《讨袁世凯檄文》今译本，须知，该文我曾经做过详细注释在台湾《国语日报》连载。可石老先生说："不做今译，无法完全读懂。"我想，以石老先生这样的出身、学养，不做今译，尚且无法完全读懂。一般读者当然就更难完全读懂了。于是，为了达到扩大读者群、延展流传的目的，自己只有增加一分辛苦，将全书翻译为今文。为了便于读者与原文对照阅读，译文一般尽可能采用对译的方式，实在无法对译的则用意译，原文省略影响理解的，在译文中加括号并在其中补出省略部分。原文中的人名、官名、地名及古代特有的物名则照搬到译文中。

值此书完稿之际，谨再次向收藏《明体达用》残本的王志符、张一鸣先生和为整理这本书奔走的陈秀峰先生致以最衷心诚挚的感谢！向金承谦所长、蔡绮博士、张镇华教授、赵婧校友以及所有为本书的整理工作提供过帮助的朋友致以最衷心诚挚的感谢！向云南人民出版社刘大伟社长（今云南美术社社长）、云南人民出版社文艺部赵石定主任（今云南人民出版社社长）所给予的热情鼓励致以最衷心诚挚的感谢！

好事多磨，本书从形成书稿到印制成书，历时整整四年。本人唯恐《明体达用》失传的久悬之心终于放下，而且能在云南陆军讲武堂创办 105 周年与云南陆军将校讲学会举办 100 周年之际，将本书作为奉献给两大庆典的礼物，本人感到无比欣慰。

蔡正发谨识

2014 年 7 月

续后记

本书的整理过程，原《后记》中已做介绍，不再赘言。

2014年9月，昆明市社会科学界联合会、昆明市社会科学院、昆明市云南陆军讲武堂研究会联合将本书印制作为云南陆军讲武堂创办105周年重大庆典活动的献礼，本人深感欣慰。本书印制时承蒙昆明市社科联主席、昆明市社科院梁永实院长赐序对本书的整理予以充分肯定且多加谬赞，本人既甚觉愧不敢当又由衷感激。同时还对高军、李美婷等先生女士为编印本书所做的努力表示衷心谢忱之意。

本书在云南陆军讲武堂创办105周年庆典活动中分赠各参与者后，海内外诸多曾见过面或从未谋面的文友来电来函索要本书，有的朋友甚至开玩笑说蔡某"小气""太不够朋友"！搞得我很不好意思，无论怎么解释，人家总半信半疑。其实他们根本不知道昆明市社会科联仅印了几百册，除了赠送我30册外，所余部分在讲武堂创办105周年庆典活动上几乎赠送一空。至于我所得的30册嘛，单是原残本的提供者，整理过程中海内外对在下提供过帮助者就多达20余人，书印出来，总得以书略表感谢啊！余下不足十册，在下身边的亲近朋友又何止十人？倘若在下不立即在一册书扉页上注明"蔡正发自存书"几字的话，那么早被一抢而光，连自己都没剩一册了。如今唠叨这些的目的是为了证明此书颇受欢迎！仅仅抢救免其失传远远不够，还有满足诸多读者之需求的必要。

云南民族大学领导及相关部门心系读者，慧眼识珠，洞见本书之价值所在，不忍忽视本人所付心血。于是与多家出版社联系，支持本书正式出版以满足读者的需求。本人与读者对云南民族大学领导及相关部门这一义举除了五内铭感外，无言可表。出版过程中，本书责编、校对与封面及板式设计人均殚精竭虑，力求完善。本人理所当然应由衷感谢。

所遗憾者，收藏本书原残本的王志符、张一鸣两位老前辈已先后作古，未能亲见本书正式出版。但两先生若地下有知，欣闻此书正式出版的喜讯，亦当含笑九泉吧！

蔡正发谨识

2017 年 7 月

附图一

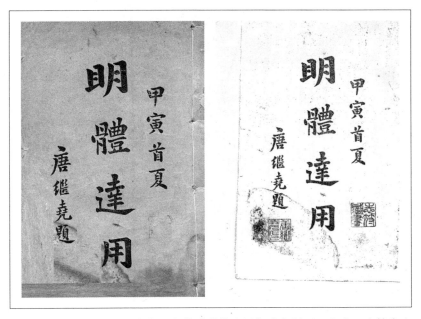

　　附图一：左为张一鸣先生家藏《明体达用》残本封面。右为王志符先生用云南省图书馆所藏《明体达用》残本制作的复印本封面，原盖有小篆"唐继尧印"，王先生在自己的复印本上又加盖了小篆"志符藏书"印章。

附图二

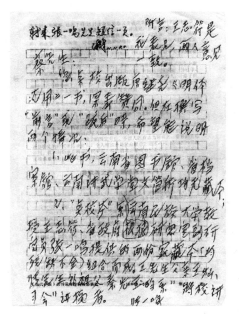

附图二：陈秀峰先生转达张一鸣先生指教蔡正发的信。全文如下：

蔡先生：

您点校出版唐继尧《明体达用》一书，深表赞同。但在撰写《前言》或《跋后》时希望说明两个情况：

1. 此书云南省图书馆、省档案馆、云南讲武学堂文管所均无藏本。

2. "点校本"系根据云南民族大学教授王志符、省政府研究室副研究员张一鸣提供的两份家藏本（均藏缺不全）组合而成。王先生父亲王灿、张先生外祖父秦光玉均系"将校讲习会"讲授者。

张一鸣

附言：王志符是我表兄，两人意见一致。